Original illisible

NF Z 43-120-10

"VALABLE POUR TOUT OU PARTIE DU DOCUMENT REPRODUIT".

Mme N. Dondel du Faouëdic

GUIDE
DE
L'EXCURSIONNISTE
POUR
REDON
ET SES ENVIRONS

REDON
IMP. RÉUNIES, A. BOUTELOUP ET FILS AÎNÉ

1905

GUIDE
DE
L'EXCURSIONNISTE

POUR

REDON ET SES ENVIRONS

OUVRAGES DE Mme N. DONDEL DU FAOUËDIC

GUIDE DE L'EXCURSIONNISTE
(REDON et ses environs)

A TRAVERS LA PROVENCE ET L'ITALIE
1 volume, 3 fr. 50

IMPRESSIONS D'UN TOURISTE SUR SAUMUR
ET SES ENVIRONS
1 volume, 1 fr 25

LE LIVRE DE GRAND'MÈRE
Histoires détachées
Ouvrage récompensé d'une Médaille d'honneur
par la Société Nationale d'Encouragement au Bien
(décrétée d'utilité publique)
en sa séance solennelle du 19 mai 1895
2 volumes 4 fr.

BAGATELLES
Ouvrage plusieurs fois couronné
Médaille de 1re classe au grand concours de l'Académie du Maine 1896
1 volume, 2 fr.

MENUE MONNAIE
Diplôme de Médaille d'Or
1er prix à la Confédération littéraire et artistique de France
1 volume, 2 fr.

BRIMBORIONS
1 volume, 2 fr.

VOYAGES LOIN DE MA CHAMBRE
2 volumes, 4 fr.

Nouvelles NOUVELLES
Grand Diplôme d'Excellence de l'Académie Européenne 1903
1 volume, 2 fr.

LE DERNIER DES RIEUX
Roman historique
1 volume, 3 fr. 50.

RECHERCHES SUR LA MUSIQUE ET L'ART DU CHANT
Compositeurs et cantatrices.
1 volume, 4 fr.

MENUE MONNAIE, BRIMBORIONS ET LE DERNIER DES RIEUX
ont également obtenu une médaille d'honneur
de la Société Nationale d'Encouragement au Bien
en sa séance solennelle du 29 juin 1902.

Madame N. Dondel du Faouëdic

GUIDE DE L'EXCURSIONNISTE

POUR

REDON et ses ENVIRONS

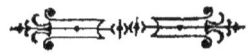

REDON

IMPRIMERIES RÉUNIES A. BOUTELOUP
LIBRAIRE-ÉDITEUR
Rue des Halles

TOUR
de l'ancienne Eglise paroissiale de Redon

PRÉFACE

L'histoire de Redon est un sujet qui a tenté plusieurs écrivains.

N'est-il pas téméraire d'y revenir ?

M. Trévédy, ancien magistrat, a écrit l'*Histoire militaire de Redon*.

M. l'abbé Guillotin de Corson s'est occupé de ses légendes et de ses vieilles traditions d'antan.

M. Desmars a parcouru ses environs au point de vue de l'archéologie et de la science. Il a étudié et décrit les pierres mégalithiques, les vieilles églises, tous les antiques monuments légués par le passé.

Sous le pseudonyme de *Kalvez* il a aussi raconté la vie de saint Conwoïon, premier abbé de Redon.

Dom Jausions, Bénédictin de Solesmes, en relatant l'histoire de l'abbaye de Redon, a, par cela même, écrit celle de la ville née à l'ombre du monastère qui pendant des siècles la vit se développer et grandir. Comme on le voit, nous ne sommes plus au temps où l'on pouvait écrire : « Il n'y a pas d'histoire de Redon, ni de son port : toutefois cette ville avait jadis une abbaye importante de Bénédictins. » Voilà cependant ce qui s'imprimait en l'an de grâce 1879.

Entre 1874 et 1883, le Ministère des Travaux Publics avait fait publier en huit beaux volumes « Les Ports Maritimes de France » et c'est dans

PRÉFACE

le tome IV paru en 1879 qu'on lisait à la fin de l'article sur Redon la phrase que nous venons de citer. Ah ! si l'ingénieur signataire s'était donné la peine de chercher il eût découvert bien des choses. M. d'Arthon, en publiant en 1866 des études diverses sur Redon et le pays environnant, disait : « Je n'ai fait que glaner sur les bords d'un champ dont la riche moisson n'est pas encore faite. »

En effet, c'est depuis cette époque que la plupart des ouvrages que nous venons de citer ont été publiés et M. le comte René de Laigue achève de cueillir la moisson en nous présentant de nouveaux épis, je veux dire de très intéressants faits d'histoire, remontant fort avant dans le passé et nous donnant des détails très documentés et non encore publiés sur Redon et ses environs.

L'ensemble de tous ces ouvrages est rempli d'un haut intérêt pour les personnes à la recherche de lectures sérieuses, pour les archéologues, les religieux, les savants ; mais les simples touristes ne demandent pas tant d'érudition. Il est même des esprits qui aiment mieux effleurer qu'approfondir.

Sans doute, nous nous occuperons de l'origine et des développements de la ville, mais sans nous attacher spécialement à son histoire civile, militaire ou religieuse. Nous nous placerons donc à un point de vue différent et nous explorerons Redon et ses environs en excursionniste, en curieux qui veut bien s'instruire en se promenant, apprendre en s'amusant.

PREMIÈRE PARTIE

CHAPITRE I

Fondation du Monastère et de la Ville. — Les Moines à travers les âges, leurs travaux, leur science, les services qu'ils ont rendus à la civilisation et à l'humanité. — Le duc Alain Fergent, la duchesse sa femme Ermengarde d'Anjou.

Redon compte plus de mille ans d'existence. Ses armes sont : *D'azur au navire équipé d'argent flottant sur des ondes de même, au chef d'hermines.*

Kaër bihan, brûd vras
Petite ville, grand renom.

C'est vers 832 que saint Conwoïon vint jeter les fondements du monastère qui devait donner naissance à la ville de Redon.

Conwoïon, fils de Conon, d'une famille distinguée par sa noblesse reçut le jour à Comblessac et l'on montre encore auprès de ce bourg l'emplacement de la maison où il naquit. Il fut d'abord archidiacre de Renier, évêque de Vannes et ce n'est que plus tard qu'il embrassa la vie monastique et vint fonder la célèbre abbaye dont nous allons nous occuper.

Nous lisons à ce sujet qu'au IX° siècle tout notre pays était habité par une population purement bretonne et chaque *plou* un peu important, gouverné par un chef appelé *Mactiern*. Donc à cette époque vivait un assez puissant mactiern nommé Ratuili, dont le pouvoir s'étendait non seulement sur Sixt, mais encore sur Bains et sur toute la contrée environnante. Il se trouvait un jour assis au bord d'une fontaine, près de sa maison seigneuriale de Lisfau en Sixt, lorsqu'il fut salué par de respectables personnages du pays de Vannes. Ces étrangers conduits par le bienheureux Conwoïon venaient demander à Ratuili la permission de s'établir dans son pays ; ils présentèrent très humblement leur requête afin d'obtenir de ce seigneur l'espace suffisant pour construire un monastère. Avec le consentement de son fils Catworet, Ratuili donna à saint Conwoïon le lieu qu'il demandait et qui était appelé communément *Roton* (1).

Primitivement, bien avant la fondation de l'abbaye, il existait des habitations gallo-romaines sur le bord de la Vilaine — non pas tout-à-fait dans

---

(1) Sous Nominoë on contesta à Saint Conwoïon la propriété de son ermitage; il fit appel à la justice du Roi, qui, reconnaissant la légitimité de ses réclamations, lui dit : « On vous en avait fait *don*, et moi je vous en fait *redon* », d'où le nom de notre ville ! *Si non e vero e bene trovato.*

l'emplacement actuel de Redon, mais plus haut, sur les coteaux de Notre-Dame et de Galerne ; les briques à rebords et les fragments de poterie que les cultivateurs rencontrent parfois sous leur bêche en sont la preuve irréfutable. La ville primitive de Redon, à proprement parler, était le faubourg Notre-Dame. Quatre cents ans après la fondation de l'abbaye, ce faubourg avait encore son importance et semblait être le centre de la cité.

Donnons place ici à une légende charmante sur la fondation de l'abbaye. Ce n'est point un fait historique assurément ; non, c'est une légende mystique toute imprégnée des souvenirs du passé et gardant encore le doux parfum de la foi de nos pères.

Outre leur histoire, les lieux célèbres ont tous leur légende. Voici comment l'abbé Guillotin de Corson raconte celle de Redon :

« Lorsque saint Conwoïon quitta Vannes pour se retirer dans la solitude, il vint avec ses compagnons au confluent de l'Oust et de la Vilaine, là où s'élève aujourd'hui la ville de Redon. Un instinct secret les arrêta dans ce lieu béni que Dieu, dit le pieux biographe du saint, avait choisi de toute éternité pour y établir une maison de prières. Et comme ils hésitaient sur l'endroit précis où ils devaient planter leurs tentes et construire l'oratoire, ils montèrent sur le sommet de Beaumont et se mirent en oraison pour connaître la volonté divine. Elle ne tarda pas à se manifester, le Seigneur ayant pour agréable la simplicité de leur foi. A l'heure de Tierce, ils virent une croix lumineuse descendre du ciel à l'endroit où se trouve aujourd'hui le maître-autel de l'église de Saint-Sauveur. C'est ainsi que Dieu manifesta par une marque visible le choix qu'il avait fait de ce lieu pour y être adoré dévotement pendant une longue suite de siècles. »

Cette apparition d'une croix porta aussi très probablement les moines à dédier leur nouveau monastère au Divin Sauveur qui nous racheta sur l'arbre du Calvaire. Lorsque l'Eglise conventuelle fut achevée dans « la forme, symétrie et disposition indiquées par une céleste révélation », on s'occupa dit le bon Père Albert Le Grand, d'inviter un évêque à la venir consacrer.

On sait qu'alors toutes les églises n'étaient généralement livrées au culte qu'après avoir reçu les saintes livrées qu'indique le cérémonial de la consécration des édifices sacrés.

L'évêque choisi par les moines s'apprêtait donc à venir consacrer solennellement la nouvelle église abbatiale lorsqu'il en fut singulièrement empêché.

Pendant la nuit précédant le jour désigné pour la cérémonie, il lui fut révélé qu'il se gardât bien de consacrer l'église de Redon, « le Sauveur l'ayant lui-même consacrée en compagnie de ses Anges. »

Quelque extraordinaire que nous paraisse cette consécration divine, elle n'est pas particulière à Redon seulement. J'ai retrouvé la même tradition en Suisse, dans l'admirable abbaye de N.-D. des Ermites, d'Einsidein, et j'y ai vu l'histoire d'une semblable dédicace miraculeuse peinte dans la coupole de l'église de ce monastère.

Est-il un Redonnais qui ne connaisse cette autre légende très touchante concernant encore notre cité ?

Le bourg de Rieux était alors une ville importante, disent les chroniques.

Un jour un enfant presque nu arriva là au bord de la Vilaine. Repoussé par des lavandières inhumaines il vint aborder à Redon où les femmes pleines de compassion le recueillirent.

Or ce petit enfant, c'était le Sauveur Jésus se faisant encore ce jour-là le plus humble des hommes pour abattre notre orgueil ; il récompensa les charitables habitants de Redon en leur promettant que sa bénédiction toute spéciale s'étendrait sur leur ville qui prospèrerait de plus en plus à mesure que Rieux déclinerait en punition de sa dureté.

Charmante tradition, vraiment ! Où trouver une plus pressante exhortation à la charité envers les pauvres orphelins que dans cette simple et naïve légende ? Maintes fois nous l'avons entendu raconter, et toujours cette douce figure de Jésus Enfant nous apparaît aussi gracieuse que consolante.

Tels furent, d'après les légendes, les commencements de Redon ; l'histoire confirme ces douces traditions. Elle nous apprend en effet que le Seigneur était avec Conwoïon quand ce saint personnage fonda son monastère, elle nous assure que le Sauveur fut tout particulièrement honoré dans l'église de Redon et qu'il accorda toujours des grâces spéciales aux nombreux pèlerins qui vinrent visiter ce sanctuaire. La légende redonnaise nous explique à sa manière cette affection du Sauveur pour notre ville, en nous le montrant désignant d'abord son sanctuaire, puis venant le consacrer lui-même, et voulant enfin y résider pour récompenser la piété des habitants, elle ne fait que nous représenter d'une façon sensible et charmante l'esprit religieux qui se dégage de l'histoire de Redon. »

Lorsque le couvent de Saint-Sauveur fut établi, Ratuili vint en personne à Redon et y confirma solennellement la donation qu'il avait faite. Puis, par un vif sentiment de piété, ce seigneur offrit à Dieu son autre fils nommé Libérius qui fut saintement élevé par les religieux de Redon et qui devint par la suite supérieur de cette abbaye. Enfin, Ratuili lui-même s'y retira bientôt, désirant y terminer ses jours au service de Dieu ; il y vécut quelque temps et mourut en opinion de sainteté.

Saint Conwoïon n'eut pas comme lui le bonheur de mourir dans son cher monastère.

Les Normands, ces pirates qui infestaient les côtes de l'Empire Carlovingien, furent les plus cruels ennemis des moines. Les fleuves étaient leurs grands chemins, et la Bretagne n'était pas le pays le moins désolé par leurs incursions barbares. En remontant la Vilaine ils se livrèrent à leur brigandage habituel, et vinrent attaquer l'abbaye de Redon.

Les moines durent fuir devant cette invasion. Salomon roi de Bretagne recueillit les fugitifs ; il les reçut dans son palais de Plélan et fonda en leur faveur le couvent de St-Maixent où mourut Saint Conwoïon en 868.

Plus tard les moines tentèrent la restauration de leur monastère de Redon auquel s'intéressèrent Louis Le Débonnaire et Charles Le Chauve, mais ils eurent longtemps à souffrir, ainsi que les rois bretons, Nominoë, Erispoë et Salomon, des incursions normandes.

Vers le milieu du XI° siècle une période de calme s'établit pendant laquelle l'abbaye prit une grande importance et la ville de Redon, abritée sous ses puissantes ailes, se développa rapidement. La sainteté de ses religieux s'était répandue au loin ; et pour que rien ne manquât à l'illustration de l'abbaye, elle allait bientôt compter au nombre de ses membres un duc de Bretagne Alain, quatrième du nom, surnommé Fergent. Celui-ci après avoir mené une vie des plus aventureuses et avoir causé beaucoup de tort à l'abbaye par ses exactions et par les corvées injustes qu'il avait fait faire aux vassaux de Saint-Sauveur pour la construction du château de Blain, fut frappé à Redon même d'une maladie dangereuse qui fut pour lui une faveur de la miséricorde céleste. Touché des soins pieux que les moines lui prodiguèrent et plus encore de la grâce divine, il abandonna à son fils Conan sa couronne ducale, puis, ayant obtenu le consentement de son épouse Ermengarde d'Anjou, il vint revêtir l'habit monastique à l'abbaye de Saint-Sauveur de Redon. Pendant sept années qui durent racheter bien des fautes il édifia les religieux ses frères par toutes les pratiques les plus dures de l'observance claustrale. Il mourut l'an du Christ 1119 et fut inhumé en l'église abbatiale. Plusieurs évêques de Bretagne assistèrent aux funérailles d'Alain Fergent. Son fils et sa veuve suivaient le cercueil. La duchesse Ermengarde imitant l'exemple de son époux embrassa la vie religieuse dans laquelle elle passa tout le reste de ses jours.

La pieuse duchesse, dit le Père Albert Le Grand, ayant essuyé les larmes de son deuil, se donna entièrement au service de Dieu, et, après avoir assisté au couronnement de son fils Conan, se retira à Redon où elle demeura six ans vivant en grande observance sous la direction des religieux du monastère de Saint-Sauveur.

Sa maison était composée de personnes religieuses et de bonne vie, son train était petit ; en ayant retranché la plus grande part, elle distribuait le revenu de son patrimoine et de son douaire aux églises, monastères et hôpitaux.

Elle entendait dévotement la sainte messe audit monastère, et s'exerçait en grandes *austéritez* et mortifications. Néanmoins, elle ne resta pas toujours en cette retraite, et, sans quitter la vie religieuse, elle entreprit plusieurs voyages tous justifiés par des motifs de dévotion. Dom Morice insiste sur son séjour au monastère de Fontevrault où elle suivait la sage direction du bienheureux Robert d'Arbrissel. Le Père Albert Le Grand s'attache également à nous montrer ses rapports avec Saint Bernard à la considération duquel elle fonda en 1136 sous la règle de Cîteaux l'abbaye de Buzay au diocèse de Nantes.

Elle fit aussi un voyage en Terre Sainte et séjourna au monastère de Sainte-Anne à Jérusalem. Mais c'est à Redon qu'elle vint finir ses jours dans une humble maison bâtie près de l'église du monastère à peu près dans l'emplacement de la Mairie actuelle et qu'on appela ensuite Maison de la *Béguine*. La bienheureuse duchesse y mourut en 1148 et son corps fut déposé dans le tombeau du duc Alain Fergent son mari. Deux magnifiques tableaux du duc et de la duchesse ornèrent jusqu'à la révolution le chœur de l'Eglise abbatiale. Sans doute on ne pouvait les regarder comme des portraits authentiques, mais on les conservait comme le souvenir perpétuel de saints et illustres époux qui avaient édifié le monastère et la ville de Redon par leur vie religieuse et pénitente.

Plusieurs personnes d'un rang élevé suivirent

l'exemple de la duchesse et vinrent s'établir à Redon où l'abbaye de Saint-Sauveur enrichie de précieuses reliques attirait déjà beaucoup de pèlerins et où le service divin se faisait avec tant de pompe et de dévotion. C'est ainsi que grands et petits, nobles et vilains en se groupant autour du monastère aidaient petit à petit au développement de la ville.

CHAPITRE II

L'industrie et le commerce à Redon au moyen âge. — Droits et impôts dûs aux moines à cette époque. — Appréciation au XII° siècle du géographe arabe Edrisi sur Redon. — Compte des dépenses de la communauté de ville en 1734 — La grande histoire de Bretagne des Bénédictins.

L'abbaye de Redon comme toutes celles du moyen-âge avait pour mission non seulement de défricher un pays souvent inculte et que le travail devait fertiliser, d'appeler dans un pays désert une population nombreuse qui s'établirait à l'ombre de son cloître, mais encore de propager les arts et les sciences, de maintenir les traditions d'histoire, les éléments de médecine et de pharmacie si nécessaires alors aux Moines pour soigner les nombreux malades riches ou pauvres qui s'adressaient à eux. C'est ainsi que tous les trésors de science conservés et perfectionnés dans ces asiles inviolables ont pu traverser des époques batailleuses et destructives qui n'entendant rien aux choses de l'esprit eussent été bien incapables de les conserver et de les transmettre aux générations futures. Oui, ces monastères ont été les véritables gardiens de toutes les bonnes semences que nous voyons fructifier aujourd'hui dans l'ordre moral et matériel, preuve évidente de la vitalité et de la force civilisatrice de l'Eglise de Jésus-Christ.

M. A. de Courson, un chercheur s'il en fut, nous dépeint ainsi l'industrie et le commerce de Redon au moyen-âge. Tout le monde sait, dit-il, que dès l'origine des monastères, les religieux y exercèrent divers métiers. Or, qu'il y ait eu en Bretagne dès l'époque mérovingienne un certain nombre de ces *artifices diversarum artium periti*, il n'est guère possible d'en douter lorsqu'on se rappelle les magnifiques travaux exécutés par l'ordre de saint Félix dans la cathédrale de Nantes. La charte où le roi Salomon énumère les objets précieux dont il avait enrichi le monastère de Plélan, atteste que sous les Carlovingiens la Bretagne possédait aussi d'habiles ouvriers. Les uns moines ou frères convers s'occupaient dans l'intérieur des couvents à façonner le lin, la laine, le bois, le fer, l'ivoire, l'argent et l'or. Les autres serfs volontaires ou artisans libres travaillaient au dehors et formaient à eux seuls une population considérable.

Lorsque l'épée d'Alain Barbetorte eut enfin débarrassé la Bretagne du fléau des invasions normandes, le travail et la prospérité ne connurent plus de bornes. Il s'en suivit même, et cela n'est pas sans exemple, une sorte de lutte entre les religieux de Saint-Sauveur et le commun des habitants de la ville qui prétendaient se soustraire à toute espèce d'impôts. Les moines durent en référer au duc Conan II, un jour qu'il était venu visiter l'abbaye. Le prince fit comparaître les deux parties devant les seigneurs de sa suite et ceux-ci jugèrent, le duc présent, que les habitants de Redon devaient payer aux moines tous les impôts qu'on a coutume de percevoir dans les autres villes du pays.

En conséquence, il fut arrêté par décision des Nobles et par autorité du Prince que le receveur de l'abbaye prélèverait un droit sur le pain, la viande et les autres denrées de même nature; que sur le vin, l'hydromel, la cervoise, et la liqueur aromatisée (pigmentum) les religieux prendraient une bouteille par *muid* ; que les drapiers, sans préjudice d'autres devoirs, offriraient à Noël une tunique à l'abbé ; qu'à la même époque et en outre au temps de Pâques, certains cordonniers payeraient douze deniers et fourniraient des chaussures (subtelares) ; que d'autres faisant usage de peaux d'agneaux et de moutons se tiendraient aux deux époques précitées à la disposition de l'Abbé de Saint-Sauveur pour exécuter dans l'intérieur du monastère le travail qui leur serait indiqué ; enfin que les selliers présenteraient une selle à Pâques et une seconde le jour de la Nativité.

Ces renseignements laissent certainement à désirer, mais tout incomplets qu'ils soient ils n'en établissent pas moins que dès le XIe siècle divers corps de métiers existaient à Redon.

Cela ne s'accorde guère avec les appréciations du géographe arabe Edrisi, qui écrivait dans la première moitié du XIIe siècle : Redon « situé sur un territoire abondant et fertile, et dont les maisons sont jolies et bien habitées n'est cependant qu'une ville sans importance. »

Non, Redon était au contraire devenue l'une de ces *quarante-quatre bonnes villes de Bretagne* dont plusieurs à coup sûr étaient loin d'avoir sa valeur. Voici du reste, encore à l'appui de ce que nous disons, l'extrait d'une chronique manuscrite du monastère. En vertu du privilège concédé aux religieux de la dite Abbaye par les ducs de Bretagne qui s'étaient déportés de leurs droits de marchandises et denrées en faveur du monastère, ce tribut étant fort modique, nous lisons « Le trafic qui s'exerçait à Redon était si grand qu'il semblait être le magasin de la Province, où les marchands de Rennes, de Saint-Malo, d'Anjou, de Normandie et de Mayenne, accouraient pour de là transporter dans leurs provinces toutes sortes de marchandises qu'on y rencontrait en abondance. »

Pendant une enquête faite environ l'an 1400 par commandement et autorité du duc, touchant les devoirs que l'Abbé de Redon élevait sur les marchandises qu'on amenait à Redon tant par eau que par terre, plusieurs témoins déposent que quelques fois, *en une seule marée*, abordaient au port de Redon plus de 150 vaisseaux (on sait qu'au moyen-âge ils étaient de petites dimensions) et barques chargés de toutes sortes de marchandises, et que les rues en étaient si remplies qu'à peine un homme à cheval pouvait-il commodément passer. Ainsi donc on peut regarder les Moines non seulement comme les fondateurs, mais encore comme les bienfaiteurs de Redon. Toutes les rentes féodales assises sur les terres et maisons religieuses étaient d'une modicité incroyable et ne se comptaient que par sous et deniers. En voici un exemple assez remarquable. La Communauté de Ville payait une rente aux religieux au sujet du local qui servait de parloir aux Bourgeois et qui était l'auditoire de la Juridiction seigneuriale. Cette rente était de 21 sols 6 deniers. Nous la relevons dans les comptes de la Communauté de Ville de 1734 établissant les dépenses ordinaires de chaque année sur le pied de 5 à 6 mille livres. C'est peu de chose en comparaison des budgets actuels, mais c'est encore assez respectable pour l'ancien régime. Personne n'y est oublié ni *l'horloger* qui a 36 livres, ni le maître d'école qui a cent livres, outre les rétributions des écoliers, ni le portier de la ville qui a 18 livres, ni le valet de ville qui a 12 livres, *etc.*, et enfin pour toutes redevances aux religieux bénédictins 21 sols 6 deniers !... Voilà des seigneurs généreux qu'on ne taxera certes pas de cupidité. Aujourd'hui on paie ses *valets* avec de *l'or :* autrefois on payait ses *seigneurs* avec du *billon*. Il est vrai que nous sommes dans le siècle des lumières, dont on ne saurait acheter trop cher les rayons.

Comme on le voit, les religieux s'entendaient parfaitement à tous les travaux manuels et à la direction matérielle des choses, mais du côté intellectuel leur savoir était encore beaucoup plus grand.

Voici une preuve de la science profonde des Bénédictins exposée par M. de la Borderie au Congrès Breton de 1857 : « C'est à Redon en effet, dit M. de la Borderie, que fut conçu en 1688 ou 1689, le plan de la vaste entreprise qui nous donna au siècle suivant, après avoir usé une demi douzaine d'ouvriers et consumé une vingtaine d'années, *la grande histoire de Bretagne* des Bénédictins et tous les travaux qui en dépendent, c'est-à-dire les histoires de Dom Lobineau, de Dom Morice, avec *leurs preuves,* l'histoire inédite *des Barons de Bretagne, la Vie des Saints de Bretagne* et la *Mouvance* de Lobineau, enfin l'énorme amas de copies, d'extraits, de notes, de dissertations et de documents de toute espèce, entassés dans les quatre-vingts portefeuilles de la collection des *Blancs-Manteaux*. Le programme de cette œuvre immense fut imprimé en 1689. Quant à l'auteur de ce programme il n'y a pas de doute possible. Qui arrête le plan de campagne avant l'entrée en campagne, et qui écrit la proclamation avant la bataille, sinon le général en chef ? Eh bien, le chef de ces vaillants soldats de la science, revêtu de l'uniforme de saint Benoît, c'était le R. P. Dom Maur Audren de Kerdrel, prieur de Redon. Comme un bon général d'armée n'arrête point son plan sans avoir diligemment pris conseil des vieux capitaines expérimentés, il consulta lui aussi entre autres M. de Gaignières, gentilhomme attaché si je ne me trompe à l'une des princesses de la Maison de Lorraine, et par ailleurs, l'érudit, le copiste et le collectionneur le plus infatigable du XVII° siècle qui pour son compte n'a pas imprimé une ligne, mais qui ouvrait libéralement à tous les savants de l'époque les trésors de sa vieille expérience et de ses inépuisables collections, dont finit par hériter après sa mort la bibliothèque du Roi. Je parle bien entendu des collections et non de l'expérience. »

M. de Gaignières consulté envoya à Dom Audren de Kerdrel un plan de travail pour l'histoire générale de la Province de Bretagne. Ce n'est qu'une esquisse, mais il est curieux de voir comme Dom Audren, en y ajoutant et en la perfectionnant, a su en faire un dessin complet et bien méthodique, et M. de la Borderie ajoute encore : « Un seul fait vous dira combien ce plan est vaste, c'est que les Bénédictins, si rudes travailleurs, ne l'ont pu remplir. Ils ont certainement fourni plus de la moitié de la course, mais sont cependant restés loin du but. Les travaux faits depuis n'ont point comblé cette lacune et nous-mêmes dans la classe d'archéologie de l'Association Bretonne nous ne faisons encore que travailler à l'avancement de la partie non exécutée du plan bénédictin. Toutes nos études y rentrent par quelques côtés tant il était large et bien conçu et tous les divers programmes de nos congrès ne sont guère que le développement des diverses indications formulées dans le programme de 1689. »

Voilà le portrait fidèle des Bénédictins dans le passé comme dans le présent, de ces hommes de paix et de science qui passaient et passent encore leur vie dans l'étude et la pratique de toutes les vertus chrétiennes.

Dans le chapitre suivant nous continuerons l'histoire de l'Abbaye de Redon, elle englobe encore longtemps celle de la ville, car apprendre l'histoire de l'Abbaye c'est apprendre en même temps celle de Redon. La ville est la fille de l'Abbaye et leurs deux histoires sont tellement liées ensemble qu'elles n'en font qu'une.

CHAPITRE III

Les Religieux et le duc de Bretagne Pierre Mauclerc. — Restauration de l'Abbaye. — Montfort devant Redon. — Projet d'établissement d'un hôtel des Monnaies. — Etats de Bretagne convoqués à Redon par le duc François Ier pour y instruire le procès de son infortuné frère Gilles de Bretagne. — Voyage de Louis XI à l'abbaye de St Sauveur. — Visite à Redon de grands personnages, la duchesse Anne, la duchesse Françoise d'Amboise, Jacques II d'Angleterre, le duc de Chaulnes. — Démolition des fortifications. — Agrandissement de la ville et embellissement.

Les Religieux qui avaient eu maille à partir avec le duc de Bretagne, Pierre *Mauclerc*, ainsi nommé à cause de sa turbulence et de sa mauvaise foi, et avec son fils Jean 1er qui les avait chassés de leur couvent, purent cependant y rentrer vers le milieu du XIIIe siècle et relever leurs bâtiments détruits. « Bientôt même pour *oster aux ennemis le moïen de surprendre la ville,* ils construisirent cette belle enceinte de murailles dont quelques parties existent encore.

Ces bonnes et fortes murailles empêchèrent en effet Redon d'être surpris et pillé par les *Routiers* Anglais de Montfort conduits par Hue de Caverley, mais elles n'arrêtèrent pas la marche triomphale du prince. Après la bataille d'Auray en 1364 Montfort s'étant présenté devant Redon à la tête de son armée, l'abbé Jean de Tréal sortit de la ville accompagné de quelques religieux et des principaux habitants, puis ayant fait fermer les portes derrière lui, il alla au devant du duc et prononça une harangue si remplie d'éloquence qu'il *gaigna* les bonnes grâces de Montfort lequel promit de garder, maintenir et accomplir les libertés, noblesses, franchises, droits et diverses coutumes, tant du monastère que des habitants de la *dicte* ville, faubourg et territoire. Après quoi les portes de la ville étant ouvertes, le duc fit son entrée solennelle à Redon au milieu des témoignages de réjouissance publique, de là il marcha vers Jugon place redoutable alors, car on disait : Bretagne sans Jugon c'est chape sans chaperon ; depuis ce jour Jean de Tréal jouit de la faveur du duc qui l'appela dans son conseil d'état et ne cessa de se montrer le fidèle gardien des privilèges de St-Sauveur.

Vers 1420, le duc Jean V voulut établir à Redon

un hôtel des Monnaies, mais l'abbé Raoul de Pontbrient s'y étant opposé *tant pour l'intérest de la juridiction..... que pour plusieurs aultres causes, le duc s'engagea à n'y battre monnaie que pour le temps et terme de douze ans prochains venans et tout sans préjudice dudict abbé et couvent.*

Sept ans après seulement, Raoul de Pontbrient étant mort son successeur obtint du duc Jean V la sortie de tous *les monnayeurs* établis à Redon à cause du tort qu'ils causaient à l'Abbaye, ce qui prouve d'une manière certaine qu'on a battu monnaie à Redon (1).

En 1446 les Etats de Bretagne furent convoqués à Redon par le duc François Ier pour y faire le procès de son infortuné frère Gilles de Bretagne. Le procureur général Olivier de Breil, le comte de Richemont, les commissaires du Roi de France, toute l'assemblée en un mot était favorable au prince Gilles. Mais cet infortuné prince était condamné d'avance dans l'esprit du duc son frère et il ne tarda pas à succomber sous les infâmes machinations que l'histoire nous a revélées.

François Ier avait convoqué à Redon en 1446

---

(1) Cet hôtel était situé dans l'emplacement même de la brasserie Redonnaise, appartenant aujourd'hui à Mlle Besnier. Quand on creusa les fondations de son habitation on jetait à pelletées quantités de menue monnaie, oboles, deniers, frustes encrassés que les ouvriers ne se donnaient même pas la peine de ramasser. La partie de la Rue Du Guesclin comprise entre les Murs et la Rue aux Febvres portait le nom significatif de *Rue des Monnaies*. Il est regrettable que l'on n'ait pas fait revivre cet ancien nom.

les Etats de Bretagne. François II les y assembla de nouveau en 1460 et en 1461. En 1462, il se rendit à Redon pour recevoir le roi Louis XI *qui, pour un vœu faict à St-Sauveur-de-Redon, alla en personne accomplir le dit voïage à tout petit nombre de gens.* Louis XI fit don à l'abbaye d'un christ en argent avec six chandeliers de même métal, et plus tard, par lettres d'Avril 1483 datées du Plessis-lès-Tours, *d'une rente de quatre mille livres tournoys.*

Mais il est permis de croire que la dévotion n'amenait pas seule Louis XI à Redon. Sous prétexte de pèlerinage, il venait surtout pour visiter le pays, y semer la division et nuire peut-être au duc François II. Comme le dit dom Morice *ce prince était dévot à sa façon et l'on pouvait sans injustice soupçonner du mystère en ce voyage.* Du reste le Roi et le Duc se séparèrent à moitié brouillés à propos de la Duchesse Françoise d'Amboise veuve de Pierre II, duc de Bretagne et belle-sœur par conséquent du duc François Iᵉʳ et du prince Gilles si traîtreusement assassiné. Néanmoins, la paix se fit encore une fois entre François II et Louis XI et les états furent de nouveau rassemblés à Redon en 1475 pour ratifier ce traité.

En 1487 la guerre s'étant rallumée les Français étaient maîtres de Redon. « La noblesse du pays sous les ordres de Keraudren assiégea cette place qui se rendit au Duc. La Maréchale de Rieux qui y était enfermée fut prise et conduite à Nantes par ordre du Duc. Le Maréchal fut extrêmement sensible à cet accident. Le Roi à sa considération écrivit au Duc pour lui demander la liberté de Madame de Rieux, le Duc l'accorda avec plaisir et fit rendre à la Maréchale tout ce qu'on lui avait pris. »

En l'année 1489 fut ratifié à Redon le traité du *Verger* intervenu entre François II Duc de Bretagne et Charles VIII Roi de France, après la bataille de St-Aubin-du-Cormier — si désastreuse pour les Bretons que leur duc en mourut de chagrin. Les préliminaires de ce traité avaient eu lieu auparavant.

Les chroniques du temps racontent que la bienheureuse Duchesse Françoise d'Amboise, accompagnée de sa mère s'arrêta aussi quelques jours à Redon. Elle fut reçue dans une maison magnifiquement meublée à son intention où elle trouva un service d'or et d'argent et une nombreuse livrée.

Notre souveraine Dame et maîtresse comme on l'appelait ne voulut pas quitter Redon sans s'inscrire au nombre des bienfaiteurs du monastère et lui fit de riches présents.

La Duchesse Anne fit plusieurs séjours à Redon. Entre autres en 1489. Lorsqu'à la fin de cette année la duchesse réunit les Etats de Bretagne à Redon, elle y vint accompagnée de deux mille Espagnols sous les ordres du comte de Salinas. La Duchesse se défiant alors un peu des Français et même des Bretons gagnés par Rieux, disait-on, avait confié à la bravoure chevaleresque des Espagnols la garde de sa personne. C'est pendant ce voyage qu'elle donna au trésor de la communauté cent livres de rente, somme considérable pour l'époque et un calice en argent du poids de trente marcs.

Les guerres de religion qui désolèrent la France au siècle suivant ne firent que peu de mal à Redon. La ville laissa entrer Mercœur sans résistance (Mars 1588). Plus tard le sire de Talhouët, dont la famille garde religieusement l'épée d'honneur que lui offrit la ville de Redon alors qu'il en était gouverneur, le sire de Talhouët ayant traité pour son compte personnel avec d'Aumont, lieutenant du roi, Mercœur pour le punir vint assiéger la ville qu'il essaya vainement d'emporter d'assaut.

En 1612 et pour la dernière fois, les états de Bretagne furent encore assemblés à Redon.

Dans les derniers jours de Décembre 1691, Redon reçut à son passage l'infortuné monarque chassé d'Angleterre par la révolution de 1688, Jacques II le dernier des Stuards qui ait porté la couronne. Il ne passa qu'une nuit à Redon et le syndic le sieur de Launay fit préparer des logements pour lui et sa suite, et commanda au traiteur Dubois un dîner qui coûta pour le Roi et ses gens cent quatre-vingt-dix-neuf livres treize sols. Le Maréchal d'Estrées commanda également pour le voyage du Roi, de Redon à Quintambert (Questembert) vingt chevaux qui coûtèrent encore à la communauté de ville de

Redon, soixante-trois livres dix sols. Le Roi Jacques II exilé et proscrit voyageait sans doute dans le plus strict incognito — car il n'eut aucune escorte d'honneur et cependant il eut été facile de lui en organiser une à ce moment car il y avait tout un corps de troupes Irlandaises en quartiers d'hiver à Redon (1). L'année suivante 1692, Monsieur de Nointel, le Marquis de Coëtlogon et Monseigneur le Duc de Chaulnes, passèrent successivement à Redon. On ne dit pas l'effet moral que produisirent ces trois visites ni si les habitants en furent en liesse, mais on retrouve un détail très exact des dépenses qu'ils occasionnèrent.

Pour avoir fait tirer le canon par un Monsieur Deburque à l'arrivée de mon dit sieur de Nointel

---

(1) Cet épisode du passage de Jacques II à Redon fut rappelé en 1880, lors d'une fête de charité donnée dans notre ville. C'était une cavalcade qui fut ainsi annoncée :

Monseigneur le Gouverneur et Messieurs de la Communauté de ville, font assavoir aux habitants de la ville et forbourgs de Redon que demain Dimanche quatrième jour d'Avril à 1 heure de relevée, sa gracieuse Majesté Jacques deuxième du nom Roy d'Angleterre, d'Ecosse et d'Irlande, fera son entrée dans notre bonne ville.

Qu'on se le dise.

De l'un des chars tombait la charmante petite pièce de vers que voici :

L'an mil six cent quatre-vingt-douze
Redon fêtait un exilé
Et notre ville était jalouse
D'offrir au roi droit de cité.

L'aumône par nos aïeux faite
Nous la refaisons aujourd'hui
Mais le Prince qu'ici on fête
C'est le Pauvre : donnez-lui.

Donnez tous au quêteur qui passe
Donnez le Pauvre a bien souffert
Qu'un seul jour de printemps lui fasse
Oublier tous les mois d'hiver.

à Redon y compris en la dite somme la valeur de la poudre et le salaire du canonnier, quinze livres.

Pour avoir fait orner de lierre les écussons et les armoiries mises à l'arrivée de Monseigneur le duc de Chaulnes à Redon, trente-cinq sols.

Pour être allé à cheval le syndic et un grand nombre d'habitants à l'arrivée de mon dit sieur de Coetlogon, avoir fait tirer le canon et lui avoir présenté les honneurs à son entrée en ville pour ce, vingt-quatre livres dix sols.

Démolition des fortifications. — Agrandissement et embellissement de la Ville.

Redon, actuellement est une petite ville de 7 à 8.000 âmes, entourée de 2.900 hectares de marais dont l'un porte le nom de *Mer* ou *Lac Murin*. Il y a plus d'un siècle, la ville très resserrée par ses murailles qu'elle n'osait ni abattre, ni franchir, présentait un aspect fort triste.

Sans doute, extérieurement la ville de Redon était alors aussi agréable qu'aujourd'hui. Elle avait ses collines verdoyantes, plus boisées même que maintenant, ses lointains pittoresques s'étendant sur le Morbihan et la Loire-Inférieure, la marche capricieuse de la Vilaine, serpentant au milieu de ses vastes prairies, un peu marécageuses l'hiver, mais veloutées l'été d'une herbe épaisse, d'un beau vert foncé et animées alors comme à présent de nombreux troupeaux.

A l'intérieur quelle différence ! Les maisons s'entassaient dans les rues étroites et les habitants dans les maisons sombres. Et quand je dis rues, c'est par politesse pour notre ville ; car à part la Grande-Rue, les specimens qui nous restent des anciennes rues, telles que les rues du Paradis, du Purgatoire et de l'Enfer, ne sont que d'affreuses venelles. En outre le cimetière entourait l'église paroissiale Notre-Dame et s'étendait jusqu'au faubourg du même nom. Depuis des siècles on entassait là les morts. Ce voisinage était un danger permanent pour la salubrité publique et la vue de toutes ces croix funéraires agglomérées dans un espace restreint était loin d'offrir un aspect réjouissant.

Dès l'année 1762, on commença à faire brèche dans les vieilles fortifications et à donner quelque lumière à la ville. Mais ce n'est qu'en l'année 1774 que la communauté de ville fit enfin les démarches nécessaires pour obtenir de plusieurs habitants, la permission d'abattre les fortifications, leur abandonnant les pierres pour bâtir des maisons. Elle faisait observer, qu'il serait *d'une dangereuse conséquence de laisser subsister* le rempart écroulé dans beaucoup d'endroits, que la ville déjà trop resserrée à cause de ses grands murs, ne recevait aucun air extérieur, ce qui occasionnait trop souvent des maladies et qu'il était urgent de faire disparaître cet état de choses. Et puis, ne fallait-il pas s'embellir, et songer enfin, à donner à la ville une physionomie coquette et gaie.

Mais pour accomplir tous ces travaux d'amélioration et d'embellissement, il fallait du temps et de l'argent surtout. L'argent c'est le nerf de la guerre et de beaucoup d'autres choses. Ce n'est donc que petit à petit que devaient s'accomplir ces transformations devenues si urgentes.

CHAPITRE IV

Richelieu. — Différence entre l'abbé régulier et l'abbé commendataire. — Importance de l'abbaye de Redon. — La ville de Richelieu. — Nomenclature des biens possédés par l'abbaye au XVIIᵉ siècle.

Au XIIᵉ siècle, l'abbaye de Saint-Sauveur de Redon était donc l'une des plus considérables et peut-être la plus puissante de Bretagne ; deux siècles plus tard, sous le duc François 1ᵉʳ, il fut même question de l'ériger en évêché. Le duc en avait fait la demande au pape Nicolas V qui l'avait favorablement accueillie ; mais quoique la bulle de Nicolas V eût été publiée et qu'on en gardât l'original dans les archives du monastère elle ne fut pas mise à exécution. Yves le Sénéchal, qui était alors abbé, mourut en 1447 et avec lui se termina la série des abbés *réguliers*, car, aussitôt après sa mort, l'abbaye tomba en *commende* et le projet de l'ériger en évêché dut être abandonné. Il est intéressant d'examiner la grande différence qui existait entre l'abbé régulier et l'abbé commendataire.

L'abbé régulier librement nommé par les autres religieux était revêtu de l'autorité nécessaire pour gouverner la maison. Il jouissait sans doute des dignités abbatiales, mais il restait moine et le premier devait donner l'exemple, en se conformant aux plus strictes observances de la règle.

Pour être abbé commendataire, il suffisait d'avoir douze ans accomplis et d'être consacré pour recevoir en commende des abbayes.

L'abbé commendataire était ecclésiastique séculier ; outre le titre d'abbé qui lui était conféré, il touchait une portion considérable des revenus du monastère, au moins la moitié. Il portait le titre d'abbé, sans en avoir les pouvoirs spirituels. Il ne pouvait porter mître et crosse que sur ses armoiries et ne pouvait être supérieur des moines puisqu'il n'était pas moine et même pas toujours prêtre, ce qui fait que le titre d'abbé étant devenu vide de sens, on s'habitua à le donner à tous les ecclésiastiques sans distinction et par simple politesse. Il suffisait de porter une soutane pour avoir droit à ce titre, si bien qu'aujourd'hui encore le plus jeune séminariste se le voit appliqué à chaque instant.

On comprend l'opposition que firent les moines à ce nouvel ordre de choses, abolissant la dignité abbatiale et leur enlevant la majeure partie de leurs revenus, qui, en définitive, retombaient en bienfaits et charités sur les populations environnantes.

Ce régime s'étendit sur toutes les abbayes de

France au nombre de quatre à cinq cents à cette époque, sauf une vingtaine, et les papes eux-mêmes se virent contraints de céder, pour éviter de plus grands maux. Le Roi, en nommant à une abbaye un ecclésiastique en faveur, ou un cadet de grande famille, n'avait d'autre but que de donner à son protégé une forte pension, la moitié comme nous l'avons dit et même souvent les deux tiers des revenus de l'abbaye dont il était titulaire; celle de Redon rapportait 30.000 livres à son commendataire.

Au XVI° siècle, vingt-cinq prieurés et douze paroisses dépendaient encore de l'abbaye de Redon qui avait quatorze chapellenies fondées et desservies dans l'église abbatiale de Saint-Sauveur. Richelieu toujours bien aise d'affaiblir tout ce qui était grand en dehors du gouvernement pour le ramener sous sa dépendance, ne se cachait pas pour dire : « Je me suis fait donner par le Roi le protectorat de la congrégation de Bretagne afin de la *démembrer*. » Il y réussit.

Personne n'a encore songé à faire le dénombrement de tous les bénéfices qu'il s'était fait adjuger — la nomenclature en serait curieuse : Evêque de Luçon et abbé de Redon, il était en outre Abbé général de Cluny, Abbé général de Cîteaux, Abbé général des Prémontrés, Abbé de Chezal-Benoît, Abbé de Saint-Allyre de Clermont, Abbé de St-Martin de Séez, Abbé de Pontlevoy, etc., etc.

Richelieu, sans doute pour se faire pardonner par les moines sa domination, fit construire sur les revenus de sa *mense* abbatiale les bâtiments conventuels de l'abbaye St-Sauveur, tels qu'ils existent encore aujourd'hui, c'est-à-dire: le cloître dans son style majestueux et simple, et les trois corps de logis qui l'entourent. Il donna également le Maître-Autel de l'église, fort beau suivant le goût de l'époque, mais cette décoration lourde et riche fit disparaître plusieurs fenêtres ogivales avec verrières, ce qui nuit un peu à l'ordonnance élégante de l'abside.

La chronique assure, mais l'histoire n'en fait pas mention, que Richelieu, lorsqu'il vint en Bretagne, séjourna à Redon au château de Buard, alors dépendance des Moines et leur maison d'été. On y montre encore aujourd'hui la chambre qu'il dut y occuper.

A cette époque, l'histoire ne garda pas davantage le souvenir des beaux souterrains de l'abbaye (découverts incidemment il y a quelques années). Ces beaux souterrains avaient alors été comblés des déblais et démolitions du vieux monastère remplacé comme nous l'avons dit tout à l'heure par des constructions neuves, dues à la munificence de Richelieu.

Redon plut beaucoup à l'éminent Cardinal, qui eut même un moment l'intention de lui donner son nom. Mais les notables de la ville ayant été consultés à ce sujet, et s'étant réunis en assemblée, refusèrent cet honneur et tinrent à conserver à la ville son nom primitif de Redon. Le tout-puissant ministre, dont les désirs étaient ordinairement des ordres, surpris et mécontent de cette résistance à sa volonté, reporta ses faveurs sur *Richelieu*, un modeste petit village d'Indre-et-Loire, berceau de sa famille, qu'il fit ériger en duché-pairie et qui sous ses heureux auspices est devenu avec le temps, une jolie petite ville régulièrement bâtie de 3.000 habitants.

Quelques personnes se figurent encore aujourd'hui que l'abbaye de St-Sauveur de Redon possédait jadis en notre paroisse des biens considérables, immenses, et des érudits du temps présent déclarent même sérieusement, que la paroisse entière de Redon appartenait aux Religieux. Il est incontestable que les moines Bénédictins étaient seigneurs supérieurs du pays et que toutes les terres nobles et roturières relevaient d'eux ; mais, de là à les voir au XVII° siècle possesseurs de ces terres, il y a loin, et c'est ce qu'on va essayer de démontrer ici.

D'après l'aveu rendu au Roi, successeur des Ducs de Bretagne, par l'abbé de Choiseul, le 24 Décembre 1677, voici la liste des biens que l'abbaye détenait en toute propriété en la paroisse de Redon :

L'Abbaye St-Sauveur ;

Trois Maisons joignant la cour de l'Abbaye et donnant dans la Grand'Rue ;

Quatre Maisons rue du Portnihan ;

Quelques autres Maisons situées en divers endroits de la ville ;

Les greniers et fours banaux de Pornihan (actuellement Port-Nihan), dont le revenu allait à la Sacristie ;

Les Prisons, sises en la Grand'Rue, près les murs d'enceinte ;

Les Halles et l'Auditoire de justice, entre la Grand'Rue et les Rues-Basses, joignant par endroit la rue aux Febvres ;

La Salorge du port, entre le port et Saint-Pierre ;

Les greniers et écuries du Port, joignant les venelles du Jeu de Paume ;

Les fours banaux de Saint-Michel, joignant le Petit-Pesle et le faubourg Saint-Michel. Comme pour ceux de Pornihan, leur revenu allait à la Sacristie ;

La maison Saint-Maur, au même faubourg, contenant deux journaux de terre, joignant la venelle conduisant de Saint-Michel à Galerne (maintenant rue Saint-Maur) ;

L'enclos de la Houssaye et de la Prégenterie, consistant en maison, chapelle, grange, fuie, bois, vignes, prés, vergers, labours, en tout trente journaux entourés de murs le long du chemin de Redon à Messac (maintenant route de Sainte-Marie) joignant d'un côté ce chemin et d'autres la rivière, les Calvairiennes et les terres de la Chapellenie de la Houssaye.

Le manoir et la métairie noble de Buard, maison,

grange, cour close, rue, issue, jardin, verger, prés, bois, taillis et futaie, vignes et trois pièces de labour nommées : le Domaine de la Croix, le Domaine de Laillé et le grand Domaine. Le tout joignant au nord le chemin allant de la Croix de Lanruas au Val ; au midi, la Grée de Laillé ; au levant, le Champoger ; au couchant le chemin de la Houssaie à la Grée de Laillé. En tout vingt-quatre journaux ;

Plusieurs prés dans les marais ;

L'écluse de Veildraye, sur l'Oust entre Redon et Saint-Perreux ;

L'écluse du Tertre sur la Vilaine entre la grée du Tertre et les prés de la Mée ;

Les trois moulins à vent de Beaumont, de Galerne et de Beaulieu ;

L'étang de Vial et les moulins à eau et à vent de Vial (partie en Bains) ;

Le fief de l'Aumônerie sis au Châtelet « à prendre entre les petits prés de la fontaine Saint-Pierre, (maintenant le Bassin à flot) la prée de Quefer, la rivière d'Oust, les grands prés de Codilo à monter à la Croix Baillart et de ladite Croix à la Fontaine Saint-Pierre et au bas du Port de Redon. »

La dîme des vins, grains, lins et chanvres qui se levait au haut du Faubourg Notre-Dame dans les limites d'une ligne qui commençait au domaine de Beaumont, passait à la pièce de la Bussonnerie (à côté de la Ville-Happe) descendait par le chemin situé au-dessous, qui menait à la Fontaine du

Tuet, montait par une petite venelle jusqu'au moulin de Galerne, descendait par le chemin conduisant au doué nommé l'abreuvoir au Duc (derrière l'hôtel Bôcher) et continuait par la venelle des Tanneries ou Rue des Cornes au bas du Domaine de Beaumont.

Telles étaient les possessions de l'Abbaye en Redon.

CHAPITRE V

La Ville de Redon à la fin du XVIIIme siècle.

Au commencement de l'année 1774, une heureuse nouvelle avait réjoui la ville : l'arrivée d'un détachement de Royal-Picardie. C'était un des plus brillants et des plus aristocratiques régiments de cavalerie. Depuis 1760 il avait pour colonel un gentilhomme d'un nom retentissant, le comte de Bassompierre. Tout son état major appartenait à la noblesse, et de ses douze capitaines trois étaient marquis ; deux, comtes ; quatre, vicomtes; et un baron. Ce fut le premier escadron qui vint à Redon et avec lui l'état-major et la musique.

Toute la ville savait déjà les noms des officiers et jusqu'aux plus minces détails de l'uniforme ; « Habit à la polonaise; collets, revers et parements de drap bleu, bordé d'un petit galon de fil blanc, doublure chamois ; sept boutons au revers, trois au-dessous, avec autant d'agréments et huppes de fil blanc, veste et culotte chamois, boutons blancs, chapeau bordé de galon blanc. » Le harnachement des chevaux n'était pas moins élégant : Drap bleu bordé de galon de laine à chaînette jaune sur un fond de laine rouge.

Avec quelle impatiente curiosité la ville attendait le beau régiment ! Elle l'attendit cependant longtemps, car il venait de Schelestadt et il lui fallait traverser toute la France. Bref toutes les jeunes têtes féminines étaient en ébullition ; cela se comprend, car à cette époque les distractions étaient plus rares qu'aujourd'hui, et le plaisir des voyages était à peu près inconnu à l'ensemble des populations.

Une fois entamméc, la vieille ceinture de murailles ne devait pas résister longtemps. Il y avait alors trois portes principales, celles de *Notre-Dame, de Saint-Nicolas* et de *Ste-Anne,* qu'on appelait aussi porte *du Pesle, de la Digue* et *d'Aucfer ;* il y avait en outre, au moins deux poternes, celle du Port-Nihan, au bout de la terrasse de l'abbaye, et celle de l'ancien Gouvernement, auprès des halles et proche de la résidence facultative du gouverneur de la ville (1). Ces poternes seules furent respectées et on ne les a démolies que beaucoup plus tard.

Dix ans après ce travail d'agrandissement de la ville, la rivière de Vilaine (jadis *Visnonia, Visnenaine,* devenue par corruption *Vilaine*), fut

---

(1) L'ancienne halle n'existe plus. En 1857, l'Association Bretonne ayant tenu ses assises au mois d'octobre, à Redon (c'était la première fois que notre ville avait cet honneur), il y eut à cette occasion la pose et la bénédiction de la première pierre de la halle actuelle.

détournée de son ancien lit, au moyen d'une coupure faite dans la prairie d'Estriel depuis l'endroit nommé la Belle-Anguille, jusqu'au bas de la Houssaye et de Gaudion.

Les troupes en quartier d'hiver à Redon furent employées à cet ouvrage important qui, faisant disparaître une courbe profonde de la rivière, facilitait la navigation des bateaux marchands.

Le régiment de Condé travailla trois ans, de 1783 à 1786, à cet ouvrage de dérivation. La moitié des soldats campaient sur les hauteurs de Lanruas, l'autre moitié à un endroit alors nommé le camp d'Estriel, de l'autre côté de la rivière.

A cette époque les rues de Redon étaient plutôt des ruelles, dont quelques-unes aboutissaient à la Grande-Rue.

L'essor des travaux publics étant donné on dressa bientôt un plan qui fut en partie exécuté et qui apportait à la ville de nombreuses modifications et de nouvelles percées.

Les remparts, qui partaient du chevet de l'église, faisaient alors suite à la partie si bien conservée formant actuellement encore la terrasse du collège, et se continuaient derrière les maisons du quai Saint-Jacques. Par endroit on retrouve encore quelques vestiges de ces fortifications. Presqu'en face le pont de Saint-Nicolas, on remarque, dans un jardin particulier, une terrasse presqu'aussi élevée que celle du collège : vis-à-vis ce même pont existait une porte fortifiée. Une autre porte, la porte Sainte-Anne, faisait communiquer la Grande-Rue avec les quartiers de l'Hôpital et du Port. A côté de ces deux portes était située la prison. Les remparts se continuaient au midi de la ville, en sorte que les fossés se trouvaient à peu près à l'endroit où est maintenant le canal. Dans presque tous les terrains longeant les douves on rencontre la base des murs qui furent rasés jadis. Nous suivons ainsi l'enceinte de la ville jusqu'auprès de la halle où s'élevait une poterne démolie depuis ; de là partait un bastion formant un angle très prononcé, dont on voit encore la pointe auprès du pont du chemin de fer, à l'entrée de la rue des Douves. Le mur allait ensuite rejoindre l'Hôtel de Ville, et le nord de l'église à travers la place du champ de foire, au milieu de laquelle se trouvait la porte Notre-Dame.

« En 1786 l'hiver étant fort rigoureux la Communauté de Ville fit niveler et aplanir une promenade publique appelée la Butte, située au nord de l'Eglise Saint-Sauveur. On y dépensa 12.000 livres à l'effet d'occuper utilement une infinité de malheureux qui manquaient de travail et de pain. » Avec la butte, disparut une antique chapelle qui la couronnait et appelée pour cela Notre-Dame de la Butte ou Notre-Dame de Pitié. M. du Couëdic, alors grand-maître des eaux et forêts en Bretagne, donna l'autorisation d'abattre les quarante ormeaux qui occupaient la Butte et de les remplacer par des arbres de bonne essence. On avait compté sur le rendement des vieux ormeaux pour acheter de nouveaux arbres — mais cette spéculation ne fut pas bonne pour la ville — qui ne retira que 400 livres des bois abattus, et paya 4000 livres pour une nouvelle plantation d'ormeaux. Aussi, jugeant des résultats à venir par les dépenses présentes, la Communauté de Ville assura-t-elle aux habitants que cette place deviendrait, sans contredit, la plus agréable de toute la province. Ces travaux également approuvés par l'Intendant de Bretagne, M. Bertrand de Molleville, la nouvelle place fut baptisée de son nom, Place Bertrand ; quelques personnes l'appelèrent aussi : Cours d'Aiguillon. La Révolution devait bientôt biffer ces deux noms et leur substituer celui de place de la Liberté.

Peu après l'achèvement de la place dont la municipalité était si fière, le colonel du Régiment en garnison à Redon, M. de Sesmaisons, se maria. Il y eut alors de grandes fêtes sur la dite promenade qui ces jours-là put en effet paraître aux yeux des habitants, la plus agréable de toute la province.

CHAPITRE VI

Les Pèlerinages. — Incendies de l'Abbaye. — La Révolution à Redon, ses victimes, ses décrets, ses fêtes. — Les Chauffeurs. — Épisode de la Petite Chouannerie.

A cette époque encore les pèlerinages de l'Abbaye de Saint-Sauveur étaient en grand renom, vous en jugerez par le récit qui suit et que j'emprunte au savant Dom Jausions, bénédictin de Solesmes, l'auteur de l'histoire de l'Abbaye de Redon, et auquel nous devons la plupart de ces renseignements.

La veille des jours fixés pour les pèlerinages le nombre des étrangers était si considérable que deux religieux devaient se tenir non plus à la sacristie devenue trop petite — mais de chaque côté du maître-autel pour répondre aux multiples demandes des pèlerins et inscrire les intentions de Messes. La vaste étendue de l'Église Saint-Sauveur n'eût pas suffi à contenir la foule accourue de toutes parts si l'on n'eût pris soin d'enlever tous les bancs et même les balustrades des autels pour laisser libres les ondulations de ce flot humain.

Les quatre sergents d'église, avec leurs hallebardes avaient l'ordre de circuler continuellement dans les bas côtés, pour maintenir le calme et arroser les pavés dans les grandes chaleurs. Malgré ces précautions, il arrivait souvent que des personnes fatiguées de la route, suffoquées par le manque d'air, tombaient en faiblesse ou perdaient connaissance. Les hallebardiers, ce qui prouve toute la sollicitude des religieux, ouvraient aussitôt un passage et les transportaient à la sacristie, où se trouvaient du vin et des cordiaux pour les réconforter. L'empressement des pèlerins était donc fort grand, leur pieuse curiosité s'expliquait par l'exposition complète des précieuses reliques du Trésor : ossements sacrés des plus grands saints revêtus de pourpre et d'or, qui avait lieu toute la journée du pèlerinage.

La veille au soir, comme il était impossible de trouver à loger en ville toutes les personnes qui arrivaient depuis le matin, on leur permettait de passer la nuit dans l'immense nef de l'église, éclairée par un nombre suffisant de cierges et de lampes, où les hallebardiers ne cessaient d'exercer leur surveillance. Cette veille d'ailleurs n'était pas longue. Dès 1 heure après minuit, on commençait le chant des matines et au *Te Deum* qui se disait vers 3 heures succédaient les premières messes, afin que les pèlerins qui avaient passé la nuit et fait leurs dévotions pussent sortir et faire place à d'autres.

En effet, toute la matinée, les paroisses voisines arrivaient processionnellement pour faire leur pèlerinage. Le prêtre-sacristain de l'Abbaye se tenait à la grande porte pour donner une chappe au recteur de chaque paroisse et le faisait conduire au chœur par deux des suisses de l'Eglise. La grand'messe était des plus imposantes et les vêpres célébrées avec une égale pompe venaient clore la solennité.

Après quoi la foule s'écoulait peu à peu et chacun reprenait le chemin de sa demeure.

Age de foi où la religion faisait de grandes choses, que la morale indépendante de toutes croyances prêchée maintenant ne saura jamais accomplir.

Hélas ! ces pieux pèlerinages allaient bientôt disparaître, la Révolution s'avançait à grands pas pour disperser les moines et incendier leur monastère.

Les évènements les plus sinistres devaient attrister les derniers jours de l'Abbaye St-Sauveur. La *Gazette de France* du 27 Juin 1780, contenait les lignes suivantes :

« On écrit de Redon en Bretagne, que la nuit du dernier de Mai au 1ᵉʳ de ce mois, le feu a pris à l'église de l'Abbaye St-Sauveur et l'a consumée depuis l'orgue placé au bas de la nef jusqu'au chœur dans une longueur de 184 pieds sur 66 de large. On ne voit plus que des piliers et des murs calcinés. Les secours des habitants et du régiment de *Mestre de camp* Dragons ont sauvé le Chartrier de l'Abbaye, la procure, les maisons voisines, ainsi que le rond-point, les chapelles et l'aile droite du bâtiment des religieux. Ce malheur est la suite de l'imprudence de l'organiste qui a laissé du feu dans l'orgue où la veille il avait soudé quelques tuyaux. Heureusement il n'a péri personne dans ce désastre qui cause à l'Abbaye une perte de 200,000 livres ».

Les moines dont les ressources étaient bien précaires à cette époque purent cependant à l'aide de la charité de leurs confrères des autres abbayes de leur ordre, rebâtir la nef que nous voyons aujourd'hui, moitié moins grande que l'ancienne et sans aucun mérite au point de vue de l'art, mais qui leur permettait cependant de réunir encore un nombreux public au service divin.

Le 14 Février 1790 un nouveau sinistre vint frapper la ville de stupeur, le feu se déclarait pour la seconde fois depuis dix ans, dans les bâtiments de l'abbaye avec une grande violence et cette fois il n'était plus possible de l'attribuer à l'imprudence. C'était la malveillance seule qui l'avait allumé. Un misérable domestique de l'abbaye, élevé par charité chez les moines, dont le nom est resté en exécration chez tous les honnêtes gens du pays, était l'auteur de ce crime. Du reste ce premier acte n'était qu'un prélude pour lui.

Les flots du mal n'étaient pas encore débordés sur la France mais ils commençaient leur marche ascendante. La haine des droits seigneuriaux et le désir d'anéantir les titres de l'abbaye inspirèrent l'incendiaire de St-Sauveur qui devait devenir plus tard un suppôt de Carrier.

Le feu se déclara dans les bâtiments qui contenaient le chartrier, la procure et la bibliothèque. Les malintentionnés profitèrent du tumulte pour s'introduire dans ces précieux dépôts, se ruèrent sur les chartes, les registres, les manuscrits et les livres, les déchirant et les précipitant par les fenêtres sous prétexte de les sauver. Ce qu'on put arracher aux flammes et au pillage fut déposé chez le procureur fiscal de l'Abbaye, mais aussitôt on le menaça par des lettres anonymes de mettre le feu à sa maison, et comme de nouveaux incendies allumés chaque jour dans la ville et les campagnes environnantes répandaient la terreur, le procureur fiscal fit porter à la municipalité ce qui restait des titres du monastère, personne ne voulant se charger d'un aussi dangereux dépôt ; on dressa une tente sur la place publique pour loger tous ces papiers, et le conseil de la commune faisant droit à la requête présentée par les Bénédictins fit faire bonne garde autour de la tente. Un peu plus tard on put reporter les papiers à l'Abbaye, mais il est clair que les religieux ne pouvaient plus songer à réparer ce désastre. Ils se réfugièrent dans les bâtiments non incendiés en attendant qu'on vînt les chasser de ce dernier asile « au nom de la Loi qui permettait aux *victimes* du *cloître*, de rentrer dans le monde ».

Quelques temps après, les Redonnais assistèrent à une autre cérémonie du même genre. Pour éviter la suspicion *d'incivisme*, le conseil de la commune de Redon se hâta de faire exécuter le décret de la Convention, qui ordonnait la destruction des anciens titres. Le 27 Septembre 1793 réuni en assemblée il invita les ci-devant nobles et les possesseurs des titres des ci-devant Bénédictins à apporter le mardi suivant, aux deux heures de l'après-midi, tous ces fatras de papiers pour les livrer aux flammes. Il invita aussi le conseil général de la commune à assister à ce brûlis en conformité de la Loi. Il se rencontra pendant cette ère de démence furieuse de bons patriotes qui trouvèrent à exercer leur esprit par des jeux de mots pleins de délicatesse, disant que la Convention avait une bonne manière *d'éclairer* la France et qu'ainsi, une foule de vieilles chartes oubliées, enfouies sous la poussière des temps, allait par cet excellent moyen être *remises en lumière*. Alors la collection des titres de l'Abbaye quoique bien endommagée par l'incendie du Chartrier en 1790, mais encore assez respectable, avait été dirigée depuis quelque temps déjà sur le chef-lieu du département. Chargés sur un bateau qui remontait la Vilaine, déposés et oubliés dans un village où le bateau s'était arrêté fortuitement, ces papiers qui ne se retrouvèrent ni à Redon, ni à Rennes au moment du *brulis* et par cela même préservés d'une destruction certaine, forment aujourd'hui l'une des plus intéressantes et des plus curieuses parties des archives départementales d'Ille-et-Vilaine.

Bientôt on ne se borna plus à la destruction des parchemins et des titres. La profanation s'exerça dans l'Eglise St-Sauveur dont on arracha les ossements de Saint Conwoïon et le sang coula ; deux excellents et dignes prêtres, M. Després né à Bains, vicaire de cette paroisse et M. Racapé, de St-Just, vicaire à Brain, furent arrêtés à trois jours de distance et conduits au conseil de guerre, siégeant dans le chœur de l'église de Notre-Dame, l'église paroissiale de Redon. Ils furent condamnés à mort à l'unanimité.

Mais ce n'était pas seulement à Redon que périssaient de mort violente les prêtres demeurés fidèles à Dieu et à son Eglise : à Nantes, lorsque l'infâme Carrier fit opérer, le 16 novembre 1793 l'épouvantable noyade de quatre-vingt-dix prêtres engloutis ensemble par les flots de la Loire, quatre de ces martyrs se rattachaient à la cité redonnaise; c'étaient Joseph Maussion, natif de Redon et recteur d'Oudon (évêché de Nantes), — René Legrand, capucin, en religion, frère Hyacinthe, de Redon, né en cette ville en 1725, — Alexis Lucas, né à Redon en 1764, prêtre de la Mission, et caché en 1792 à Nantes comme ouvrier imprimeur — et enfin dom Augustin Bazille, bénédictin de l'abbaye de Redon.

Pour l'exécution de ces deux saints prêtres, Messieurs Racapé et Desprès, la guillotine fut dressée sur la place de Redon à peu près dans l'emplacement actuel de la fontaine, mais il paraît qu'elle ne resta pas longtemps en permanence, car de braves paysans condamnés à mort, comme rebelles dans les mêmes temps ne furent point guillotinés, mais fusillés devant la grande porte de l'église Saint-Sauveur.

Carrier, alors à Nantes, avait délégué ses pouvoirs à l'incendiaire de l'abbaye. La Révolution en avait fait un personnage, il était président du comité de surveillance de Redon, c'est-à-dire qu'après avoir juré haine implacable aux *tyrans* et aux *aristocrates*, ce bon républicain était devenu le dénonciateur et le persécuteur de tous les honnêtes gens, qu'il envoyait en grand nombre aux prisons de Rennes principalement.

La Terreur n'eut pas à Redon un caractère aussi odieux que dans beaucoup d'autres villes de France, cependant on y organisa ces ignobles parodies du culte où la religion catholique, la plus belle et la plus sainte de toutes, traînée dans la boue et le ridicule devint un sujet de mépris et la risée d'une foule en délire.

« Considérant que les préparatifs qu'entraînera l'établissement d'un *Temple* de la Raison seront longs et *coûteux*, arrêtons provisoirement : Le

Temple de la Raison sera établi dans la maison (chapelle), dite ci-devant la Congrégation, auquel lieu les fêtes décadaires seront célébrées. ».

On avait sans doute voulu par un reste de pudeur épargner à la vénérable église de St-Sauveur la souillure d'une profanation, néanmoins il fallut s'exécuter plus tard, le culte de la Raison fut transféré dans l'antique abbatiale, le sanctuaire et l'autel furent du moins conservés. On réussit à circonscrire dans l'enceinte de la nef les saturnales révolutionnaires en utilisant le chœur comme grenier à foin. Disons-le bien haut à la gloire des Redonnaises : On ne put trouver aucune femme qui consentît à devenir déesse.

Une statue de la Sainte-Vierge, de grandeur naturelle enlevée à la communauté des Ursulines, fut coiffée d'un bonnet rouge et représenta la déesse Raison (1). Elle était posée sur un socle

---

(1) La Terreur passée, cette statue fut rendue à la Communauté des Ursulines, mais ces bonnes religieuses ne voulurent jamais remettre dans leur chapelle cette image profanée par la Révolution. Elles la firent enterrer dans un coin de leur enclos, que depuis lors chaque supérieure indiquait à sa remplaçante.
Au moment de l'Exposition organisée en l'honneur du Congrès Breton qui s'est tenu à Redon, au mois de septembre 1902, les organisateurs ont obtenu de la Supérieure des Ursulines, de faire déterrer cette statue enfouie sous terre depuis une centaine d'années. Nous l'avons donc vue figurer parmi les curiosités de l'Exposition. Cette Vierge en bois, portait l'Enfant Jésus. Comme la déesse Raison n'en devait point avoir, on avait détaché celui-ci en le sciant. L'Enfant Jésus fut remis plus tard à sa place et on voit très bien encore aujourd'hui les coupures faites par la scie.
Nous espérons que les Dames Ursulines vont enfin se décider à rendre cette Vierge au culte. Elles feront bien de réparer la statue qui fut dans son temps belle et bien sculptée et qui rappelle désormais un triste souvenir historique.

adossé à la grande grille du chœur. Des deux côtés on avait placé les images des principaux philosophes de l'antiquité et des héros de la Révolution. La chaire servait pour les motions du club et les lectures de la décade

Tel était le culte officiel, en France lorsqu'il plut à Robespierre de proclamer l'Etre Suprême. Une grande fête, la plus solennelle de toutes, fut décrétée en son honneur pour le 20 prairial, dimanche 8 juin 1794, précisément le jour de la Pentecôte.

Voici à ce sujet le brillant arrêté de la commune de Redon :

1° Au lever de l'aurore, à 4 heures du matin, la fête sera célébrée par une salve d'artillerie ;

2° A six heures, la générale sera battue ;

3° A 7 heures, l'assemblée ; et le rappel à 7 h. 1/2, de manière à ce que la force armée soit rendue sous les armes vers les 8 heures sur la place de l'Egalité de cette commune ;

4° Que les divers corps constitués qui sont invités à se réunir à la municipalité en la maison commune se rendront de là accompagnés d'un détachement sur la place où le rassemblement de la troupe aura lieu ;

Qu'aussitôt l'arrivée des corps constitués la marche s'ouvrira, pour se transporter au Temple consacré à l'Eternel, par la cavalerie qui marchera en avant ; Qu'elle sera suivie de la compagnie des vétérans ;

Que les corps constitués s'avanceront alors dans l'ordre que leur assigne la loi ;

Que la compagnie des adolescents précèdera un groupe de cultivateurs qui marcheront *confondus*, conduisant au milieu d'eux une charrue attelée de bœufs où reposera un faisceau de divers instruments de labourage qui sera surmonté d'une gerbe de blé ;

Que la marche sera fermée par la force armée, suivie du concours du peuple.

Que le cortège rendu au Temple de la Divinité, il sera prononcé un discours et chanté des hymnes *analogues* à cette *journée majestueuse* ;

Que dans le même ordre, ci-devant établi le cortège sortira du Temple, traversera la Grande-Rue, la rue du Port, le quai, la place publique, le faubourg et se rendra sur la place de la Réunion ;

Que là, il sera élevé un Autel de gazon à la Patrie en reconnaissance de l'*immémorable* journée des 10 Août 1793 — 21 janvier 1793 — 31 mai 1793 et des succès que remportent chaque jour les armées de la République sur la horde sacrilège des tyrans coalisés ;

Que la fête sera terminée par une dernière salve d'artillerie et l'incendie de quelques titres retraçant l'odieuse féodalité, qui avaient jusque-là échappés aux recherches ;

Et qu'enfin le reste de la journée, *sera continué* par des danses *à la réjouissance* publique.

Cette belle fête se renouvela le jour de l'Ascension et le jour de l'Assomption. Elle remplaçait les divertissements traditionnels de la *Chevauchée de la my Aougst* et *du tire du papegault* qui disparurent pour toujours cette année-là. Voici comment ces vieilles coutumes se passaient à Redon.

Le jour de la Vigile de la Mi-Août, les hommes mariés, sous peine d'amende devaient parcourir en armes sur les trois heures de l'après-midi toute la ville, afin de s'assurer que personne ne songeait à troubler la foire qui se préparait pour le lendemain de l'Assomption. Pendant la promenade de cette milice d'alors, une chandelle de suif devait brûler à la fenêtre de chaque maison sous peine d'amende ; cette coutume rappelait l'époque où la patrouille passait la nuit pour veiller sur le sommeil des bonnes gens de Redon, et garantir la sécurité de la ville. Le maintien de la Chevauchée de la nuit de la Mi-Août (c'est ainsi qu'on appelait cette patrouille) fut confirmé par lettres de François I*er*, roi de France, du 12 juillet 1525, lequel empêcha du même coup la disparition d'une des plus anciennes et des plus curieuses coutumes du pays ; cette coutume regardait les mariés de l'année qui devaient fournir, après ledit guet, aux officiers, chacun *deux pots de vin d'Anjou* ou de *Gascogne* et *ung* pain de six deniers. On conviendra que dans ces conditions-là redevance et parade n'étaient plus qu'une plaisanterie et un divertissement.

Le tir du *Papegault* du mot *Papegai* oiseau de

bois ou de carton qui sert de but pour l'exercice au tir, n'avait lieu à la fin qu'un seul jour par an, le 1ᵉʳ mai, ce n'était plus qu'un sujet de réjouissance et un jeu d'amateurs, mais primitivement il avait été un exercice sérieux. Les armées permanentes n'existant pas encore, chaque paroisse devait avoir pour se défendre sa compagnie bien disciplinée et c'est au Papegault qu'elle venait s'exercer souvent.

La Révolution s'attaquait à tout; aux plus grandes choses comme aux plus petites.

Aussi les bourgs de Saint-Just, de Saint-Jacut, de Saint-Vincent etc. étaient devenus les bourgs Just, Jacut, Vincent. Le bourg de Saint-Nicolas portait le nom ronflant de l'Union-sur-Vilaine. On ne disait plus le faubourg Saint-Michel ou la rue Saint-Pierre, mais le faubourg Michel et la rue Pierre.

Dans le même temps la fabrication du salpêtre fut organisée à Redon et l'on reconnut « que le terrain entourant l'église paroissiale était propre à l'extraction de cette précieuse matière. » On invita d'abord les bons citoyens à ce travail, puis ensuite on les y obligea, « c'était ainsi que *la République* établie sur les colonnes triomphantes de *l'humanité*, c'est-à-dire la Liberté, l'Egalité, la Fraternité et la Justice traitait les gens. »

En 1800 les chauffeurs faisaient encore parler d'eux. Cette année là, une troupe de ces bandits s'introduisit chez un M. Duval qui habitait avec sa fille et une domestique, sa propriété du Pélerin, au faubourg Saint-Michel ; le faubourg s'est beaucoup bâti depuis, mais alors le Pélerin c'était la campagne. M. Duval passait pour riche, il y avait donc un bon coup à faire chez lui.

Les brigands étaient entrés en forçant la porte principale de l'habitation. Mademoiselle Duval fut ligotée et son père menacé de l'épreuve du feu s'il ne leur remettait pas tout son argent.

La domestique qui couchait dans la cuisine dont une porte ouvrait dans le jardin est réveillée par le bruit de la lutte et les cris « au secours » poussés par ses maîtres. En cette cruelle circonstance, elle fit preuve d'esprit et de sang-froid et c'est grâce à elle que M. et Mlle Duval furent sauvés. Elle a deviné tout de suite le danger, au lieu de courir à leur aide et de se faire prendre, ce qui ne pouvait leur porter aucun secours, elle s'élance dans le jardin, franchit le mur de clôture et se précipite dans la rue St-Michel et le faubourg Notre-Dame, criant : « Au feu, au secours. » Plusieurs habitants sortent en hâte de leur maison, elle leur explique ce qui se passe et tous s'armant de bâtons, de fourches, des premiers instruments qui leur tombent sous la main, accourent au plus vîte. Les bandits, en entendant ce tumulte qui approche et grandit fuient dans toutes les directions. Il était temps de venir délivrer les victimes. On trouva Mlle Duval sans connaissance et M. Duval lié et couché devant son foyer, dans l'impossibilité de faire un mouvement, les pieds appuyés contre le brasier que les chauffeurs venaient d'allumer.

Ce fut à Redon le dernier épisode de la Révolution.

Pendant le règne éphémère des Cent Jours, en 1815 eut lieu à Redon un mouvement royaliste appelé depuis, la Petite Chouannerie. En effet, une grande partie du pays, mécontente de voir reparaître le drapeau tricolore, reprit les armes en faveur du drapeau blanc, mais cette escarmouche où il y eut cependant quelques morts et plusieurs blessés ne devait avoir aucune importance dans la suite. La défaite de Waterloo était là pour ramener les Bourbons sur leur trône.

DEUXIÈME PARTIE

CHAPITRE I.

L'Eglise. — La Tour. — Les places. — Le Tribunal. — La Sous-préfecture. — L'Hôtel-de-ville.

Et maintenant, revenons au temps présent et visitons notre ville en détail.

L'église St-Sauveur, reconstruite à des époques très éloignées, nous offre, dit M. le chanoine Brune, un curieux rapprochement de styles d'architecture les plus divers.

Elle appartient à trois époques différentes ; la tour du transept est romane, le chœur et la tour isolée sont gothiques, la nef et son portail, de restauration moderne, n'offrent aucun caractère. L'église a une longueur totale de 63 mètres 35 centimètres ou 190 pieds de long. Elle forme une croix latine où se retrouvent les trois parties que nous venons de signaler : la nef, le transept et le chœur. Malheureusement, ce bel édifice fut, comme nous l'avons dit, en partie détruit par le terrible incendie de 1780 et, seul le chœur de l'église, aujourd'hui monument historique, fut conservé.

La nef et les bas-côtés ont été reconstruits, mais sans aucune architecture, aussi contrastent-ils d'une manière fâcheuse avec le chœur ogival, auréolé de jolies chapelles du même style élégant et pur. On a fait disparaître malheureusement les stalles et la grande grille en fer forgé qui fermait, devant le maître-autel, la partie anciennement réservée aux moines. Cette réforme très pratique sans doute, en agrandissant la nef au détriment du chœur, a permis d'augmenter le nombre des places, assez restreintes pour la population. Mais cependant ce changement qui a rompu l'harmonie des lieux en leur ôtant leur cachet primitif est regrettable, non-seulement pour les archéologues, mais aussi pour tous ceux qui ont le respect de l'antique et tiennent aux vieux souvenirs d'autrefois.

Dans la seconde moitié du XVIII° siècle, de magnifiques vitraux ornaient encore le chœur. On lit à ce sujet dans le dictionnaire d'*Ogée* publié pour la première fois vers 1780 : « Sur les anciennes vitres de l'église, on remarque les portraits de plusieurs ducs et duchesses de Bretagne et quelques seigneurs des maisons de Rohan, de Rieux, de Rochefort, de Châteaubriant et de Malestroit. Selon toutes les apparences, ce sont les figures des bienfaiteurs de cette communauté, ce qui prouve la reconnaissance des religieux et ne peut que leur faire honneur ; espérons qu'on saura conserver ces souvenirs précieux de l'antiquité qui sont le *fondement* le plus sûr *des vérités historiques.* »

Hélas! non, cette riche galerie de portraits devait même disparaître bientôt, peut-être pendant les réparations qui suivirent les incendies ; ce qu'il y a de certain, c'est qu'au moment de la Révolution elle n'existait plus.

Les trois grandes statues allégoriques qui couronnent l'autel sont antérieures à la Révolution — celle du milieu qui personnifie la Foi soutenait de sa main droite la *Suspense* qui renfermait le St-Sacrement — ce genre de tabernacle a existé dans beaucoup d'églises jusqu'à la fin du XVIII° siècle.

La partie romane de l'église de Redon paraît avoir été construite par un architecte auvergnat. Cela se reconnaît à différents détails qu'il serait un peu long de rapporter ici. Qu'il me suffise de dire que l'on voit à Redon comme en Auvergne des *marqueteries* ou mosaïques grossières à l'extérieur de la tour centrale ; en Auvergne, pays des terrains volcaniques, on trouvait facilement des laves noires pour faire ces marqueteries. A Redon on y a suppléé par de la peinture, que l'on a employée à faire des carreaux noirs, alternés avec des carreaux blancs, aux archivoltes des arcades romanes de la tour. Ces peintures sont encore bien visibles du côté de la place ; du côté du collège on n'en voit pas et on semble ne pas les avoir employées de ce côté par économie, car on ne les aurait pas vues. Mais elles sont admirablement conservées à l'*est*, dans la partie de la tour qui touche au chœur ogival. On ne peut plus les voir qu'en montant dans le grenier du toit de ce chœur, qui les cache aux yeux depuis le XIII° siècle (1).

Les chapelles renferment plusieurs tombeaux, les uns sous le pavé avec dalles tumulaires dont les figures et les inscriptions s'effacent de plus en plus sous le pied des fidèles, les autres placés dans l'épaisseur des murs, sous arcadures surbaissées sont ornementés de sculptures élégantes et fines tels que, choux frisés, fleurons, arabesques. Quant aux écussons, ils ont été si soigneusement grattés pendant la Révolution que l'on n'y retrouve aucune armoirie, non plus que les armes de l'Abbaye qui porta toujours deux crosses ; d'abord, affrontées jusqu'au XV° siècle, ensuite tournées en sens inverse. Elle gratta également les armes des Bénédictins : une couronne d'épines, trois clous et le mot *Pax*.

(Douce paix qui ne la souhaite au-dedans et au dehors de soi).

« Que reste-t-il du cénotaphe de François I*er* duc de Bretagne, sous l'arcade admirablement sculptée qui le recouvrait. » Qui peut lire à présent l'inscription des autres pierres tombales de Raoul

---

(1) Ces marqueteries ignorées pendant longtemps furent découvertes il y a plusieurs années par M. Saupin, architecte à Redon.

de Pontbrient, humble abbé de Redon, mort en 1423 ; de Guillaume de Tréal « chevalier bon, prouz et léal, mort en 1341 », et de Jean de Guipry, qui construisit le chœur de l'église, et mourut en 1307, regretté de toute la ville ? Sur sa pierre tombale on avait gravé cette épitaphe élogieuse :

*Simplex, pacificus, humilis, facundus, honestus,
Justus, munificus, mitis, honorificus !* (1)

Quant au tombeau du duc Alain Fergent et de la duchesse Hermengarde il s'élevait au milieu du chœur.

Le bon Samaritain du peintre A. Philippe et le tableau rappelant la donation de Rathuili à Saint Conwoïon et à ses moines, œuvre d'un peintre de talent, Perlet, sont deux grandes toiles modernes d'un certain mérite, données par le gouvernement sous Louis-Philippe. Ce dernier tableau placé au-dessus de la Sacristie (laquelle était jadis la chapelle des Ducs) représente un paysage à demi éclairé par un ciel sombre, nuageux, ciel de Bretagne qui pendant l'automne porte tant à la mélancolie. C'est au pied d'une croix de pierre que la scène se passe. Rathuili accompagné de sa fille, assise près de lui, remet à saint Conwoïon et à ses disciples la charte de sa donation.

Le groupe des Moines rappelle assez bien ceux de Lesueur dans la vie de St Bruno, mais l'artiste a sacrifié l'exactitude historique au désir de

---

(1) Simple, pacifique, humble, éloquent, honnête, Juste, généreux, doux, vénérable.

produire plus d'effet ; chacun sait que les Bénédictins ont toujours été habillés de noir et ici le peintre leur a donné la cagoule blanche des Bernardins, en conservant cependant à peu près la forme de l'habit de St Benoît ; — il a rendu ainsi méconnaissables les moines de Redon qui appartenant à la plus ancienne souche monastique ont toujours porté la couleur noire. Sans doute la couleur blanche offre plus de ressources au peintre, qu'un austère costume foncé, cependant cette difficulté a été vaincue par plusieurs artistes, entr'autres par Philippe de Champagne.

Le beau et grand Christ en bois sculpté du maître-autel est l'œuvre d'un enfant du pays, M. Dubois, auquel il fut payé 6000 fr. par le gouvernement.

La chaire, le banc d'œuvre et les confessionnaux de style gothique, ce qui n'est pas tout à fait celui de l'église, sont dus à l'habile ciseau de M. Hérault, de Rennes.

C'est depuis 1805 que l'église abbatiale est devenue l'église paroissiale de Redon. Jusqu'alors, comme nous l'avons vu, les offices paroissiaux avaient lieu à Notre-Dame du Pesle et les habitants de cette époque parlèrent longtemps du grand jubilé qui s'y était célébré en 1803.

Après avoir visité la belle église abbatiale, les intrépides gravissent les 160 marches qui conduisent aux guérites de la tour et le visiteur sera bien dédommagé de la fatigue par l'admirable panorama, qui, de cette hauteur, se déroule aux regards, soit que l'hiver change en lac à perte de vue les prairies environnantes, soit que l'été les recouvre d'un manteau de verdure. Cette belle tour qui date du XIII® siècle, séparée de l'église par l'incendie de 1780, fixe l'attention de tous les connaisseurs. Elle a 67 mètres d'élévation. Jusqu'à la moitié de sa hauteur ou environ, elle est carrée, la partie supérieure est une flèche ou pyramide creuse à base octogone. La pureté et la sévérité des lignes donnent à cette tour sombre, toute en granit de la base au sommet, une grande beauté. Son isolement même (bien regrettable cependant par rapport à l'ensemble de l'église) contribue à la faire mieux ressortir.

On se demande, en voyant les proportions de la nef de l'église, si elle est suffisamment grande les jours de fête par exemple, pour contenir tous les fidèles ; certainement, ces jours-là elle est très remplie, mais il ne faut point oublier que Redon possède en outre de son église paroissiale, huit chapelles, dont quatre sont ouvertes au public, qui peut y assister à la messe quotidienne et aux offices du dimanche. Ces dernières sont les chapelles du Collège, des Ursulines, de la Retraite et de l'Hôpital ; les quatre autres sont : celle des Sœurs gardes-malades au Châtelet, celle des Sœurs de St-Vincent-de-Paul, celle de la Congrégation et celle de la Salette, celle-ci bâtie principalement pour y faire les catéchismes et les retraites paroissiales de dames et de jeunes filles. C'est M. l'abbé Pichot, curé de Redon, qui eut l'idée de cette fondation, à laquelle d'ailleurs tous ses paroissiens souscrivirent avec empressement. L'inauguration de cette chapelle eut lieu au mois de Janvier 1868. (1).

Nous ne parlerons pas de l'ancienne église paroissiale du Pesle et pour cause. Il n'en reste plus trace ; c'est très regrettable car elle offrait des parties remarquables attirant aussi bien le regard des curieux que celui des archéologues. La façade qui la surmontait et la tour étaient romanes, le reste de l'église avait dû être rebâti au XVIe siècle, mais sa fondation datait du XIIe. Comme l'hôpital, Notre-Dame était une fondation des moines, l'église abbatiale, consacrée principalement aux pèlerinages, étant devenue insuffisante aux séculiers de la ville qui s'accroissait chaque jour. Depuis la Révolution, l'église Notre-Dame

---

(1) Nous lisons à ce sujet dans le « Journal de Redon » de cette époque :

« On fait en ce moment à Redon des préparatifs pour la fête de St Conwoïon, patron de la ville, qui aura lieu les samedi, dimanche et lundi, 18, 19 et 20 du mois. On sait que Mgr l'archevêque de Rennes doit venir bénir la chapelle de la rue de la gare, dédiée à N.-D.-de-la-Salette, et que Mgr Bécel, de Vannes vient pour la consécration de la chapelle de l'institution St-Sauveur. On annonce en outre la présence d'autres illustrations ecclésiastiques.

Le soir de la fête, la tour St-Sauveur, le clocher et le pourtour extérieur de l'église seront illuminés comme on illumine la coupole du Panthéon et le pourtour de St-Etienne-du-Mont le soir de la solennité de la Patronne de Paris. De leur côté les Redonnais sont priés d'illuminer, et de redoubler de zèle pour donner au rétablissement du culte du fondateur de la ville le plus grand éclat possible.

ne servait plus au culte ayant été remplacée par celle de l'abbaye ; elle fut entièrement détruite dans la nuit du 18 Décembre 1864, par un violent incendie. Convertie en magasin de dépôt, remplie de bois, charbons, et autres matières des plus combustibles, — la grosse tour s'effondra avec un fracas épouvantable et les milliers de flammes et d'étincelles qui jaillirent alors jusqu'aux Cieux formèrent une gerbe immense dont l'éclat, pendant quelques instants, éteignit même la lumière des étoiles ; — tout ce vieux monument noir flamboyait, ses sculptures, ses ogives, ses voûtes, ses piliers retracés en lignes de feu se détachaient dans la nuit sombre comme le décor fantastique d'une éblouissante féerie. Cet effroyable embrasement justifiait presque ce mot, un peu raide, d'un pompier qui avait travaillé plusieurs heures dans cette fournaise ardente et qui répondait en rentrant chez lui, à sa femme toute émue de le voir noir de fumée et rouge de fatigue : Non il n'existe plus rien de Notre-Dame... et on peut dire que cette église qui avait commencé par le feu sacré (puisque dans toutes les églises une lampe veille devant le tabernacle), a fini par... un sacré feu.

Sur l'emplacement de l'église N.-D. du Pesle s'élève actuellement l'établissement construit jadis pour les Frères, et laïcisé aujourd'hui.

La place plantée est fort jolie sans doute, mais pourtant, mon « amour propre de clocher » ne me porte pas jusqu'à la trouver « la plus agréable de la province » ainsi que l'annonçait la municipalité de 1786, à laquelle nous la devons ; cependant elle offre beaucoup de charmes aux promeneurs par ses frais ombrages et ses délicieux lointains sur les vastes prairies de la Vilaine et les horizons variés de St-Nicolas. — Le chemin de fer en la coupant en deux s'est fait une belle avenue pour entrer en ville et s'il a enlevé d'un côté un peu d'espace et d'ombre, il donne de l'autre de la gaîté et du mouvement. (1)

Le Tribunal est un petit édifice style grec d'assez bon goût, construit sous le règne de Louis-Philippe. Il se trouve bien du voisinage de la place qui encadre avantageusement son grand péristyle.

La Sous-Préfecture s'élève dans les anciens jardins du Pesle, propriété qui s'étendait de la place Saint-Sauveur à la rivière. On appelait autrefois le Pesle, peut-être le Poêle, la porte de ville qui en était voisine.

La Sous-Préfecture, construction toute moderne est une demeure fort agréable, aux grilles enguirlandées de fleurs et de verdures ; en revanche l'Hôtel-de-Ville (style prétentieux), disons simplement Mairie, n'a plus que ses quartiers de vieillesse, puisqu'elle était avant la Révolution le logis abbatial où descendirent la plupart des grands personnages qui passèrent dans notre ville.

---

(1) Les ormeaux plantés en 1786 n'existent plus, ils ont été remplacés par des marronniers dont les grappes blanches et rouges étoilent agréablement leur épais feuillage.

La grande place Saint-Sauveur est maintenant partagée en deux par le chemin de fer, c'est sur la partie droite que se trouve la fontaine, construite en 1824 sous l'administration de M. le comte Auguste de Gibon. Elle est alimentée par l'excellente source du Tuet (1), située à un kilomètre environ entre les collines de Beaumont et de Bahurel. Cette gazouillante source du Tuet avait jadis sa fontaine et sa légende.

Les vieillards racontaient que la nuit, vers l'heure des apparitions, on y voyait souvent des lavandières qui revenaient de l'autre monde, pour achever la besogne qu'elles avaient mal faite en ce monde-ci. La nuit on ne passait là qu'avec effroi, en détournant la tête et en se signant. En 1844, le premier journal de Redon, le *Porte-Voix* publia cette légende qui avait été recueillie par Mademoiselle Vaillant, femme lettrée, fille d'un ancien capitaine de port, mort à l'âge de 99 ans. (2)

« On sait qu'aux premiers siècles de notre ère, il existait sur la grée de Galerne, à l'endroit où l'on a construit le nouvel Hôpital, une station gallo-romaine d'une certaine importance. Située en face de Duretie (Rieux-Fégréac), défendue d'un côté par la Vilaine et les postes de Lanruas,

---

(1) Cette source du Tuet a de tout temps alimenté la ville de ses eaux excellentes. Nos ancêtres au V° siècle ne buvaient pas d'autre eau que la sienne.

(2) Nous avons vainement recherché cette légende que nous eussions été heureux de reproduire en entier ici. Personne ne l'a conservée, paraît-il. Journal et légende tout a disparu.

de l'autre par la « Cale aux Huîtres », anse profonde formée par les eaux entre Beaumont et Galerne, elle était reliée à Rennes, à Vannes et à Nantes par la voie qui passait à Bahurel (1) et à Codilo. Cette station qui devait devenir si florissante au XI° siècle lors de la fondation de l'Abbaye se composait d'une certaine quantité de maisons et de villas. Or, ces maisons et ces villas étaient habitées. Il ne faut pas s'imaginer que le vin de Falerne fût la boisson ordinaire de nos Gallo-Romains, il en arrivait peut-être quelques amphores chez eux tous les dix ans, et les habitants d'alors se contentaient fort bien du petit vin du pays et de l'eau claire qu'ils avaient à leur portée.

Quelle était cette eau claire ? C'était tout bonnement l'eau du Tuet. Un sentier, qui existe encore, reliait la butte de Galerne au ruisseau du Tuet et servait en même temps de communication entre la station et la voie romaine. Ce chemin assez bien empierré descend la grée au couchant, traverse la vieille route de Rennes et pénètre dans l'ancien enclos de la Barre ; après avoir croisé la route de La Gacilly, il passe devant le château de la Barre et se dirige en droite ligne sur le Tuet. Il est encore pratiqué de nos jours entre le cimetière et la vieille route et entre la Barre et le ruisseau. On passait le Tuet probablement à gué et le chemin

---

(1) Cette voie romaine est encore très visible dans les bois de Bahurel.

montait à pic la grée de Beaumont où il rejoignait la grande voie romaine de Rieux à Rennes.

Est-ce à dire que l'on ne buvait sur Galerne que de l'eau du Tuet ? Je ne le crois pas. Les maisons aisées devaient avoir des puits et l'eau de ces puits devait être très potable. On a même trouvé dans le jardin de M. Tiger, les ruines d'un aqueduc qui se dirigeait du nord au sud ; les paysans affirmaient qu'on se trouvait là en face d'une voie romaine, et que cette voie devait aller rejoindre la Vilaine.

Il serait très intéressant d'opérer des fouilles dans les terrains situés entre le cimetière, le faubourg et l'hôpital. Ce sont pour la plupart des jardins, jonchés de briques à crochets et de poteries qui doivent recouvrir les soubassements de l'ancienne station gallo-romaine : nous sommes persuadés que ces fouilles seraient couronnées de succès. Espérons qu'on les entreprendra quelque jour et que l'on arrivera à délimiter la ville qu'ont habitée les premiers Redonnais, c'est-à-dire des Romains.

CHAPITRE II

Les rues de Redon.

Redon a gardé la plupart des noms que portaient anciennement ses rues ; on peut en trouver la preuve dans le plan de la ville publié à la fin du XVIII⁰ siècle, sous ce titre inscrit dans un encadrement à l'angle droit inférieur : *Plan général de la ville et faubourgs de Redon, présenté à Nosseigneurs les commissaires des Etats de Bretagne pour la navigation intérieure, par leur très-humble, très-obéissant serviteur, Olivault.* MDCCLXXXVIII.

On lit dans le bas à gauche : NOTE. *Les lignes tracées sur le plan indiquent les projets d'alignements autorisés par arrêt du Conseil du 11 décembre 1785 — Levé par Even, Ingénieur. — Réduit et gravé par Ollivault.*

Aujourd'hui la ville de Redon est divisée en trois parties par deux grandes lignes parallèles la coupant de l'est à l'ouest, le chemin de fer d'Orléans et le canal de Nantes à Brest.

Avant le chemin de fer, on désignait sous le nom

de *Place Saint-Sauveur* tout l'espace s'étendant de la Tour à la rue Notre-Dame.

Aujourd'hui la voie ferrée ayant coupé cette place en deux, chacune de ces parties a pris un nom différent : *Place Saint-Sauveur*, la partie qui s'étend de l'église au passage à niveau, et *Place Bretagne* ou *du Champ de Foire*, la partie qui s'étend du passage à niveau à l'entrée de la rue Notre-Dame et de la rue de la Gare. En effet cette place qui paraît si tranquille et suffisamment grande habituellement devient trop petite les deuxième et quatrième lundis de chaque mois, jours de foire; c'est à peine si elle peut contenir les chevaux, bœufs, vaches, porcs qu'on y amène et les baraques contenant les unes des victuailles, les autres des marchandises de toutes sortes (1).

---

(1) En 1580, il se tenait à Redon six grandes foires indépendamment des petits marchés des lundi et jeudi de chaque semaine; ces foires s'appelaient foire Fleurie, foire de Quasimodo, foire de l'Ascension, foire de la Mi-Août, foire de la Marzeline, et foire Ste-Croix ou Bahurelle, cette dernière avait lieu le 14 septembre autour du prieuré de St-Barthélemy. Voici quels étaient les droits de place à cette époque : 2 deniers par bête à cornes, 16 deniers par chèvre, 2 oboles par mouton, 2 deniers par porc, 16 deniers par cheval non ferré et 32 deniers par cheval ferré; mais il est à remarquer que ces prix ne s'appliquaient pas à la foire Bahurelle dont le revenu appartenait au Prieur de St-Barthélemy, et qu'aux environs de celle de la Mi-Août on levait huit jours avant et huit jours après sur chaque animal le double de ce qui était perçu aux autres foires ; cette coutume existait de temps immémorial. Les cordonniers forains — étaient à Redon au jour de marché — devaient chacun, à la foire Fleurie, la meilleure paire de souliers par eux étalée sans autre rente.

Mais la coutume la plus extraordinaire était celle qui réglait le cérémonial de police dont on entourait la grande foire de Redon ; celle de la Mi-Août. Le jour de vigile de l'Assomption, on était tenu d'apporter en l'auditoire de la cour de justice de Redon toutes les mesures telles que demés, aulnes, quarts, pintes, chopines, et

Il ne faudrait pas s'imaginer que les droits de place remplissaient le trésor des religieux, loin de là. Prenons par exemple la foire Bahurelle qui était la propriété du titulaire du Prieuré de St-Barthélemy : cette foire rapportait en 1557 trois écus et un chapon ! En 1677 elle était affermée 12 livres.

Des six grandes foires de Redon, seule la *Fleurie* a survécu ; mais elle a une rivale redoutable en la personne de sa jeune sœur la *Tayouse*. Mourra-t-elle de dépit ? Ce n'est pas probable. L'avenir seul nous l'apprendra. En attendant, les camelots et les forains semblent préférer au joli nom des *fleurs*, au parfum de printemps, celui de la saison *tayouse* (crottée, boueuse) qui fait sortir de leur poivre les manteaux d'hiver.

Quelques personnes écrivent comme suit le mot *Teillouse*, prétendant que ce nom dérive du mot *teiller*, c'est-à-dire éplucher le chanvre, opération qui se fait à cette époque de l'année pour en extraire la filasse qui doit être filée ensuite.

---

les poids et balances ; là des officiers de l'Abbaye les comparaient aux mesures étalons de l'Abbaye et ne les remettaient à leurs propriétaires qu'après un sérieux examen. C'était la vérification des poids et mesures appartenant aux vassaux de l'Abbaye, laquelle avait le droit de fournir ces poids et mesures en la ville de Redon privativement et exclusivement à tous autres.

Le même jour tous les hommes mariés habitant la ville étaient convoqués à 3 heures de l'après-midi devant l'auditoire ; l'appel était fait par les officiers de l'Abbé, et chacun devait se présenter en armes. La revue passée, la troupe s'en allait par la ville en compagnie des dits officiers pour voir « s'il y a aucuns qui voulussent émouvoir et troubler le peuple » à la foire de la Mi-Août qui se tient le 16 août. Les mariés qui ne répondaient pas à l'appel étaient mis à l'amende, comme nous l'avons dit plus haut.

Le jour de ces deux foires très importantes, la foire Fleurie et la foire Tayouse (dans cette dernière il s'y traite au moins pour un million d'affaire, principalement la vente des châtaignes), c'est une animation, un brouhaha excessifs, les marchands s'y donnent rendez-vous, les bestiaux y sont amenés en grand nombre et le commerce s'y étale sous bien des formes. Comme on le voit, Redon est le centre d'un commerce industriel et agricole considérable. On expédie le blé noir jusqu'en Hollande pour la fabrication du genièvre, et nos châtaignes s'en vont par navires et par wagons dans toutes les directions, en Angleterre principalement, car c'est de Londres que part la cote de toutes les châtaignes vendues en Bretagne.

La châtaigne de Redon a une réputation à peu près analogue à celle du marron de Lyon. Son goût est le même, un peu plus fin peut-être. Ce qui la différencie, c'est sa forme. Au lieu d'être d'une seule pièce comme le marron, la châtaigne est chambrée, à compartiments qui se divisent lorsqu'on la pèle.

Le plan de 1788 désigne sous le nom de *Place de Bertrand* la promenade plantée, non point, comme quelques personnes l'on cru, en mémoire de Bertrand du Guesclin, mais en souvenir de l'Intendant Bertrand de Molleville, qui administrait comme nous l'avons dit la Bretagne au XVII° siècle, avant la Révolution.

On nomme depuis longtemps rue du Tribunal,

la rue qui joint la rue Bertrand à la rue St-Michel, et qui longe d'un côté le Tribunal dont la jolie façade style grec se développe sur la rue Bertrand en face de la promenade.

Quai de Gaudion, ce nom, qui est également ancien, est donné à la portion du quai sur la rivière, dans la partie de la ville qui nous occupe.

La rue St-Michel, communément appelée *Faubourg St-Michel*, cette longue rue est la deuxième à droite, perpendiculaire à la rue Notre-Dame.

Le plan de 1788 appelle *chemin de St-Maur* un chemin correspondant à peu près à la route du cimetière actuel. Le nom de *Rue St-Maur* est un souvenir de cette ancienne dénomination.

La rue des Chaffauts, et non de l'échafaud comme l'appelle encore sans fondement quelques personnes, est la troisième rue à droite perpendiculaire à la rue Notre-Dame. Cette rue jadis peu bâtie ne comptait guère que deux habitations, l'une qu'on appelait le Chaffaut d'en haut, et l'autre le Chaffaut d'en bas, d'où sa dénomination de rue des Chaffauts; mais avant de porter ce nom, on l'appelait tout simplement *Venelle des André*, nom d'une vieille famille de la bourgeoisie de Redon dont il est question dès 1474.

L'école laïque installée dans l'ancienne école des Frères, alors école communale, a donnée son nom à la petite place qui la précède. Cette école fut construite sur l'emplacement de l'église Notre-

Dame qui servait d'église paroissiale du temps de l'abbaye, et détruite comme nous l'avons vu par un incendie.

La rue Notre-Dame est souvent nommée *Faubourg Notre-Dame,* ou tout simplement *le faubourg ;* au commencement du siècle dernier les rivalités entre les enfants du *Faubourg* et ceux de la *Ville* étaient grandes et dégénéraient parfois en rixes plus ou moins graves.

Il est à remarquer qu'actuellement le nombre des maisons de ce faubourg est à peu près le même que celui du XVIe siècle. Mieux que cela, la plupart des immeubles datent de cette époque, et il faut peu d'imagination pour se figurer toutes ces vieilles fenêtres s'illuminant de chandelles de suif pour éclairer la chevauchée du guet à la mi-Aoust (1)

Dans le haut du faubourg se trouvait un abreuvoir public appelé Abreuvoir au Duc ou Grand Doué (St-Samson). On s'y rendait par la *Rue des Cornes,* ainsi nommée parce que, comme nous le verrons plus tard, les tanneurs avaient coutume d'y jeter les cornes des animaux dont ils travaillaient la peau.

Les tanneries de Redon sont fort anciennes. Celle de la famille Duhil appartenait en 1405 à Gilles Aoustin, dont les descendants possédaient plus tard les terres de la Porte et de l'Etang, en Redon.

---

(1) Toutes ces vieilles maisons tendent à disparaître peu à peu et sont rebâties sur des plans modernes.

A l'extrémité du faubourg Notre-Dame qui donne sur la route de Rennes, s'élève un magnifique Calvaire érigé en 1886 (1).

---

(1) Voici comment les journaux de Redon décrivent à cette date l'érection solennelle de cette belle croix :

« Le 21 novembre 1886, par un temps radieux, malgré la saison avancée, avait lieu une très belle et imposante cérémonie religieuse. La Mission fondée à Redon par Madame Héry dans la première moitié du XIX° siècle et qui se renouvelle tous les dix ans, laissera cette fois dans notre ville des impressions fortes et durables. Elle a été particulièrement consolante, c'est en foule que pendant trois semaines les habitants de notre ville sont accourus à l'église paroissiale, attirés par la parole convaincue et persuasive des PP. Rédemptoristes. La Mission s'est clôturée par une très imposante cérémonie du culte catholique : la plantation d'un calvaire.

Oui, cette belle et touchante cérémonie a rempli les cœurs chrétiens de consolation et d'espérance.

A l'époque tourmentée où nous vivons, où la guerre à Dieu est hautement déclarée, où une sorte de secte impie voudrait faire de la France, qui s'intitulait jadis la Fille aînée de l'Eglise, un foyer d'athéisme, cette consécration de la Croix nous est apparue comme une grande manifestation de foi.

Ce calvaire vraiment magnifique est l'œuvre de l'artiste basbreton Yves Hernot, de Lannion, modeste ouvrier d'abord, que son génie a placé au premier rang de l'art religieux, son habile ciseau a su tracer sur le granit les traits douloureux de Jésus mourant. Il faut croire pour être inspiré ! C'est le secret des innombrables chefs-d'œuvre du moyen-âge : les plus incrédules sont bien forcés de le reconnaître. La Religion a été dans tous les temps la grande éducatrice des peuples et la grande inspiratrice des arts.

La croix était portée par 160 hommes divisés en quatre sections de quarante porteurs distinguées entre elles par des rosettes de couleur rouge, verte, jaune et blanche, auxquelles est attachée (précieux souvenir), une jolie petite croix en bronze argenté.

Les cordons d'honneur étaient tenus par MM. les marguilliers, les deux Conseillers d'arrondissement et des personnes notables de la ville.

A deux heures et demie le cortège se met en marche pendant que les cloches sonnent à toute volée et que les musiques de la ville qui faisaient partie de la procession font entendre leurs plus brillants morceaux. Plus de 4000 personnes accompagnent le Christ porté sur un brancard garni de velours frangé de crépine d'or.

Le Christ un peu plus haut que nature est taillé dans un seul bloc de ce granit de Kersanton qui défie le temps. La croix ne mesure pas moins de 2 m. 70 et pèse environ 2.500 kilos. La colonne qui porte le Christ affecte la forme d'un arbre dont le

La deuxième rue à gauche, perpendiculaire à la rue Notre-Dame, est la rue du Moulinet, elle s'étend par une courbe le long de l'Ecole laïque des filles, jusqu'à la rue de Fleurimont. Vers le milieu de son parcours, il y avait autrefois une mare qui, par les jours de pluie, occupait toute la largeur de la rue. C'était, pense-t-on, un reste de l'ancienne *cale aux huîtres*, prolongement des fossés de la ville, où, comme semble l'indiquer ce nom, les bateaux des pêcheurs pouvaient sans doute remonter, dans des temps déjà bien éloignés.

La rue des Jardins est la troisième rue perpendiculaire côté gauche à la rue Notre-Dame.

La rue de la Poste ou rue Franklin est celle qui fait communiquer la rue du Moulinet à la Place de Bretagne.

L'ancienne rue des Venelles, fort étroite autrefois, très élargie aujourd'hui, se nomme rue Thiers.

La rue de Fleurimont s'étendait jadis de la rue Thiers à la rue Codilo, actuellement, elle se prolonge jusqu'à la rue Franklin.

tronc épais d'abord va toujours en s'éfilant. Autour de cette colonne s'enroule une légende incrustée en lettres d'or: *O Crux ave spes unica, Mundi salus in gloria*. Sa hauteur, y compris celle du piédestal, est d'environ 8 mètres.

Les mesures ayant été parfaitement prises, la croix ne tarda pas à s'élever dans les airs ; à cet instant des bravos enthousiastes et des cris de: Vive le Christ retentissent de toutes parts. La Bénédiction solennelle de cette belle croix est ensuite donnée par le Supérieur des RR. PP. Missionnaires, qui, suivant la prière liturgique qu'il rappelle à propos, doit être la consolation et la protection de la cité. Qu'elle reste là longtemps, toujours comme un enseignement. Elle dira dans son éloquence muette aux générations futures qui viendront la saluer à leur tour : « Gardez la Foi de vos Pères. »

La rue des Tanneurs qui portait aussi le nom de rue des Cornes parce qu'elle servait de réceptacle aux débris alors inutilisés des tanneries, s'est également fondue dans la rue Thiers.

La rue de la Gare est l'ancien *Chemin Neuf*, appelé ensuite *rue de la Cure*, désigné enfin aujourd'hui sous cette dénomination qui lui convient parfaitement.

Le village de Codilo, précédemment Coëtdilo ou mieux Coët Diloïd, le Bois de Diloïd, s'est tellement agrandi par suite de l'extension de ses constructions urbaines à l'ouest qu'il est devenu un véritable faubourg de Redon.

Le chemin qui longe les deux propriétés de Beaumont et de Belair est indifféremment appelé chemin de Beaumont ou de Belair.

Revenons au centre de Redon.

La place de la Duchesse-Anne occupe l'emplacement de l'ancienne halle. Pendant plusieurs années, on désigna cette place sous le nom de place de Gibon, en souvenir de MM. Auguste et Paul de Gibon qui furent maires et excellents administrateurs de notre ville.

La place du Parlement située au levant de la nouvelle halle s'appelait autrefois le Marché au Blé. On avait songé un moment à lui donner le nom de place du Gouvernement pour rappeler que là s'élevait jadis l'hôtel du Gouverneur de la ville, lequel relevait de l'abbé de St-Sauveur.

On peut dire que la Halle s'encadre entre deux

places, mais celle au couchant plantée et servant de marché aux châtaignes, jusqu'ici n'a reçu aucune dénomination.

La rue Victor-Hugo est située au midi de la Halle et se poursuit jusqu'à la gare des marchandises.

La rue des Etats est la rue située au nord de la halle, cette dénomination rappelle que les Etats de Bretagne se tinrent à cinq reprises, entre autres, et pour la dernière fois en 1612, dans la ville de Redon, et probablement dans les bâtiments du *Gouvernement*.

La Grand'Rue où viennent aboutir de sombres ruelles, ignore la régularité ; avec ses maisons à pignons aigus, et ses devantures saillantes des XVe et XVIe siècles, elle n'est assurément pas belle ; mais elle a son aspect particulier et nous apparaît comme un dernier vestige du passé, comme un pâle reflet de la physionomie de la ville au moyen âge. Regardons-la bien vite car les souvenirs s'effacent de plus en plus et tendent à disparaître chaque jour sous le niveau égalitaire du mètre et du cordeau. La Grande-Rue qui va de la place St-Sauveur au canal, était autrefois la principale, et, pour ainsi dire, l'unique rue de Redon, dans l'enceinte fortifiée ; les autres n'étant guère que des ruelles.

Le singulier nom de rue de l'Enfer, est donné dans le plan de 1788, et aussi de nos jours, à la première rue à droite perpendiculaire à la Grand' Rue.

La rue du Paradis est la deuxième rue à droite perpendiculaire à la Grand'Rue, c'est la seule qui se prolonge jusqu'à la rue des Douves, on a essayé de la débaptiser et de l'appeler rue Jeanne-d'Arc, mais l'ancien nom prévaut encore et d'ailleurs, le nom de Paradis ne doit-il pas marcher avant les plus grands noms.

On ne trouve pas dans le plan de 1788 le nom de rue du Purgatoire, mais il est communément donné à la troisième rue perpendiculaire à droite, faisant pendant au deux précédentes. On a également voulu substituer à ce nom celui de rue de Beaumanoir, mais l'ancien nom persiste encore et il faut reconnaître que cette vilaine ruelle n'est pas digne d'un aussi beau nom.

La quatrième rue perpendiculaire à droite est nommée, dans le plan de 1788, *ruelle de Beaumont*, nom qui lui conviendrait mieux encore que celui de *rue* qu'elle porte aujourd'hui.

La rue Duguesclin longtemps appelée *les Rues Basses*, est la voie tortueuse qui s'étend de la place de la Duchesse-Anne au canal, à égale distance à peu près de la Grand'Rue et de la rue des Douves.

Dans le plan de 1788, ce nom est dédoublé. Le nom de Rue Basse est donné à la partie s'étendant jusqu'à la rue du Paradis, l'autre est désignée sous le nom de : rue de la Monnaie.

Cette dénomination vient certainement de ce que, dans cette partie, était l'Hôtel des Monnaies; Redon battit donc monnaie sous les ducs de Bretagne, mais pendant quelques années seulement ; les pièces sont marquées comme celles de Rennes, de la lettre monétaire R, avec un signe distinctif sur lequel les numismates ne sont pas bien d'accord. Cela aurait été il nous semble une raison sérieuse, au point de vue de l'histoire locale, pour conserver à cette rue sa primitive dénomination.

La rue des Douves était le *Cours projeté* du plan de 1788 ; elle fut devenue une des plus belles rues de Redon, si on lui avait donné, dès le principe, plus de largeur, si, surtout on l'avait prolongée vers le nord. En ne le faisant pas, on a commis une faute presque irréparable.

Le quai de Brest est la partie du quai située au nord du canal, à peu près à l'endroit où se trouvaient anciennement les murs de ville.

La Municipalité actuelle s'est probablement souvenue du vœu exprimé jadis par Richelieu de faire porter son nom à la ville de Redon ; c'est sans doute en souvenir de ce désir, non réalisé alors, qu'elle a donné le nom de Richelieu à l'une de nos rues. Modeste compensation, on en conviendra.

On appelle donc rue Richelieu la rue qui descend entre la promenade, l'église et les grands bâtiments de service du collège. Les vieux habitants de Redon qui connurent l'abbé Gaudaire regrettent que cette rue ne porte pas son nom, car, en sa qualité de supérieur du collège, cet homme de bien rendit d'immenses services, non seulement à la ville, mais encore à toute la Bretagne, en élevant dans son excellent collège un grand nombre de ses enfants.

La rue Nominoë qui n'existe point dans le plan de 1788, puisqu'elle a été ouverte sur des terrains appartenant alors à l'abbaye, fut d'abord appelée *rue Neuve* et plus souvent *rue du Collège*. Cependant le nom de Nominoë lui convient parfaitement, en mémoire du célèbre chef breton dont l'appui fut d'un si grand secours pour Conwoïon, premier abbé de Redon.

La rue du Moulin est la première rue à gauche perpendiculaire à la Grand'Rue. Son nom vient de ce qu'elle conduisait au moulin situé sur la rivière ; pour le même motif, et non point à cause du voisinage du collège, comme le croient irrévérencieusement certains esprits, mal tournés, on la nomme quelquefois *rue des Anes*, en souvenir des quadrupèdes qui portaient le grain au moulin.

La deuxième rue à gauche perpendiculaire à la Grand'Rue se nomme rue du Port-Nihan ; on ignore l'origine de ce nom. Peut-être était-ce celui d'une famille y demeurant.

La rue du Puits aujourd'hui rue des Chambots, est la troisième à gauche perpendiculaire à la Grand'Rue, celle qui passe sous une voûte. Son nom vient d'un puits public qui s'y trouvait.

La rue du Four était la rue menant de la rue du Moulin à la rue du Puits.

Comme on le voit les Redonnais d'alors n'étaient pas menacés de famine ; ils avaient sous la main la farine du Moulin, l'eau du Puits pour la délayer, et le Four banal pour cuire le pain.

La rue St-Nicolas, dernière rue à gauche perpendiculaire à la Grand'Rue, devait être prolongée jusqu'à la rue des Douves, en passant par la *Grand'Cour*. Mais il est à craindre que ce projet ne se réalise pas de sitôt.

Le Quai St-Jacques est la partie du quai de la Vilaine, depuis la rue St-Nicolas jusqu'au pont du chemin de fer.

Nous avons quelquefois entendu donner à la partie sud de la ville le nom d'*Ile*. Elle est, en effet, entourée par la rivière de Vilaine, l'avant-bassin, le bassin à flot et le canal de Nantes à Brest.

La rue du Port s'étend du pont fixe situé au bas de la Grand'Rue jusqu'à la propriété du Mail, où elle finit en cul-de-sac.

On y remarque quelques jolies maisons du XVIIe siècle avec tourelle carrée en cul-de-lampe, fenêtres à frontons arrondis et à pieds droits richement travaillés ; l'hôtel Carmoy entre autre, construit en grand appareil avec bossages se distinguait par ses grandes cheminées intérieures ornées de fort belles sculptures. (L'une d'elles dit-on a été vendue 6000 fr.).

La rue de l'Union qui descend au bassin est ainsi nommé parce qu'il y a un assez grand nombre d'années quelques propriétaires s'entendirent pour bâtir le côté nord de cette rue sur un plan uniforme.

La rue Saint-Pierre est la deuxième rue à droite, s'étendant jusqu'au quai, comme la précédente.

La rue du Jeu de Paume, qu'une jeune domestique (fraîchement débarquée en ville), dont l'esprit se représentait bien plus facilement un pressoir qu'un jeu, appelait naïvement, rue du *Jus de Pomme*, est la troisième rue à droite, allant rejoindre obliquement la rue du Plessix. Le jeu de Paume était probablement dans la grande maison, en assez mauvais état, qui servit pendant plusieurs années d'école aux Frères, lorsque celle de la rue des Douves eut été démolie pour le passage de la voie du chemin de fer d'Orléans. (1)

---

(1) On peut ici donner sur ce jeu, un peu oublié aujourd'hui, quelques détails intéressants sur l'exercice ou l'amusement de la paume :

Ce jeu remonte à la plus haute antiquité. Héritiers des Grecs en tant de choses, les Romains leur empruntèrent cet exercice pour lequel ils se passionnèrent.

On vit au Champ-de-Mars le grave Caton lancer la balle avec une énergie et une dextérité sans égales, et à la cour d'Auguste c'était un spectacle sans pareil de voir lutter à ce jeu les personnages qui avaient nom Virgile, Horace, Mécène, etc.

Le jeu de paume fut introduit dans les Gaules par les soldats romains. Il était tellement de mode au XV° siècle que les femmes elles-mêmes y prenaient part.

Sous Charles VII, il y avait tous les jours foule au Jeu-de-Paume de la rue Grenier-Saint-Lazare (cette rue qui existe encore entre la rue Beaubourg et la rue Saint-Martin, avait été ouverte en 1250) pour voir une robuste et belle fille, dite demoiselle Angot, disputer avec le plus hardi paumier de Paris et gagner tous les prix et les gageures à la balle. C'était vers l'année 1426 ; à cette époque on ne connaissait pas encore l'usage de la raquette et du tambour, et c'était bel et bien avec la paume de la main, non gantée, que la célèbre Angot faisait voler le projectile aux applaudissements du public.

C'est sous Henri IV que fut inventée la raquette. Le Béarnais

La rue du Plessix fait communiquer l'ancien Port, nommé quai Duguay-Trouin, avec le Bassin.

Le vieux nom de Vallée de Misère est donné à la rampe, aujourd'hui divisée en paliers et munie de marches, qui conduit de la rue du Port au quai Duguay-Trouin.

Le quai Duguay-Trouin est la partie longeant la Vilaine où était autrefois le port, avant le Bassin à flot. D'après les vieux chroniqueurs, à l'époque

---

excellait au jeu de paume, mais il était de fort mauvaise humeur quand il perdait.

Avant lui, François Iᵉʳ et Henri III s'étaient montrés grands amateurs de cet amusement privilégié que les médecins recommandaient comme très salutaire « pour dissiper, disaient-ils, la superfluité des humeurs ».

Au dix-septième siècle, les édits royaux interdirent le noble jeu de paume aux Vilains : il restait un délassement de gentilshommes. Cependant les édits tombèrent peu à peu en désuétude, et dans le courant du XVIIIᵉ siècle, Paris eut plusieurs jeux de paume publics.

Le plus suivi était situé au Marais, rue de la Perle. La fine fleur des jeunes musqués de la place Royale et des roués du Palais-Royal s'y donnaient rendez-vous et s'y défiaient au milieu d'une nombreuse assistance.

Les plus renommés des jeux de paume après celui de la Perle étaient ceux des rues Cassette, Mazarine, Michel-le-Comte, Vieille-du-Temple, de la rue des Fossés-Saint-Germain-des-Prés, que l'on appelait le Jeu-de-Paume de l'Étoile, et de la rue Vendôme, aujourd'hui rue Béranger. C'est sur l'emplacement de ce dernier que fut construit le théâtre Déjazet (troisième Théâtre français).

Le jeu de paume de la rue Mazarine a tenu le plus longtemps ; il y a eu des parties de balle jusqu'après 1830. On jouait aussi, vers cette époque, dans une salle du passage Sandrié, qui disparut lors de la création du nouvel Opéra et de ses abords.

Au siècle dernier, le jeu de paume avait encore ses partisans ailleurs qu'à Paris. On comptait de forts joueurs dans les salles de Compiègne, de Saint-Germain-en-Laye et de Versailles. Cet amusement était également en honneur à Fontainebleau, à Chantilly, à Meaux, à Avignon, à Bayonne, à Draguignan, enfin dans les grandes et même dans les petites villes de province, puisque nous voyons Redon posséder un jeu de paume, aussi en faveur chez les bourgeois de cette ville que celui de la *soul* l'était dans le peuple.

de la prospérité maritime de Redon, on y voyait jusqu'à trois rangs de navires.

Les deux quais longeant le Bassin à flot se nomment à gauche, quai Jean-Bart et à droite, quai Surcouff.

La rue de Vannes est la rue allant du Quai Surcouff au bas Châtelet et rejoignant ainsi la route de Vannes : c'est la première rue à droite perpendiculaire au Quai Surcouff.

La deuxième rue perpendiculaire au même quai se nomme rue Carnot ; cette rue est continuée par un boulevard bien plantée, mais peu bâti et qui jusqu'ici n'a pas reçu de dénomination, à la rigueur on pourrait l'appeler le « Bel Inutile. »

La rue du Châtelet conduit à cette partie de la ville très bâtie où se trouvent un établissement de sœurs gardes-malades, avec une clinique; une fonderie, l'abattoir, l'usine à gaz, etc.

Il a été fait un passage conduisant de l'extrémité Sud, du Bassin au Haut-Châtelet, qui, jusqu'ici, ne porte aucune désignation; on pourrait peut-être lui donner le nom de rue des Cordiers, rappelant ainsi l'importante corderie sur l'emplacement de laquelle il a été tracé.

Même remarque pour la voie ouverte sur une propriété particulière qui rejoint le sud du Bassin à la Vilaine et qui pourrait porter le nom de rue du Mail.

Outre les passerelles des écluses et les ponts du

chemin de fer, il existe quatre ponts dont un seul porte le nom de pont de Saint-Nicolas.

Nous ne clorons pas ce chapitre sans dire quelques mots de l'Hôtel de la Bogue. Cet hôtel, en changeant de maîtres, changea aussi de nom.

Tous les Redonnais connaissent cette curieuse maison du XVe siècle dont le toit significatif et les murs traversés par des bois à jour, forment l'angle de la Grand'Rue et de la rue St-Nicolas. Son architecture annonce les dernières années du Moyen Age, et sa porte ogivale et ses fenêtres minuscules ne sont pas sans arrêter les yeux intéressés du passant. Vue du pont de la Ville, elle offre un aspect remarquable et celui qui la contemple peut du même coup évoquer toute une époque disparue et faire revivre quelques instants les chevaliers en *pallocs, salades, brigandines* et *vouges*.

Cette maison a un nom dans l'histoire. Elle s'appelait le Logis de la Bogue. D'où lui venait cette qualification bizarre ?

Quels furent ses premiers possesseurs ? On l'ignore.

Le premier titre qui en fasse mention date de 1442. Par acte du 10 janvier 1441 (vieux style) l'Abbaye de Redon arrenta la Maison de la Bogue "joignant la Porte St-Nicolas" à Jehan de Malestroit évêque de Nantes, et ce pour quatre livres, neuf sols et trois deniers de rente. Nous voilà fixés : la Bogue était alors l'hôtel de Monseigneur de Malestroit à Redon et le pied à terre de Sa Grandeur quand elle daignait venir mettre ledit pied en la ville Abbatiale. Jehan de Malestroit seigneur de Mesanger régla avec les Moines la situation de la Bogue, dont la possession revint peut-être à l'abbaye

Le 29 août 1485 nouvelle mutation de la Bogue. Cette fois elle fut arrentée pour quatre livres et dix sols de rente au profit de la Pitance, aux Guyomart, seigneur de la Touche en Fégréac. Alors comme aujourd'hui, les habitants de la Mée (on dirait maintenant les Nantais) se mêlaient peu aux Bretons du Vannetais, dont Redon faisait partie, ils préféraient bâtir leur résidence aux alentours du Pont de la Mée (Pont de la Digue) ; les Guyomart choisirent la Bogue, située à deux pas de leur Evêché.

Cette famille Guyomart se perd dans la nuit des temps puisque l'un d'eux, Geffroy Guyomart, né en 1328, habitait la Touche en 1408 et est cité à cette époque parmi les notables du pays. Ses armoiries sont encore bien visibles sur la maison de la Bogue où elles n'échappent pas à l'œil exercé de l'archéologue. Placées en haut de la poutre qui forme l'angle ouest de la maison elles ont bravé les injures du temps et échappé au vandalisme de la Révolution. L'écusson, *une bande surmontée d'un croissant*, semble se rapprocher de celui de Guymarho au pays de Vannes qui portaient *d'or à la bande de gueules accompagnée en chef d'une merlette de sable*, et permet de donner une même origine aux Guyomart, aux Guymarho, et peut-être aux Guymar dont le sceau de 1418 représentait *trois croissants*.

Guillaume Guyomart, Seigneur de la Touche vivait en 1513, année de la Réformation. Guillemette Guyomart sa fille ou sa petite-fille, épousa Guillaume Copalle sieur de la Venuraye, en Allaire et lui apporta la Touche. Quant à la Bogue, elle était possédée en 1543 par Françoise Guyomart dont le tuteur était ce même Guillaume Coppalle, et fut vendue vers 1560 à Pierre Gouro et Guillemette Larchier sa femme, bourgeois de Redon qui y établirent une hôtellerie connue sous le nom du *Chapeau-Rouge*. Cette hôtellerie se nomma dans la suite hôtellerie de la Croix-Verte et hôtellerie du Pavillon Royal.

En 1735 les Le Beau du Tuet possédaient le Pavillon.

Enfin en 1767 Messire Vincent Yves Larcher chevalier, Sgr. dudit lieu, gentilhomme de la garde de S. A. S. le prince de Conti, et Marie-Jeanne Marion de Boistregat sa femme vendirent le Pavillon à Sébastien Touzé et Marie Bruc.

L'histoire de la Bogue ancien hôtel d'un Evêque de Nantes, devenue sous les noms du Chapeau-Rouge, de la Croix Verte et du Pavillon Royal une hôtellerie destinée aux voyageurs, n'est pas banale et méritait qu'on s'en occupât un instant.

CHAPITRE III

Le Quai, le Port, le Canal, le Bassin à flot

Les premières maisons du Quai St-Jacques furent construites vers 1780, à l'époque de la démolition des remparts. Ces hautes maisons avec leurs façades de granit et leurs beaux balcons de fer forgé sont une imitation de celles qui s'alignent le long du quai de la Fosse à Nantes, remontant d'ailleurs à la même époque. La partie méridionale du Quai St-Jacques qui était alors le Port, n'a plus aujourd'hui qu'une signification historique, il est complètement abandonné ; le bassin à flot l'a remplacé avantageusement.

Le canal de Nantes à Brest qui traverse Redon fut un travail très considérable. Il est d'une importance capitale pour la navigation. La première partie fut achevée en 1832, la seconde en 1849, et ce qui concerne la rivière d'Oust en 1855.

Lors des travaux du bassin à flot, on découvrit dans la Vilaine les débris d'une trirème romaine, quelques pièces de monnaie, des armes rouillées et un petit camée de cornaline gravée d'une Pallas en creux, qui doit aussi dater de l'époque romaine.

On découvrit encore plus tard :

1° Un fer de flèche du IV° siècle, réduit de moitié.

2° Une hache gallo-romaine trouvée avec quelques objets du moyen-âge.

3° Une amulette en os, représentant un animal fantastique.

4° Un fer de flèche très acéré, trouvé avec quelques monnaies romaines.

5° Une agrafe ou fibule gallo-romaine, en plomb, travaillée d'une manière très curieuse.

Le bassin à flot qui par deux écluses communique avec la Vilaine et le canal fut commencé en 1836. C'est le 15 Août 1855 qu'il fut inauguré. A cette époque, on ne songeait point à proscrire les processions bien au contraire, et ce jour-là la procession de l'Assomption, composée d'une foule énorme, se rendit à la bénédiction du bassin à flot, pour donner encore plus de solennité à cette fête grandiose et religieuse. M. Pichot, curé de Redon, y prononça un discours fort remarqué.

La belle croix de granit à la sortie du bassin, érigée depuis, porte le nom de Croix Signal ; en effet, par son élévation elle indique l'entrée du bassin aux mariniers qui remontent la Vilaine. Elle est due aux plans de l'ingénieur en chef de Longeaux. Ombragée de jeunes arbres, elle offre aussi un but fort agréable aux promeneurs. Elle remplace l'ancienne promenade du Mail que le bassin a fait disparaître. Rendons hommage à la bonne pensée qui a présidé à l'érection de cette croix monumentale, car tous les marins de la Vilaine ne sont pas que des marins d'eau douce ; beaucoup, à bord des grands navires, affrontent les écueils de la pleine mer et vont porter, jusqu'aux confins du monde, les bienfaits du commerce. Ils sont heureux au départ comme au retour, de saluer ce signe de salut, cette croix, qui doit leur rappeler que la vie n'est aussi qu'un voyage, et que la véritable Patrie n'est point ici-bas.

Les marins ne sont pas sceptiques comme certains artisans des villes qui trouvent plus commode de vivre sans religion et à leur guise dans l'ignorance du bien et la pratique du mal. A force de ne voir que ses œuvres, l'homme finit par se rapetisser à leur dimension.

Le marin en présence de l'infini, ayant sous ses pieds l'immensité des flots sombres, sur sa tête l'immensité des cieux rayonnants, regarde avec foi ces myriades d'étoiles qui lui parlent de Dieu et lui montrent son chemin.

Le marin devant les merveilles de la création qui lui démontrent sa petitesse infime et la grandeur de Dieu, croit infailliblement en lui ; il éprouve le besoin de se confier à cette volonté supérieure et paternelle qui le guide et le protège.

et ce désir de se réfugier dans la Providence est une des expansions de la Foi et une preuve certaine des vérités de la Religion.

CHAPITRE IV

L'Hôpital

L'hôpital (1) pour la troisième fois déplacé est maintenant installé dans le quartier St-Michel,

---

(1) Les travaux de construction du nouvel hôpital mirent à jour les murs de soubassement d'une maison gallo-romaine. A en juger par l'épaisseur de ces murs et la solidité du mortier destiné à relier les pierres entre elles, on s'est trouvé en présence d'un établissement d'assez grande importance. Comme à Rieux et à la Butte St-Jacques la terre était remplie de briques à rebords, de tuiles, de poteries brisées, d'ossements et d'écailles d'huîtres.
Cette découverte a confirmé l'opinion des archéologues qui soutenaient que le berceau primitif de Redon était sur Galerne.
A son tour la tranchée ouverte dans le faubourg Saint-Michel pour le service d'eau de cet hôpital, a mis à jour au-dessous d'une couche de macadam de 25 à 30 cent., un pavé composé de grosses pierres brutes, dont la surface polie indique qu'elles ont eu à subir pendant de longues années le passage de charrettes et de voitures. La génération actuelle ignore peut-être que ce pavé n'est autre que celui de l'ancienne route de Rennes, qui avait son entrée à Redon par le faubourg St-Michel.
L'ancienne route de Rennes suivait ce faubourg, passait par le village de la Pouesnaie d'où elle se dirigeait vers les Chambots pour aller suivre la vallée de l'Aff sur les landes de Bains et les environs de Maure. Elle fut abandonnée lorsque le gouvernement, probablement sous Louis XIV fit construire comme route stratégique la route de Rennes actuelle. C'est à cause de cela que cette dernière escalade toutes les hauteurs qui se trouvent entre Rennes et Redon, afin de mieux dominer le pays.
Lorsque les Prussiens vinrent à Redon en 1815, la nature de cette route leur fut très utile en leur permettant d'établir des feux signaux sur toutes les hauteurs.

entouré d'un bel enclos englobant tous les terrains de l'ancien cimetière. Il est desservi par les religieuses de St - Thomas - de - Villeneuve. La bénédiction et l'inauguration de ce nouvel établissement eurent lieu le 18 décembre 1892.

Construit dans des proportions plus vastes que ne le comportaient les besoins de notre population, on peut dire de cet hôpital que c'est une grande ville dans une petite — les contribuables doivent savoir quelque chose de ce qu'il coûte.

Toute ma jeunesse j'avais entendu dire que la partie la moins saine d'une maison pour les chambres à coucher surtout, c'était le rez-de-chaussée. Très rapprochés du sol, les rez-de-chaussée sont souvent humides, l'air y est moins pur, moins bon qu'aux étages plus élevés. Eh bien, on a encore changé cela et découvert tout le contraire, paraît-il. Pour bien se porter, il faut vivre au rez-de-chaussée. Notre nouvel hôpital, construit d'après ce système, se compose d'une suite de bâtiments sans étage, les dortoirs comme les réfectoires et les cuisines, toutes les salles et presque toutes les chambres en un mot sont au niveau du sol ; ce mode de construction doit être en outre fort coûteux ; une maison à trois étages n'exige pas plus de charpente et de couverture qu'une maison sans étage, et pour avoir dans celle-ci autant d'appartements que dans celle-là, il faut étendre les constructions sur un bien plus grand espace et multiplier les charpentes et les toitures.

C'est aux Moines qu'on doit la fondation du premier hôpital. Ils sont souvent appelés dans les notes du temps, ainsi que les administrateurs laïques qu'ils y avaient établis, — les Pères des Pauvres. L'administrateur en chef portait le nom de *Gouverneur de la Maison-Dieu*. Mais en outre de l'hospice, établi au centre de la ville et principalement consacré aux malades, il y avait encore l'Aumônerie du couvent qui était la première ressource des pauvres, des mendiants, des estropiés. Un des principaux dignitaires de l'abbaye avait la charge de distribuer le pain et les choses de première nécessité aux voyageurs, aux miséreux qui se rassemblaient à la porte et dont le nombre était considérable aux époques, si fréquentes alors, de disettes et de calamités.

En 1772, l'hôpital fut transféré du côté de la promenade du Mail ; par suite il s'est trouvé très rapproché de l'emplacement où devait se creuser le bassin à flot. Ne pouvant s'étendre d'aucun côté ses bâtiments étaient devenus très insuffisants, il faut le reconnaître, et il était vraiment nécessaire de le remplacer.

Sa chapelle abandonnée aussi aujourd'hui était dédiée à St Pierre en souvenir d'une autre chapelle, existant précédemment en ce lieu, et qui, d'après une ancienne tradition avait elle-même remplacé une église paroissiale pour le quartier du Port. L'église Notre-Dame bâtie à l'une des extrémités de la place était seulement la paroisse de ville; en tous cas, depuis le XVI⁰ siècle au moins, St-Pierre n'était plus paroisse.

CHAPITRE V

Le Collège St-Sauveur. — Ses cloîtres. — Ses chapelles. — Sa terrasse. — Son musée. — Ses souterrains.

Le collège St-Sauveur fait suite à l'église par la bonne raison que notre église paroissiale d'aujourd'hui était jadis l'église abbatiale et que le collège est établi dans les anciens bâtiments de l'abbaye. Admirons donc ses beaux cloîtres, sa charmante chapelle, son riche musée d'histoire naturelle et ses souterrains.

Le collège Saint-Sauveur, installé depuis 1838 est un établissement renommé, comptant de nombreux élèves.

La Congrégation des Pères Eudistes, ainsi appelée du nom de son fondateur le vénérable père Jean *Eudes* (1), frère de l'historien Mézeray, con-

---

(1) Le 19 août 1680, vers trois heures de l'après-midi, mourait à Caen, dans la paix du Seigneur, un des hommes les plus remarquables de la tribu sacerdotale du XVII° siècle. C'était le Vénérable Père Eudes, né au village de Mézeray, près d'Argentan, le 14 novembre 1601. Ce digne prêtre fut justement appelé l'apôtre du Très Saint-Cœur de Marie.

A la nouvelle de sa mort, dit un de ses historiens, le peuple vint

tinue les traditions de science et de foi de ses prédécesseurs les Bénédictins. Les enfants reçoivent donc dans ce bel établissement une solide instruction. Les tableaux placés dans le parloir et où sont inscrits les noms de tous les élèves reçus aux examens des baccalauréats ès-lettres et ès-sciences et ceux admis ensuite dans les différentes écoles du gouvernement le prouvent surabondamment.

Mais la culture de l'intelligence n'est pas tout, et les Eudistes s'entendent aussi bien à celle du cœur et de l'âme. A l'heure actuelle, l'éducation religieuse est la meilleure et la plus précieuse de toutes. Les familles chrétiennes sont heureuses de leur confier leurs fils. Elles n'oublient pas le portrait tracé en quelques mots par Mgr Besson, de l'enfant que produira l'éducation sans Dieu.

« L'enfant sans Dieu, dit-il, deviendra un mauvais fils, un mauvais père, un mauvais citoyen, un mauvais époux, le premier des impies et le dernier des Français.

L'enfant sans Dieu sera un jeune homme sans mœurs, un homme mûr sans conscience, un vieillard sans remords, un moribond sans espérances (1).»

---

en foule rendre hommage à sa dépouille mortelle et le concours des visiteurs fut tel, qu'on dut retarder les funérailles de plusieurs jours.

(1) Depuis que ce manuscrit a été écrit (1898), les évènements ont marché à pas de géant. Les lois scélérates de la franc maçonnerie, au mépris de tous les principes de justice et de liberté, ont

Ici, c'est tout le contraire, on apprend aux enfants à devenir des hommes et à faire passer le

permis au gouvernement sectaire qui obéit aveuglément à leurs injonctions et prépare ainsi la ruine de notre beau pays, de spolier les congrégations de leurs biens, dans le but unique de déchristianiser la France. Oui, chaque jour nous voyons les membres les plus respectables de la nation, les religieux et les religieuses arrachés de leurs propres demeures, jetés à la rue et condamnés ainsi à l'exil ou à la misère. Voilà la récompense du bien qu'ils ont fait ! Taine qui n'était pas entaché de cléricalisme assurément, écrivait : « Les religieuses qui se consacrent à l'éducation de la jeunesse ou aux soins des malades sont la parure de la France. » Voici ce que Victor Hugo disait à la Chambre en 1850 :

« Loin que je veuille proscrire l'enseignement religieux, *je le crois plus nécessaire que jamais aujourd'hui.*

Messieurs, certes, je suis de ceux qui veulent — et personne n'en doute dans cette enceinte, — je suis de ceux qui veulent, je ne dis pas avec sincérité, le mot est trop faible, je veux avec une inexprimable ardeur et par tous les moyens possibles, améliorer dans cette vie le sort matériel de ceux qui souffrent ; mais je n'oublie pas que la première des améliorations, *c'est de leur donner l'espérance.*

Notre devoir à tous, législateurs, écrivains, publicistes, philosophes, notre devoir à tous, c'est de dépenser, de prodiguer sous toutes les formes toute l'énergie sociale pour combattre et détruire la misère, et, en même temps, de *faire lever les têtes vers le Ciel.*

Dieu se trouve à la fin de tout.

Ne l'oublions pas, et enseignons-le à tous ; il n'y aurait aucune dignité à vivre, et cela n'en vaudrait pas la peine, si nous devions mourir tout entier.

Ce qui allège la souffrance, ce qui sanctifie le travail, ce qui fait l'homme bon, sage, patient, bienveillant, juste, à la fois humble et grand, digne de l'intelligence, digne de la liberté, c'est d'avoir devant soi la perpétuelle vision du monde meilleur, rayonnant à travers les ténèbres de cette vie.

Messieurs, quant à moi, je crois profondément à ce monde meilleur, et, je le déclare ici, c'est la suprême certitude de ma raison, comme la suprême joie de mon âme.

Je veux donc sincèrement, je dis plus, je veux ardemment l'enseignement religieux, mais l'Enseignement religieux de l'Eglise. »

Et Victor Hugo ajoutait :

« On devrait mettre en prison les parents qui enverraient
« leurs enfants à une école sur l'entrée de laquelle seraient
« inscrits ces mots : Ici on n'enseigne pas la religion. »

Nous voyons avec quelle ardeur le grand poète défendait à cette époque cette loi de liberté que détruisent aujourd'hui les soi-disant glorificateurs de cette même liberté.

Devoir avant toutes les autres considérations de la vie.

Pendant la guerre franco-allemande, les anciens élèves du collège de Redon ont payé, quelques-uns sans y être obligés, un large tribut à la Patrie. A Castelfidardo, une quinzaine d'élèves du collège de Redon se trouvaient sous le drapeau pontifical, et plusieurs ont versé glorieusement leur sang pour la cause du Saint Père.

Et maintenant, parcourons les bâtiments :

Le grand cloître aux proportions majestueuses nous présente l'un des plus beaux modèles de l'architecture monastique du XVIIe siècle. Les bâtiments qui l'entourent ont été restaurés et conservés aussi intacts que possible, tout en ayant subi les transformations nécessaires à leurs nouvelles destinations. Les cellules des religieux sont actuellement occupées par les professeurs du collège. L'ancien chapître, qui n'offre rien de remarquable, sert de salle d'étude, mais en revanche, la sacristie des Bénédictins, convertie en chapelle, mérite qu'on s'y arrête.

C'était l'ancien Trésor, c'est-à-dire, le lieu où se conservaient les reliques des saints, les vases sacrés et autres objets précieux servant au culte divin.

Les quatre voûtes, surbaissées, ornées chacune d'un large écusson, viennent se reposer sur une colonne de marbre placée au centre, qui supporte ainsi tout le poids de l'édifice. Les armoiries de ces beaux écussons ont heureusement échappé aux iconoclastes de la Révolution. Le premier porte les fleurs de lys de France, l'abbaye de Redon ayant le titre d'abbaye royale ; le second, les hermines de Bretagne ; le troisième, la devise *Pax*, de l'ordre de saint Benoît ; le quatrième, la devise bretonne : *Potius mori quam fœdari*.

La chapelle actuelle, construction récente, en style ogival primaire, édifiée d'après les plans de M. le chanoine Brune, est tout simplement un petit chef-d'œuvre d'élégance, d'originalité et de difficultés vaincues.

La première pierre en fut posée le 8 février 1856, et bénite au commencement d'août 1857 par Mgr Godefroy Saint-Marc. Elle est dédiée aux Sacrés Cœurs de Jésus et de Marie. Ses vitraux coloriés sont d'un bel effet, l'autel en marbre blanc est très remarquable et les deux petites chapelles qui l'encadrent sont charmantes. A l'un de ses autels, on vénère un saint martyr dont les reliques sont extraites des catacombes de Rome.

Le Musée

Le musée mérite, comme nous l'avons dit, d'être regardé en détail.

Le joli chien qui garde la porte d'entrée, debout comme une sentinelle vigilante, est un excellent toutou qui ne songe à mordre les mollets de personne. C'est la Charité qui l'a placé là, fidèle à son devoir, il tient, sans se lasser jamais, la sébile toujours prête à recevoir, pour les pauvres de Saint Vincent-de-Paul, l'aumône des visiteurs.

Admirons les oiseaux aux robes chamarrées de vives couleurs, aux regards brillants, aux becs gros et fins, aux pattes courtes et longues, comme les délicieux flamants roses et rouges, dont les plumes ressemblent à des pétales de roses. Les papillons étincelants, chatoyants comme des joyaux ; les coquillages nacrés, variés de formes et reflétant dans leur ensemble, toutes les couleurs du prisme les plus délicates et les mieux fondues. Examinons encore les pièces de numismatique, celles-là plus sombres, plus sérieuses, bronze sévère aux effigies royales des temps passés sur lesquelles s'inscrit en partie l'histoire. Il y a beaucoup d'autres choses à voir, bref, ces collections, bien classées, bien aménagées, forment un véritable muséum dont plus d'une ville, à bon droit, pourrait se montrer fière.

Le Souterrain

La curiosité et l'intérêt s'attachent toujours à l'inconnu. Aussi, lorsque le bruit se répandit à Redon que les ouvriers travaillant au Collège pour édifier la Salle des Fêtes venaient de découvrir un souterrain, les visiteurs, non seulement de notre ville, mais des environs, des savants, des archéologues de Nantes et de Rennes, accoururent à Saint-Sauveur. Or, en creusant les fouilles de cette nouvelle bâtisse, à trois mètres au-dessous du sol, les ouvriers mirent à jour un escalier de pierre très bien voûté, qui descend dans une magnifique galerie, large de trois mètres, d'une hauteur presque égale, dallée et voûtée en pierre, dont personne ne soupçonnait l'existence. Ce souterrain s'étend, à quelque chose près, sous l'ancien préau des Petits, dont il a un peu plus de la longueur. De là, il tourne à gauche, traverse la terrasse en biais et se termine par un carrefour ayant deux bras à gauche et en face, coupés un peu plus loin par des murs ; le troisième bras à droite s'arrête à douze mètres de là en cul-de-sac dans le rocher. Le pavé de ces galeries est à dix mètres plus bas que le niveau des cours. A leur point d'intersection, une fontaine est taillée dans le roc, une partie de ses eaux forme mare à cet endroit, le reste semble se déverser par des fissures profondes dans le puits à margelle blanche creusé vers l'angle sud-est de la Cour-aux-Pommes.

A quoi servait ce souterrain ? Qu'y a-t-il derrière les murs d'arrêt ? C'est la question posée invariablement par tout visiteur et à laquelle, jusqu'ici, on n'a pu répondre que par des conjectures. D'après l'orientation des corridors, nous croirions volontiers que cette galerie servait de chemin secret entre le monastère, la Tour-au-Duc, et quelques barbacanes élevées près de la rivière et au-delà. Dans cette hypothèse, la construction du souterrain daterait de l'an 1350 environ, époque à laquelle l'abbé Jean de Tréal s'occupa de « clore

« la ville de bonnes et fortes murailles, et de l'en-
« tourer de bons fossés, pour oster le moïen aux
« ennemis de la surprendre. » La source creusée
à l'angle du carrefour devait approvisionner d'eau
en cas de siège. Une autre hypothèse veut que ce
souterrain ait été creusé à une époque antérieure
et qu'il servit de refuge contre les Normands
quand leurs longues barques apparaissaient sur la
Vilaine, à la hauteur de Rieux. Il est certain que
ces brigands connaissaient fort bien le chemin de
Saint-Sauveur, et quelques flottilles ont souvent
remonté jusqu'à Redon. Peut-être ce souterrain
fait-il partie d'un vaste réseau de galeries reliant,
disent les traditions locales, Redon et Rieux, et
dont on a découvert plusieurs tronçons sur divers
points de la ville. Chose curieuse, un large pan de
mur, près de l'escalier, est bâti en briques, dont
l'agencement rappelle la façon réticulée des constructions romaines.

La coupe du terrain traversé par les nouvelles
fouilles, indiquerait que l'entrée des galeries fut
comblée vers 1630, lors de la reconstruction de
l'abbaye par Richelieu, qui n'aimait, comme chacun
sait, ni les châteaux-forts, ni les souterrains ;
toutes choses rappelant la puissance des grands
vassaux de la couronne que sa politique combattit
toujours.

Il ne reste plus, de tous les beaux remparts construits au XIVe siècle par l'abbé Jean de Tréal, que la
partie qui forme aujourd'hui la terrasse du Collège.

Cette vieille muraille, restaurée dans toute sa hauteur, porte fièrement son couronnement à machicoulis aussi bien conservé.

Des bâtiments de service pour le Collège ont fait disparaître une ancienne tour qui faisait partie des fortifications et que je regrette beaucoup.

La giroflée, plus amie des ruines que le lierre qui les dévore, fleurissait son faîte : la fleur fragile caressant au souffle de la brise le dur granit formait un contraste plein de charme et de poésie.

Oui, cette belle tour, vue à travers les épais feuillages des grands arbres de la place, était dans sa rêveuse et mélancolique toilette, d'un effet très pittoresque.

Cette grosse tour à trois étages se nommait la Tour-au-Duc, bâtie en bel appareil et garnie encore de ses créneaux. Sa façade était bien conservée et de la rue produisait un effet superbe ; l'imagination aidant, on revoyait la sentinelle exécutant sa ronde silencieuse au sommet, avec sa hallebarde se profilant sur le ciel ; on se figurait les rudes assauts soutenus victorieusement contre les hordes qui à plusieurs reprises vinrent au pillage de l'abbaye.

Les amateurs de belles ruines regrettent encore la Tour-au-Duc, mais qui oserait blâmer ceux qui ont sacrifié l'effet pittoresque et le souvenir du passé à des considérations majeures d'assainissement et à des nécessités impérieuses. Du côté intérieur, la tour tombait en ruines, et la solidité des soubassements arrêtait net l'écoulement des eaux pluviales qui formaient, autour de l'église, un bourbier marécageux s'élargissant chaque hiver. Au lieu de restaurer la tour, on préféra la supprimer et assainir du même coup cette partie du Collège et l'Eglise paroissiale.

CHAPITRE VI

Les Ursulines et la Retraite

Ces deux pensionnats, parfaitement tenus, offrent, pour l'éducation des jeunes filles, les mêmes ressources que le collège pour celle des garçons. Ce sont de grands avantages pour une petite ville, et Redon est favorisé sous ce rapport.

Les Ursulines ne furent installées à Redon qu'en 1674, quoique, dès l'année 1649, la maison de Ploërmel eût formé le dessein d'envoyer une colonie à Redon. La ville se montra fort regardante à l'égard de ces bonnes religieuses qui devaient rendre tant de services en instruisant les jeunes filles du peuple principalement, et ne les accueillit qu'à la condition *qu'elles ne demanderaient rien*.

Les pieuses filles de Sainte Angèle de Brescia acceptèrent sans difficulté les conditions posées. Elles achetèrent la Maison noble de l'Etang et s'y installèrent. Au mois de mai, on commença la construction du grand corps de logis qui coûta

37,000 livres et sur lequel on lit, façade nord, en grandes lettres de fer forgé, le nom de Bonne de Mazoyer qui fut la première professe de Redon, et qui occupa la charge de supérieure, à plusieurs reprises, pendant 21 ans. La chapelle, telle qu'elle existe encore aujourd'hui, ne fut commencée qu'en 1755, faute de ressources suffisantes. On en posa la première pierre le 23 avril, et les annales de la communauté mentionnent parmi les assistants et les bienfaiteurs, M. Dumoustier, un saint prêtre dont la ville s'honore et dont le nom est resté en vénération chez tous les vieux habitants de Redon.

Lors de l'inauguration de cette chapelle, il y avait tant de monde qu'on fut obligé d'avoir recours à une compagnie de dragons pour maintenir l'ordre (1) ; une messe en musique fut chantée par les jeunes gens de la ville, et la bénédiction en fut faite par le vénérable et discret Messire J. Poulce, qui desservait la paroisse de Redon (2).

Le maître-autel, en marbre, fort beau, qu'on remarque encore aujourd'hui fut offert par l'une des religieuses, Mlle Dondel du Faouëdic de la Maison noble du Parc-Anger, en Redon.

Pendant quelques années ces saintes religieuses

---

(1) En ce temps là, les troupes tenaient toujours garnison à Redon ; sous Louis XVIII, encore, il y avait deux compagnies de cavalerie.

(2) Le titre de Messire ne se donnait alors qu'aux évêques et aux abbés. Cependant, on disait en Bretagne, Messire, pour les simples prêtres.

remplirent donc leur pieuse mission dans la paix et le recueillement, mais en 1792, la Révolution les chassa et transforma leur maison en caserne. Les Ursulines ne purent rentrer en possession de leur domaine qu'en 1810. A cette époque, elles n'étaient plus que cinq. Mlle du Faouëdic, qui s'était retirée dans sa famille, s'empressa d'accourir et de reprendre, avec ses compagnes, le costume et les règles monastiques.

Aujourd'hui, la communauté des Ursulines s'est beaucoup agrandie, leur domaine est considérable. Un nouveau pensionnat y a été récemment construit, les classes sont nombreuses et en pleine prospérité.

Communauté de la Retraite

Au commencement du XVIIe siècle, Dom Nouel de la Reygnerais, prieur de l'abbaye de Redon, et plus communément connu sous le nom de M. de Pléchâtel, parce qu'il possédait le prieuré de ce nom dépendant de l'abbaye, forma le dessein d'établir à Redon une communauté de Bénédictines. Cette fondation qui l'occupa 10 ans, lui causa beaucoup de tracas. Peu de temps après, les Bénédictines, fort peu nombreuses, décidèrent de s'agréger à la congrégation du Calvaire, qui venait aussi de s'établir à Redon.

Les religieuses de N.-D. du Calvaire, se vantaient, dit Hélyat, d'avoir eu pour fondatrice Antoinette d'Orléans, laquelle, après la mort du marquis de Belle-Isle, son époux, se fit religieuse Feuillantine et passa ensuite dans l'ordre de Fontevrault d'où elle sortit pour fonder, à Poitiers, un nouveau monastère. Il est vrai que les observances nouvelles qui ont donné naissance à l'institut des Calvairiennes, ont commencé dans cette maison de Poitiers, mais seulement après la mort de la princesse Antoinette d'Orléans, et ce fut l'abbé Joseph, capucin, qui, sous prétexte de réformer les capucines de Poitiers, leur changea le nom, la constitution, les pratiques et l'habit. Le fameux père Joseph Le Clerc du Tremblay, connu dans le monde sous le nom de baron de Maflée, était entré dans l'ordre des capucins à l'âge de 16 ans. Il devint le confident intime de Richelieu, et, malgré les intrigues machiavéliques qui l'ont rendu trop célèbre, il menait, en son particulier, une vie pieuse et austère. Sa fondation du Calvaire prouve qu'il s'entendait aussi bien dans la direction spirituelle qu'aux affaires politiques. Les annales Calvairiennes contiennent, en détail, l'éloge de plusieurs religieuses, entre autres, de la prieure Agnès de Plœuc, en religion mère Sainte-Croix, l'une des 24 premières compagnes de Mme d'Orléans. Elle mourut à Redon en odeur de sainteté.

Le 15 octobre 1792, les Calvairiennes furent expulsées. On parla bien de transporter l'hôpital dans leur monastère, mais il y avait quelqu'un ayant ses raisons pour empêcher la réussite de ce projet. C'était le triste agent à Redon, de Carrier, le représentant du peuple. Ce délégué fut bien aise d'y établir ses pénates. C'était si doux de goûter une vie facile dans la demeure des *victimes cloîtrées*, si agréable de boire le bon vin que leur enclos produisait. Mais cet homme ne put jouir en paix de son bonheur ; des volontaires casernés sous le même toît que lui, le molestèrent de plus d'une façon. Or, cela attira sur *tous les habitants de Redon*, un peu complices peut-être, une mercuriale sévère du citoyen Carrier, puisqu'ils devaient être *personnellement responsables du moindre mal fait à son lieutenant, à lui ou aux siens*.

Plus tard, des prisonniers de guerre espagnols furent enfermés dans ce lieu, et leurs pas pesants s'y faisaient entendre, accompagnant souvent des chants hurlés par l'orgie. Quel contraste entre cette réclusion forcée et la clôture acceptée naguère par les religieuses, avec bonheur, avec amour pour Jésus crucifié !

Lorsqu'après la Révolution, les Calvairiennes purent se réunir, elles se trouvaient réduites au nombre de deux à Redon : Mmes Saint-Alexandre et Saint-Benoît. Elles obtinrent alors du propriétaire de leur cher couvent, la permission d'en occuper la partie la moins dévastée, puis elles se hâtèrent de rappeler celles de leurs sœurs qu'elles purent retrouver et ouvrirent une modeste école où elles travaillèrent avec zèle à l'instruction des petites filles qui leur furent confiées.

A cette époque, Mme Saint-Benoît reçut d'un des

membres de sa noble famille, échappé à l'échafaud, une petite pension propre à la mettre à l'abri de la misère, mais cette sainte fille, en laissait la jouissance à Mme Saint-Alexandre, femme d'un grand mérite, qui gouvernait leur pauvre établissement. Leurs ressources étaient si modiques et leur demeure si délabrée qu'elles durent se résigner à la quitter.

Les Calvairiennes, au nombre de cinq, prirent un petit logement dans l'intérieur de la ville et continuèrent là leur vie religieuse. Mme Saint-Benoît ferma les yeux de ses quatre sœurs, et put regagner, quelque temps après, un couvent de son ordre qui venait d'être rouvert. Elle y donna l'exemple de toutes les vertus et, au bout de quelques années, rendit sa belle âme à Dieu.

Bientôt, tous les bâtiments et les dépendances de l'ancien couvent du Calvaire furent achetés par un nouvel institut : la Retraite. La Congrégation de la Retraite, Société de Marie, tire son origine des pieuses Associations des Dames établies en Bretagne par M. de Kervilio et Mlle de Francheville. Nous lisons à ce sujet : Ce fut dans la deuxième moitié du XVIIe siècle que Mlle Catherine de Francheville, d'une noble famille du pays Breton, commença l'œuvre des Retraites sous la direction d'un saint prêtre, M. de Kervilio, grand vicaire de l'évêque de Vannes, et avec l'aide du père Huby, jésuite, mort également en odeur de sainteté.

Il s'agissait d'ouvrir de pieuses maisons où les

fidèles des villes et des campagnes particulièrement, viendraient à certaines époques de l'année, suivre les exercices des retraites prêchées par de zélés missionnaires. Mlle de Francheville et ses compagnes s'occupaient de la tenue et de l'organisation. Cette œuvre fit un bien immense dans le pays, surtout après la Révolution ; tant d'âmes dévoyées avaient si grand besoin qu'on les ramenât à l'esprit de Foi et aux pratiques de la Religion. Trois dames de la Maison de Quimperlé, parmi lesquelles se trouvait Mme du Cléguer, femme d'une rare capacité, vinrent fonder la Maison de Redon. Un peu plus tard, elles ajoutèrent à l'œuvre des Retraites celle de l'éducation.

L'éloge des pensionnats de la Retraite n'est plus à faire, et notre ville s'estime heureuse de posséder l'une de ses excellentes institutions.

L'enclos est vaste, on y jouit de points de vue superbes ; le pensionnat proprement dit est un beau bâtiment neuf, parfaitement aménagé. La chapelle, qui remonte aux Calvairiennes, a été restaurée avec goût. Son clocher n'est qu'une simple pyramide revêtue d'ardoises, mais le chœur au centre duquel se détache la statue de Notre-Dame des Sept-Douleurs, est remarquable. Il est entièrement sculpté dans le marbre. Un beau vitrail, dans le bas de la chapelle, au-dessus de la tribune, lui fait face.

Une école gratuite avait été ouverte plusieurs années avant le pensionnat de jeunes filles très apprécié aujourd'hui.

En 1827, Mgr de Lesquen obtint du Gouvernement une ordonnance royale datée du 17 janvier, qui reconnaissait l'existence du nouvel Institut et permettait à ses membres de se répandre ailleurs. Cette ordonnance donnait à la maison de Redon le titre de Maison-Mère. La congrégation de la Retraite est très florissante aujourd'hui, elle compte plusieurs maisons en France et même à l'étranger.

CHAPITRE VII

Autres établissements

Outre les trois grands établissements dont nous venons de parler, Redon possède également une école laïque pour les filles et une école laïque pour les garçons, celle-ci installée dans les beaux bâtiments construits jadis pour les Frères, alors qu'ils avaient l'école communale.

Notons encore, l'asile tenu par les sœurs de l'hôpital, où les tout petits enfants sont soignés et gardés maternellement et l'orphelinat de jeunes filles dirigé par les Sœurs de Saint-Vincent de Paul qui leur enseignent la couture, le repassage et en forment d'excellentes femmes de chambre.

Au temps où on ne les tracassait pas, ces bonnes religieuses eurent chez elles l'ouvroir de charité, où les dames de la ville se réunissaient un jour par semaine et travaillaient pour les pauvres (1).

L'école Saint-Joseph, des Frères Lamennais, de

---

(1) A l'heure présente l'ouvroir se tient au Cleu, ainsi que l'asile, laïcisé depuis.

Ploërmel, compte en moyenne quatre cents élèves. On respire un air excellent dans ces grands jardins qui descendent vers la Vilaine. En voyant les joyeux ébats de tous ces jeunes garçons qui respirent la santé et la gaîté, on juge tout de suite qu'ils sont en bonnes mains.

L'instruction qu'ils reçoivent là répond aux besoins de leur position. Les classes comprennent principalement le calcul, le français, le *catéchisme* et quelques notions d'histoire et de géographie, tout ce qu'il faut pour faire de bons ouvriers, de bons citoyens et de bons pères de famille.

Les Frères donnent aussi un enseignement plus complet qui permet aux jeunes gens de pouvoir entrer à la fin de leurs études dans les Postes et Télégraphes, les Ponts-et-Chaussées, les chemins de fer et diverses administrations.

Dans les classes comme dans le réfectoire et le dortoir aux blanches couchettes, l'image du Christ ou de la sainte Vierge occupe la partie la plus en évidence de la muraille, la place d'honneur. Cela vaut un peu mieux, on en conviendra, que le buste de la République qui décorera bientôt toutes les institutions laïques et gouvernementales.

La croix symbolise tous les principes qui doivent diriger la véritable éducation de l'enfance et de la vie de l'homme. Ce symbole qu'on veut dérober aux regards de ceux dont le Christ doit être le modèle, ce symbole vénéré et admiré par tous les personnages les plus illustres des nations chrétiennes (Newton ne prononçait jamais le nom de Dieu sans se découvrir), devient aujourd'hui l'objet du mépris et de la haine d'une libre-pensée en délire. Mais ces démolisseurs n'auront qu'un temps, leur œuvre impie se retournera contre eux-mêmes. La patience et la justice de Dieu sont lentes parce qu'elles sont éternelles et il viendra un jour où l'heure du châtiment sonnera pour tous ceux qui repoussent l'image du Christ, rejettent sa doctrine, répudient sa morale, dédaignent ses exemples, laissent le champ libre aux passions soulevées contre le devoir et trompe ainsi le peuple en enlevant aux malheureux, à tous ceux qui souffrent et qui pleurent, à tous ceux qui succombent sous le poids du jour, aux besoigneux de la vie enfin, et le nombre en est grand, l'espérance et les consolations du Ciel.

La grande moralisatrice de toutes les classes et des classes ouvrières en particulier, c'était la Religion ; aujourd'hui, on s'efforce de démoraliser par l'irréligion (1).

---

(1) Hélas ! ils sont supprimés, ces bons Frères, ces excellents maîtres, et on a eu l'indignité de donner comme prétexte à leur suppression la médiocrité de leur enseignement. Voici ce qu'on lit dans la célèbre enquête ordonnée par la Chambre des députés en 1899 :

Pendant une période de trente années, de 1848 à 1878, sur 1.448 bourses mises au concours pour des écoles primaires d'enseignement supérieur par la ville de Paris, 1.148 places, environ 80 0/0, ont été données aux élèves des Frères.

En 1878, année du dernier concours auquel ceux-ci ont pu prendre part, sur 389 concurrents déclarés admissibles, 242 appartenaient aux écoles de l'Institut, et, sur les 50 premières places, les Frères en obtenaient 34.

Sur 23 concours, de 1848 à 1870, les dix premiers numéros dans le classement par ordre de mérite ont été dévolus à des élèves des Frères, savoir :

Le n° 1, 20 fois ; le n° 2, 22 fois ; le n° 3, 20 fois ; le n° 4, 18 fois ; le n° 5, 19 fois ; le n° 6, 23 fois ; le n° 7, 17 fois ; le n° 8, 18 fois ; le n° 9, 18 fois ; enfin le n° 10, 22 fois.

Le nombre des écoles congréganistes de garçons ne représentait cependant que 48 0/0 de l'ensemble des établissements primaires de même nature.

Quant à l'enseignement spécial ou secondaire moderne, de 1892 à 1898, le seul établissement de Passy a compté 366 bacheliers, soit pour sept années et pour un seul établissement une moyenne de 52 succès par année.

Durant la même période, le niveau des études a permis à 48 élèves de Passy d'obtenir un double baccalauréat pendant la même année.

A ce même pensionnat de Passy existe un cours de préparation à l'Ecole centrale. Or, de 1887 à 1898, en onze ans, le pensionnat a eu quatre fois le major de la promotion, deux fois le sous-major. Sur 134 élèves présentés en ces onze ans, 119 ont été admis, soit plus de 89 0/0.

A Saint-Etienne, les Frères préparent à l'Ecole des mines. Là encore, dans l'espace de dix ans, en considérant le classement de l'entrée et celui de la sortie, les élèves des Frères ont obtenu la place de major onze fois sur vingt.

En 1898, aux examens d'admission pour l'Ecole des apprentis élèves-mécaniciens de la flotte, les établissements des Frères de Brest, de Quimper et de Lambézellec, ont fait admettre vingt-sept de leurs élèves. L'école de Brest a eu le numéro 1 de la promotion, le pensionnat de Quimper, le numéro 2, celui de Lambézellec, le numéro 3.

La même année, la seule école Saint-Eloi, d'Aix en Provence, a compté trente de ses élèves admissibles à l'Ecole nationale d'Arts et Métiers, et les établissements de Saint-Malo et de Paimpol où existent des cours spéciaux de sciences, de calculs nautiques, etc., pour les élèves inscrits aux écoles d'hydrographie, ont eu vingt-quatre de leurs jeunes gens reçus capitaines au long cours et six autres capitaines pour le cabotage.

En 1900 les jurys de l'exposition universelle de Paris ont décerné aux écoles des dignes fils de saint Jean-Baptiste de la Salle quatre grands prix, quatorze médailles d'or, vingt-et-une médailles d'argent, en tout plus de soixante récompenses.

CHAPITRE VIII.

La Gare. — Industries diverses à Redon.

Les chemins de fer se sont fait une belle avenue en traversant la place plantée, c'est vraiment une charmante arrivée dans notre ville. Lorsque le chemin de fer de l'Ouest jeta le pont qui le fait entrer en ville par la promenade, il le construisit en plein dans l'ancien lit de la rivière Quelques vieux habitants du pays les avaient prévenus des grandes difficultés que présenterait ce travail et de la grande dépense qu'il nécessiterait, mais les ingénieurs ne s'effraient pas des obstacles qu'ils sont fiers de vaincre : la question du porte-monnaie ne compte pas pour eux. Le pont fut donc élevé dans l'emplacement choisi par ces messieurs. mais ils durent avoir alors une fameuse addition à faire s'ils ont été obligés de compter les milliers de mètres cubes de bois disparus dans ces tourbes sans fond. C'était prodigieux de voir les madriers de chêne et de châtaignier de 3 et 4 mètres de long disparaître dans cette vase comme des allumettes dans un monceau de cendre.

La gare très importante de Redon, où se réunissent les deux réseaux de l'Ouest et de l'Orléans, fut inaugurée le 22 septembre 1862.

Trois ans après cette inauguration, le 6 et le 8 novembre, l'empereur Napoléon III, sur l'aile de la vapeur, traversait Redon pour aller voir sa cousine, la princesse Bacciocchi, installée tout nouvellement en son domaine de Korn-er-Houët, dans le Morbihan.

Nous n'avons plus maintenant qu'à donner un coup d'œil aux chantiers de constructions navales presque abandonnées aujourd'hui, mais d'où sortirent jadis des bateaux pour le cabotage de 50 à 400 et même 500 tonneaux ; aux grands ateliers d'instruments aratoires de la maison Garnier situés sur le bassin, aux chantiers de bois Mabon, où se fabrique un nombre considérable de caisses pour emballage, lesquelles boîtes se taillent, s'ajustent et se façonnent toutes seules ; l'usine à gaz, la fonderie de Codilo et la briqueterie d'Aucfer ; enfin, les Emeris de l'Ouest, installés dans les grands bâtiments élevés jadis pour l'établissement d'une cristallerie, mort-née, hélas ! Les Redonnais qui prirent de nombreuses actions en furent pour leur argent. Les émeris sont l'un des établissements les plus grands de ce genre. La France n'en comptant que quatre.

Nous verrons là des émeris de toutes les grosseurs, depuis la simple feuille de papier verré, d'un usage vulgaire, les toiles fortes pour le nettoyage des machines et des locomotives, jusqu'aux émeris fins et légers comme une poussière impalpable et destinés à polir les rouages les plus délicats de l'horlogerie. Nous verrons encore ces roues menaçantes et terribles qui semblent s'avancer sur vous et qui ont pour mission de réduire en poudre les minerais venus à grands prix d'Espagne et de Smyrne principalement.

Nos visites sont terminées. Comme on le voit, Redon parcouru en détail n'est pas sans intérêt et les promenades qu'on peut y faire aux alentours sont non moins attrayantes.

Redon, assis sur des terrains verdoyants arrosés par cinq rivières, est très pittoresque. C'est la ville des marais, on aurait aussi bien pu l'appeler la ville des eaux ou des savanes, suivant la saison.

Les étrangers, qui ne voient Redon qu'en passant, pourraient s'imaginer que ces marais sont malsains. Il n'en est rien, l'air qu'on respire à Redon est très salubre, l'eau des marais n'est pas ce qu'on peut appeler une eau stagnante ; les courants de la Vilaine et de l'Oust qui débordent de temps en temps se chargent de les balayer et de renouveler leurs eaux. Il a été prouvé par des statistiques établies à Paris que la longévité est plus grande à Redon que dans toute autre ville de France.

Notre petite cité, sans doute à cause de sa situation, est particulièrement menacée par les orages qui suivent le courant des rivières. Jadis il ne se passait pas une année sans que la foudre ne tombât une ou plusieurs fois soit sur la ville, soit à une faible distance.

Constatons cependant que depuis quelques années, les orages sont moins fréquents, et, dans ces derniers temps, on ne cite guère qu'un accident grave, occasionné par le tonnerre : la mort d'un sabotier qui fut, un jour de marché, foudroyé au pied de la tour. Mais il n'en fut pas toujours ainsi comme nous venons de le dire. Au milieu du xvi° siècle, un coup de tonnerre détruisit la principale tour, le portail, la nef de l'église et la plus grande partie du couvent. L'opinion publique regarda alors ce sinistre comme la punition d'un récent parjure, dont l'église abbatiale avait été le théâtre.

Il est étonnant que la seconde tour, si élevée, si effilée et non munie de paratonnerre ait été à peu près complètement épargnée jusqu'ici, ou du moins qu'elle n'ait eu que son extrême pointe endommagée. Cette immunité relative tient sans doute à l'état de conductibilité des matériaux qui la composent ou des terrains sur lesquels elle est assise.

Redon est animé par le passage incessant de ses 48 trains réguliers, sans compter les trains supplémentaires, le traversant chaque jour.

Il ne faut pas oublier non plus, dans la nomenclature des agréments de Redon, les jolies habitations qui l'environnent, avec grands jardins, vastes enclos, où l'on jouit de tous les avantages de la campagne, non loin des ressources de la ville.

De charmantes promenades entourent notre petite cité : notons particulièrement celle que présentent les sentiers échelonnés et boisés qui se faufilent le long des berges du canal, reliées de temps en temps par des ponts aériens ; elle est, sans contredit, l'une des plus agréables, qu'il faut apprécier comme elle le mérite.

On pourrait, devant tous ces points pittoresques, rappeler la vive admiration d'un vieil auteur qui s'exprimait ainsi il y a plusieurs siècles : « Comment décrire le charme infini, la variété des paysages qui nous entourent ; Redon, par sa position naturelle, l'emporte en agrément sur les autres contrées de la Bretagne gallicane ; de hautes collines boisées, tapissées de mousse et de bruyères fleuries, font comme une enceinte verdoyante à ce lieu de délices. »

Ces éloges sont certainement un peu exagérés, mais Redon n'en demeure pas moins une plaisante petite cité, très habitée et très bien habitée ; elle a vraiment beaucoup de cachet avec ses vues admirables des coteaux d'Aucfer, de Bahurel et de Beaumont ; avec ses ponts et ses canaux, son bassin et ses rivières, ses marais et ses chaussées. Il y a là comme un reflet d'Amsterdam la Riche ou de Venise la Belle, un reflet, une ombre fugitive sans doute et qui ne peut faire naître aucune comparaison, mais qui cependant éveille le souvenir,

TROISIÈME PARTIE

LES HABITATIONS AUTOUR DE REDON

CHAPITRE I

Le Mail, La Rive, La Barre, Saint-Samson, Le Châtelet, Le Mont-Hymette, Saint-Maur, Le Bois-Brun, Le Pèlerin, Les Pavages, La Houssaye, Bel-Air.

Parmi les jolies habitations qui entourent Redon, on peut citer : Le Mail, qui se mire dans sa petite rivière et reflète ses grands arbres dans le bassin.

La Rive, une oasis ombreuse et parfumée au milieu des prairies.

La Barre, propriété de notre sympathique député, M. du Halgouët.

Saint-Samson qui ressemble à une corbeille de fleurs et de verdure, entouré d'un limpide ruisseau qui noue du plus frais ruban cette charmante corbeille.

Le Châtelet ; ce nom de Châtelet indique presque toujours chez nous une origine gallo-romaine et le voisinage d'une voie antique. La propriété du

Châtelet, en Redon, ne fait pas exception à cette règle. Il était en effet situé sur les bords de la voie romaine qui reliait *Duretie* (Rieux) à Condate (*Rennes*), en passant par Aucfer, Bel-Air, Beaumont, Bahurel et Vial. Le Châtelet doit donc probablement son nom à un ouvrage construit par les Romains pour défendre le passage de l'Oust et le confluent de cette rivière avec la Vilaine. Où pouvait être placé cet ouvrage militaire ? On l'ignore. Mais son nom, qui a traversé les siècles, est une preuve de plus de l'importance de la station gallo-romaine de Redon, et de l'existence de la voie de Rieux à Rennes.

Passons au Moyen-Age.

L'Aumônerie de l'Abbaye avait un fief au Châtelet " non loin des petits prés de la Fontaine Saint-Pierre " (détruite quand on a construit le bassin à flot).

Le Mont-Hymette ne rappelle pas précisément celui de l'Attique, ses jardins n'étant guère vallonnés ; cependant, il possédait jadis des haies et des buissons de roses au parfum délicieux. Certes, les célèbres abeilles des temps mythologiques en auraient profité pour distiller ce miel exquis que la douce Hébé et le beau Ganymède servaient à la table des dieux.

On pourrait encore citer la Digue, vaste construction régulière voilée d'arbres, chaussée de prairies et enceinturée d'eau ; Saint-Maur, Le Bois-Brun, sans oublier les jolies habitations du faubourg Saint-Michel, le Pèlerin, appartenant à la famille de la Monneraye et Les Pavages, au comte de la Bourdonnaye-Montluc.

La Houssaye.

Le château de la Houssaye est placé dans un site charmant. De sa belle terrasse la vue s'étend sur les deux lignes ferrées de Nantes et de Rennes et sur les courbes gracieuses du hallage voilées de peupliers. Saint-Nicolas, avec son clocher élancé fait le fond du tableau.

La Houssaye est une ancienne propriété des Moines. Dès 1580, ils y cultivaient la vigne et en appréciaient fort la liqueur.

Le vin de la Houssaye et du Parc-Anger, voilà le vrai crû du pays. Nous ne le comparerons pas au Sauterne ou au Chablis, cependant, une bouteille de ce petit vin clairet eut un jour une heure de gloire... fugitive.

Pendant l'exposition de 1889, un facétieux habitant de Redon étant allé à Paris, y rencontra un vieil ami qui habitait le Nord, et l'emmena déjeuner dans un grand restaurant. Soudain, il s'écria : « Garçon, une bouteille de vin de la Houssaye ! » bien persuadé que cette petite facétie allait interloquer le chef lui-même. Le mot impossible n'est pas français, à Paris plus que partout ailleurs. Deux ou trois minutes après, le garçon du restaurant apportait une bouteille vénérable portant sur l'étiquette imprimée sur papier blanc glacé, bordé d'or : *Cru de la Houssaye*. Le vin était tout simplement délicieux. Jamais Redon n'en avait produit de pareil Ce vin est digne du Midi, disait l'ami en le savourant. Le Redonnais était enchanté, mais son ravissement ne fut pas de très longue durée et disparut complètement quand vint la carte à payer: « *Une bouteille vieux vin de la Houssaye, ci.. 15 fr.*»

La maison, telle que nous la voyons aujourd'hui, est de construction moderne, elle fut bâtie par M. Morice du Lerain et resta la propriété de sa fille Mme Maudet de Penhoët. Mme de Penhoët étant morte sans enfant, la Houssaye passa aux mains du général Hubert de la Hayrie, son neveu. A la mort de celui-ci, cette propriété fut vendue au Cte et à Ctesse de la Lande de Calan qui l'habitent actuellement.

Bel-Air.

La jolie terre de Bel-Air dont les arbres touffus et les verdoyants massifs abritent si agréablement le versant méridional de la grée de Beaumont, n'a pas toujours porté le nom sous lequel nous la désignons aujourd'hui, et qui lui vient de sa position pittoresque et accidentée.

Au XVIe siècle, les Redonnais, peu enclins à se mettre en frais d'imagination, l'appelaient tout bonnement le petit domaine de Beaumont. On peut dire qu'en 1602, la jolie terre de Bel-Air, n'était pas encore née. C'était une grande pièce de labour relevant de la seigneurie de Beaumont au titre de terre noble et lui devant vingt-deux sols, six deniers de rente féodale avec la dîme en outre de l'obéissance, la foi, l'hommage, le chambellenage et la juridiction. Ajoutons qu'elle contenait trois journaux et demi et appartenait aux seigneurs du Parc-Anger. Le Parc-Anger et le *Petit Domaine de Beaumont* furent vendus vers 1580 à Paul Fabroni, fermier général de l'abbaye de Redon, originaire de Florence, que le roi avait naturalisé par lettres de 1556. Toujours est-il que Jean Fabron, fils de Paul et demoiselle Françoise Allori de Sénac, possédait Bel-Air au début du XVIIe siècle et qu'il rendit aveu de ce chef, le 27 septembre 1602 à Jacques de Téhillac, seigneur de Beaumont. Plus tard, Bel-Air passa aux mains de M° Pierre Brenugat, notaire à Redon.

Du mariage de Pierre Brenugat, sieur de Bel-Air, avec Suzanne Lesaulnier, naquirent six enfants : 1° Jeanne, mariée à N. H. Claude Le Sage, sieur de Kerbistoul et qui fut mère de l'auteur de *Gil Blas* ; 2° Pierre, sieur de Bel-Air et de la Cossais, en Carentoire ; 3 Simone, qui dut mourir jeune ; 4° Renée, marraine de Le Sage qui se maria trois fois ; 5° Françoise, femme de Jean Ollivier, marchand ; 6° Alain, sieur de la Pilais, en Bains, parrain, puis tuteur de Le Sage.

En 1702, Bel-Air comprenait : « l'enclos où il y a pavillon couvert d'ardoise, autre pavillon, celliers, écuries, etc. » Mais hélas ! les pauvres Brenugat de Bel-Air ne faisaient pas fortune, et l'honneur d'être cousins de Le Sage ne mettait pas d'écus dans leur bourse. Leurs biens furent saisis sur requêtes de créanciers et vendus le 21 avril 1724.

Comme on le voit, l'histoire de Bel-Air n'est pas longue, et cependant, qui pourrait assurer que *Gil Blas* ne fut pas écrit à l'abri de ses frais ombrages ?

Cette jolie habitation, reconstruite il y a un demi siècle, appartient au Vte et à la Vtesse Alphonse de la Fonchais.

Il faut encore citer, dans la nomenclature des jolies demeures entourant la ville : Bahurel, Beaumont, le Parc-Anger et Buard, dont nous allons parler au chapitre des terres nobles de Redon.

CHAPITRE II

LES TERRES NOBLES DE REDON

La paroisse de Redon comptait jadis 15 terres nobles : **Bocudon, Brillangaut, Lanruas, le Rozay, les Chapelays, le fief de Cotart, la Diacraye, Beaulieu, le Pesle, Fleurimont, le Cleu, Bahurel, le Parc-Anger, Beaumont, Buard** [1].

Bocudon.

Bot-cudon veut dire en français : le Buisson du Ramier. (On conviendra que le nom français est plus joli que le nom breton).

Il ne paraît pas prouvé que les chartes du cartulaire de l'Abbaye, au IX° siècle, traitant de Bocudon, se rapportent à celui de Redon. Au contraire, on y voit figurer des habitants d'Avessac, et il est positif que jadis, un terrain en Avessac portait le nom de « Close de Bocudon ».

---

[1]. Sources: Archives de l'abbaye, registres paroissiaux, montres du XV° siècle.

Guillaume Cotart, sieur de Bocudon, secrétaire du duc de Bretagne, était propriétaire de Bocudon en 1464. Pendant près de deux siècles, jusqu'en 1634, cette terre demeura dans la même famille.

En 1748, Bocudon passa aux mains de M. Dumoustier, négociant à Redon. En 1778, l'abbé Julien-Jean Dumoustier, mort en odeur de sainteté à Redon, était Sr de Bocudon.

Brillangaut.

La terre de Brillangaut ne fut exemptée de fouages qu'en 1465.

En 1403, les biens qui devaient former plus tard Brillangaut appartenaient à la famille Cheruel. Ces biens relevaient de la Chapellenie-Châtellenie de la Serche. Ils passèrent ensuite en différentes mains et nous voyons qu'en l'année 1465 furent délivrées à Jamet Gueguen, Sr de Brillangaut, des lettres ducales portant exemption de fouages et tailles de sa métairie de Brillangaut, comprenant un demi-feu. Ces lettres données en récompense des services rendus par ledit Jamet, officier de la maison du duc, étaient signées A. Gibon, secrétaire du Duc.

Raoulet Guéguen vivant en 1425, fonda et dota en l'Abbaye la chapellenie de Saint-Conwoïon.

Geneviève Aoustin, dame du Pesle, de Brillangaut et de Lanruas épousa en 1628, François Le Gal, Sr de la Haye, dont elle eut 7 enfants, entre autres René-François, marquis de Le Gal, lieutenant-général sous Louis XIV, le vainqueur de Munderkingen et dont la monographie si curieuse a été publiée par le Cte René de Laigue.

Aujourd'hui, la propriété de Brillangaut n'est plus qu'une ferme

Lanruas.

Il est bien probable que la ferme actuelle de Lanruas fut un démembrement de la seigneurie de Lanruas, et que l'une et l'autre appartinrent primitivement au même propriétaire.

Un aveu de 1713 nous donne des détails curieux sur Lanruas. Cet aveu comprenait : « 1º la maison, manoir noble, rue, issue, jardin, pourpris, en tout 12 journaux ; la pièce du Becheix, le pré de la Croix, le domaine des Beauvais, le grand bois de Lanruas ; 2º le moulin à vent de Lanruas, situé sur la grée de Lanruas ; 3º le fief et juridiction de Lanruas avec basse et moyenne justice ; 4º les rentes dues à Lanruas, entre autres 10 sols mon. dus par les religieux à cause du Petit Pesle; 8 sols par les dames Calvairiennes pour terres sises en leur couvent ; 6 livres, 6 sols, 4 deniers par les habitants du Haut-Val ; 8 livres, 18 sols, 4 deniers par ceux de la Riaudaye ; 5º en l'Eglise Notre-Dame, situé sous la haute et première voûte du chœur du côté de l'évangile, un banc à queue de 4 pieds 1/2 de long avec accoudoir. Une place pour deux tombes était également réservée sous ce banc armorié aux armes de la maison de Lanruas. Ces mêmes armes se retrouvaient aussi dans la vitre de la chapelle du Rosaire, du côté de l'épître ; 6° une maison à Redon et un jardin sur les murailles appelé l'Eperon.

Le nom de Lanruas est essentiellement breton. *Lan* veut dire *terre*, *contrée*, et souvent *endroit consacré*, *Rua* est un nom propre, peut-être celui d'un saint breton (Riwal ?).

Lanruas fut longtemps possédé par la famille Lambart.

Nous voyons un Guillaume Lambart habiter Lanruas en 1455, il était descendant de Guillaume Lambart, gentilhomme né à Redon en 1308, sieur de Port-de-Roche et qui vivait encore en 1408, époque à laquelle, il déclare lui-même être âgé de cent ans.

Guillaume Lambart représenta aux Etats de Vannes, en 1455, la bonne ville de Redon ; il devint en 1462, receveur et administrateur du temporel de l'Abbaye, en 1476, lieutenant de capitaine de Redon et garde des portes de cette ville. Il obtint, en 1481, *maintenue* en l'église paroissiale de Notre-Dame de ses écussons que des envieux avaient abattus.

Jean Lambart, né à Allaire en 1613, fut le dernier Lambart propriétaire de Lanruas. Vers 1645, Jean Mahé, sieur du Landa, sénéchal de Redon, acheta Lanruas, évidemment au nom de sa femme, Yvonne Chesnays, veuve de Jean Aoustin, marchand à Redon. Geneviève Aoustin, fille de ces derniers, épousa François Le Gal, sieur de la Haye, et lui apporta Lanruas, le Pesle et Brillangaut. De ce mariage, naquit René-François Le Gal, le vainqueur de Munderkingen, dit le marquis de Legal, dont nous avons déjà parlé.

La famille Le Gal ne cessa de posséder Lanruas jusqu'à Françoise-Yvonne Le Gal, dame de Lanruas, mariée en 1736 à Gabriel d'Osmond de Centeville, et morte à Redon en 1782.

Par alliance, Lanruas passa des d'Osmond aux Michel de Carmoy et de ceux-ci, aux Corbun de Kerobert et aux Bernède qui l'ont vendu.

Le Rozay

Le Rozay, terre noble, remonte également fort loin dans l'histoire de Redon. Cette terre devait 8 livres monnaie de rente à la Sacristie de l'Abbaye. La famille de Lourme, très ancienne famille de notre ville, posséda d'abord le Rozay (1).

Puis la terre du Rozay passa aux du Tertre, vieille famille aussi de Redon.

18 Octobre 1483. Aveu pour le Rozay rendu par Jehan du Tertre, fils mineur de feu Henry du Tertre, sous la tutelle de sa mère.

---

(1). Voir les Réformations de l'Evêché de Vannes, publiées par M. le comte de Laigue, volume II, page 629 et suivantes.

Jehan épousa dlle Guillemette du Rochier de Beaulieu.

En 1529, Jehanne leur fille, dame du Tertre, vendit le Rozay à N. H. Guillaume Lambart, écuyer, sieur de Lanruas, capitaine de Redon.

Jacques Paignon, écuyer, hérita d'une partie du Rozay et acheta l'autre partie en 1655.

Un aveu de 1711 décrit ainsi le Rozay : « grand corps de logis de 60 pieds de long et les logements de la métairie de 92 pieds, la maison du pressoir, le jardin et vigne, prée, la fuie située au domaine du Verger, le petit domaine du Verger », etc.

Jusqu'à la fin du XVIIIe siècle, la famille Paignon posséda le Rozay, relégué aujourd'hui au rang de simple ferme, qui n'a plus de remarquable que sa fontaine excellente par la qualité de l'eau et son abondance, puisqu'elle ne tarit jamais, dit-on.

Non loin du Rozay, se trouve la très vieille Chapelle de St-Jean-d'Espileur qu'il ne faut pas manquer de visiter. C'est un but de promenade pieux et intéressant pour les Redonnais.

Cette chapelle peut parfaitement avoir été la première église de Bains, dont l'agglomération primitive dut se faire probablement sur les bords de la Vilaine.

Cette supposition est d'autant plus admissible que cette église est encore aujourd'hui tout entourée de murs assez espacés et qui devaient alors fermer le cimetière, entourant l'église comme jadis c'était l'usage. De plus, elle est dédiée à St-Jean-Baptiste, comme l'église actuelle de Bains.

C'est le jeudi 18 Juin 834, que Nominoé donna au nom de Louis le Débonnaire, aux moines de Redon, un territoire autour de leur abbaye. Il délimita ce territoire par la Vilaine, l'Oult, et par une ligne allant de la Vilaine à l'Oult en passant par Mussin. Ce sont les limites actuelles de la commune de Redon. Dans cette charte il est dit que ce troisième côté est pris « de l'ancienne église de Bains, située dans la région de *Spiluc*. » Or Spiluc est devenu Spileuc, puis Espileuc, puis Espileur et enfin St-Jean-d'Espileur nom qu'il porte encore aujourd'hui.

Les Chapelays

Ce manoir est cité parmi les manoirs nobles de Redon, à la réformation de 1536. Il n'existe plus. Seules quelques pierres éparses en marquent la place dans le domaine dit *Les Chapelays* au sud-ouest de Brillangaut, auprès et au sud de la route qui va du Pâty à la route de La Gacilly.

En 1536, les Chapelays (1) étaient à Bertranne Guéguen, comme Bahurel et Brillangaut. Ils subirent le sort de Brillangaut et sont cités dans l'acte de vente de cette maison, en 1629. Depuis, cette terre a été morcelée et vendue en détail.

---

(1) Sources : Archives de l'Abbaye, registres paroissiaux de Redon.

Le Fief de Cotart
(Jadis Coetart)

Ce fief noble dont le nom se retrouve au village de Cotart avait *moyenne* et *basse* justice.

Son propriétaire avait droit de dîme à *l'onzième* gerbe et attente des grains, vins et filasse, avec obligation de battre la dîme du fief et de faner le foin de la prairie du Bien, en Lanruas, et le rendre sec, (les vassaux recevaient pour cela chaque jour un repas), de faire l'amas des rentes du fief, d'en faire paiement au seigneur comme sergent féodé et de payer 8 livres, 7 sous, 4 deniers de rente à la mi-août et à la Marcelline, 2 mines d'avoine à Noël, 8 poules et un chapon audit terme.

Il avait la présentation de la Chapellenie de la Houssaye, jadis appelée des « Ardents ».

Enfin, en faisaient partie la tenue du fief Chasseloup en Lanruas, la tenue du pré Civard et la tenue de la Couplaye.

Les habitants du fief de la Couplaye, en Bains, devaient chaque année au sgr de Cotart 24 sous monnaie de rente au jour et fête de la foire St-Marcellin, payables sur la margelle du puits de la Couplaye, au soleil levant, et en outre, deux pots de vin du crû du fief de la Couplaye, deux petits pains et un plat de poisson d'eau douce.

En 1566, Jehan de Fescan était propriétaire de Cotart. Né à Redon en 1530, il était fils de

Georges de Fescan et de Gillette Métayer, bourgeois de Redon. Il devint châtelain de Bains, notaire à Redon et greffier criminel du Parlement de Bretagne de 1569 à 1590 ; il fut anobli à cause de ses bons services par lettres de décembre 1572. Conseiller du Roi, notaire et secrétaire en la Chancellerie de Bretagne, il fut reçu en cette charge le 25 mai 1569. Il dut mourir vers 1590. Vingt ans plus tôt, le 2 novembre 1570, le seigneur de Cotart avait vendu son fief à Jehan du Rochier, sieur de Beaulieu (1).

La Diacraye

On ne sait à quelle époque existait la famille Le Diacre qui laissa son nom à cette terre, mais ce qu'il y a de certain c'est qu'elle appartenait en 1380 à Raoullin Pollo, écuyer, sieur de la Diacraye, né en 1333. Il ratifia le traité de Guérande le 14 juin 1381 à Redon avec Raoul Le Gac, seigneur de la Salle de Lanruas (maintenant Buard), Eliot de l'Hospital, seigneur de la Rouardaye, en Bains, Jehan Couldebouc, Olivier Le Bart, Pierre de Saint-Guedas, connétable de Redon et Jehan Rivault. Il épousa dlle Guillemette du Tertre d'une famille noble de Redon, comme nous l'avons déjà vu. Il mourut le 18 novembre 1416 et fut inhumé au prieuré de Léhon, près Dinan, dont son

---

(1) Sources : Archives de l'Abbaye et du Château du Tertre, en Pipriac. Reg. paroissiaux de Redon.

fils Raoul était prieur. Son tombeau (1) qui se voit encore à Léhon, représente un guerrier avec l'armure de fer, la cotte d'armes et l'épée de combat, deux levrettes sont couchées à ses pieds. Des écussons placés aux quatre coins du tombeau portent ses armes : *une croix cantonnée en franc canton d'une étoile à dextre.* Autour de ce tombeau on lit : CI : GIST : RAOULIN : POLLO : DE : REDON : PERE : DU : PRIEUR : DE : CEANS : QUI : TRESPASSA : LE : XVIII : JOUR : DE : NOVEMBRE : LAN : MIL : IIII : ET : XVI : DIEU : LUI : PARDONT : AMEN.

La terre noble de la Diacraye demeura pendant plus d'un siècle aux mains des héritiers de Raoullin Pollo. En 1548, elle fut vendue à Alain Apuril, fermier des ports et hâvres de Bretagne. Celui-ci ne resta pas bien longtemps propriétaire de la Diacraye. Cette terre fut vendue vers 1587 à François Davy, bourgeois et maître marchand de draps à Redon.

Gilles Davy, l'un de ses descendants, baptisé à Redon en 1635, fut capitaine-major au régiment de Champagne et reçut le collier de l'ordre de Saint Michel par lettres du 14 Septembre 1659. Il fut tué à l'ennemi en 1674.

La Diacraye fut ensuite vendue vers 1690 à la famille Callais. Noble Homme Pierre Callais qui

---

(1) Nous engageons fortement les Redonnais qui visiteront Dinan et la chapelle restaurée de l'abbaye de Léhon, à se faire montrer le monument élevé à la mémoire du premier seigneur connu de la Diacraye.

l'acheta, né et baptisé à Redon le 15 juillet 1630, était comme son père docteur en médecine et s'intitulait : Docteur-médecin ordinaire de M. le duc d'Orléans, frère unique du roi.

En 1740, nous voyons la Diacraye passer aux mains de N. H Joseph Dumoustier, par son mariage avec dlle Marie-Anne Primaignier, alors propriétaire de la Diacraye.

René-Pierre-Joseph Dumoustier, sieur de la Diacraye, négociant, officier garde-côtes, capitaine en 1770 au bataillon d'infanterie de la Roche-Bernard, lieutenant de maire de la ville de Redon en 1779 était fils aîné des précédents ; né en 1741, il épousa le 7 janvier 1766, dlle Adélaïde-Gertrude Desmonts, fille de M° François-Honoré, avocat, et de Perrine-Gertrude Bredin. Il fut inhumé à Redon le 6 fructidor an V, et sa femme mourut à Redon le 24 septembre 1835.

La Diacraye n'est plus aujourd'hui qu'une ferme dont on ne s'occupe guère ; cependant, malgré toutes ses vicissitudes, elle présente encore quelques détails intéressants de l'architecture du XIV° siècle et l'on voit que cette demeure fut construite à la même époque que Buard.

Les documents que nous venons d'indiquer font seuls revivre quelques instants son passé (1).

---

(1) Sources : Archives de l'Abbaye et de la mairie de Redon. Registres paroissiaux. Archives de M. Apuril au chât. de Bélouan.

Beaulieu

L'histoire de Beaulieu se confond avec celle de la famille du Rochier.

Guillaume du Rochier, paroissien de Redon, fut anobli en 1442. Peut-être le manoir de Beaulieu fut-il exempté de fouages à la même époque.

En 1519, nous voyons un Jehan du Rochier, épouser Jehanne Cécillon, fille de Guillaume Cécillon, sieur de Kerfur, en Guérande et veuve de Guillaume Couldebouc, sieur du Tuet, en Redon. Jehan du Rochier leur fils aîné, sieur de Beaulieu, de Coetart en Redon, de la Provostaye en Bains, baptisé le 23 avril 1520 à Redon, fut l'un des personnages les plus riches et les plus considérés de l'époque et fut alloué de la Juridiction de Redon. Son petit-fils Julien du Rochier, sieur de Beaulieu, Coetart et la Porte Pislart en Redon, était l'un des gentilshommes les plus riches de l'évêché de Vannes ; il épousa le 28 novembre 1619 à Béganne, dlle Catherine de Maigné, héritière de la maison du Lestier. René du Rochier, son petit-fils, qui habitait tantôt son hôtel, à Nantes rue de Briord, et tantôt son manoir du Lestier, chevalier de St-Louis, fut capitaine au régiment des Dragons de Bretagne, puis lieut^t-colonel au même régiment. Leur fils Hilarion du Rochier, chevalier de Saint-Louis, capitaine de dragons, n'eut pas d'enfants et sa famille s'éteignit avec lui.

A sa mort en 1758, la terre de Beaulieu et le fief de Coétard échurent à Messire Hyacinthe Jean Le Chauff, sieur de Léhellec. Sa petite-fille Anne-Marie-Pélagie Le Chauff, apporta Beaulieu à Jean-François-Marie de Lambert de Boisjan qu'elle épousa le 14 avril 1784.

Lors de la Révolution, Beaulieu qui appartenait à la famille de Lambert fut vendu nationalement, sans cela, cette famille possèderait sans doute encore aujourd'hui cette propriété, dont elle garde tous les titres (1).

Le logis de Beaulieu, que par corruption on appelle Beauleu dans le pays, n'est plus qu'une ruine chancelante qui s'écroule de plus en plus.

Le Pesle

Il y avait le Grand Pesle et le Petit Pesle.

Le Grand Pesle

Aux débuts du XVI° siècle, le Pesle appartenait au seigneur de Lanruas. Le Pesle devait 66 sous 3 deniers mon. par an à l'Abbaye.

M° François Le Petit, lieutenant de Redon en 1542, acheta le Pesle au seigneur de Lanruas.

En 1734, le Pesle appartenait encore à la famille Le Gal de Lanruas qui l'avait racheté.

Les divers aveux et contrats le désignent ainsi :

---

(1) Sources : Archives du Tertre, en Pipriac.

« le lieu et appartenance du Pesle près le faubourg de Redon » — « le lieu et maison noble du Pesle, maisons, pressoir, portail du devant, jardin, terre en labour, vigne ». — Au XVII⁰ siècle, il était loué 300 livres.

Le Pesle contenant 4 journaux, joignait d'un côté le cimetière Notre-Dame, et de l'autre les bâtiments et jardins des religieux de St-Sauveur.

On le voit, le Pesle comprenait les bâtiments actuels de la Sous-Préfecture, le Tribunal et le Bois-Brun.

Le Petit Pesle

Le 8 Juin 1550, le Recteur de Redon rendit aveu à la seigneurie de Lanruas pour la maison et appartenance du *Petit Pesle* dépendant de la cure à devoir de 10 sols mon. de rente et dîme à la seigneurie.

A remarquer que la maison du presbytère de Redon, s'appelait en 1543 maison du Pesle.

En 1686, aveu par le vicaire perpétuel de Redon 1° de la maison presbytérale joignant l'Eglise, 2° de la maison et jardin du Petit Pesle relevant de Lanruas.

1690. — Aveu pour le presbytère de Redon avec le jardin ou Clos du Petit Pesle relevant de Redon et de Lanruas en roture, contenant un journal.

L'école laïque, bâtiments et cours, s'élève sur une partie de l'emplacement du Petit Pesle.

Fleurimont

Il y avait également à Redon deux Fleurimont : Le Haut Fleurimont et Le Bas Fleurimont. L'un des deux semble avoir été situé à peu près à l'emplacement actuel de l'hôtel des Ploger de Boro (on voit encore son entrée rue de Fleurimont). Le premier devait 5 sols de rente, juridiction, obéissance et dîme au dixième de tous les grains et vins croissant et une journée de bien à vendanger, le tout à la seigneurie de Beaumont.

Le Bas Fleurimont, maison, devait 12 sols de rente et le devoir de rachat à la même seigneurie de Beaumont.

En 1602, ces deux maisons appartenaient au même propriétaire.

Le premier acte qui fasse mention de Fleurimont est daté du 31 Janvier 1426 et passé devant Cheminel, notaire-passe à Redon.

Olive Foulgère, dame de Fleurimont, épousa vers 1512 Roland Couriolle, sieur de la Bigotaye, notaire et procureur à Redon, lequel fut poursuivi par l'Inquisition avec Jehan Couldebouc et la dame de Bahurel pour crime de « sortige ».

Roland Couriolle fonda le 23 février 1526 la Chapellenie de Fleurimont.

Nous voyons en 1602 un Jehan Le Petit devenu par alliance propriétaire de Fleurimont ; il était conseiller et secrétaire du Roi, avocat en la Cour et doyen de la Chancellerie de Rennes.

Jehan Le Petit mourut sans enfants ; ses neveux vendirent le 5 août 1651 la maison noble de Fleurimont et pièce de pré en dépendant, à charge de payer les lods et ventes et 17 sous de rentes à Beaumont (dont 12 pour le Bas Fleurimont et 5 pour le Haut), à Pierre Le Texier sieur de Cautre, d'une famille du pays de Guérande, avocat en la Cour, alloué et lieutenant général de Redon qui avait épousé dlle Françoise Gicquel de Beaumont.

Le Bas Fleurimont en 1602 était à Jehan Le Petit, sieur du Haut Fleurimont. Le 23 Juillet 1602 en effet, Yvonne du Rochier, comme tutrice de son fils Jehan Le Petit, fit aveu pour le Bas Fleurimont " lieu, métairie, maison, jardin et pourpris, grange, boulangerie, étables, rues, vignes, terres en labour en dépendant — *qui furent au seigneur d'Orvault,* — en tout 5 journaux de terre joignant par en haut le chemin qui va de la mare du Moulinet à la Croix de Fleurimont (cette croix était placée au carrefour des chemins de Codilo au Moulinet et de Beaumont au Parc-Anger).

On s'est demandé comment le seigneur d'Orvault avait pu posséder le Bas-Fleurimont ; cela s'explique lorsqu'on sait que N. H. René du Pé, sieur d'Orvault, fut gouverneur et capitaine de Redon en 1585 ; il était fils de Claude du Pé et de Françoise Pastourel (on sait que les Pastourel ont eu le Parc Anger).

En 1638 Fleurimont appartenait à Mᵉ Alain Hochart, avocat et miseur des deniers d'octroi de Redon, fils de Mᵉ Michel Hochart notaire et procureur à Redon et greffier de Redon. Cet Alain eut un fils, Mᵉ Alain, lequel fut sieur de Fleurimont, avocat, notaire et procureur à Redon, alloué de Rieux, il épousa en 1669 Perrine Dubreil, dame de Cavardain et se fit appeler depuis son mariage « Alain de Fleurimont », nom qu'il trouvait plus joli que celui de Hochart. L'armorial général de 1696 faisant un jeu de mots sur son nouveau nom, lui donna pour armes : d'azur à une montagne d'argent semée de fleurs de diverses couleurs et sommée d'une tige de lys fleurie au naturel entre 2 roses d'or tigées et feuillées de même ! ! ! ! ! ! L'armorial s'était vraiment montré fort aimable pour Alain Hochart. On ne pouvait avoir des armes plus gracieuses..., mais étaient-elles de bien bon goût ?

Alain rendit aveu pour Fleurimont à Beaumont en 1658.

Le Cleu

D'où vient ce nom de Cleu ? Son origine lui vient sans doute de la langue bretonne qui fut parlée dans notre pays jusqu'aux invasions normandes. Kleuz signifie clôture, fossé, haie. Au pluriel il forme Kleuziou.

Le Cleu, maison noble, jardin, terre, en tout deux journaux, situé Faubourg St-Michel, en face les dames Calvairiennes devait à l'Abbaye sept sols et huit deniers de rentes annuelles. La première mention qui soit faite de cette propriété date de 1492 et l'appelle le Clos de Cleuz, nom de la famille qui la possédait alors et qui était originaire de St-Nazaire. Pendant deux siècles cette propriété changea plusieurs fois de maîtres. A la fin du XVII° siècle elle appartenait à François Chaillou de l'Etang et resta dans cette famille jusqu'en 1872. A cette époque la famille Chaillou de l'Etang vendit le Cleu aux RR. PP. Eudistes qui en firent la résidence des missionnaires de leur Congrégation à Redon (1).

Bahurel

Bahurel du haut de sa montagne de pins chevelus regarde la ville de Redon couchée à ses pieds et les sinuosités argentées de la rivière, qui se déroule l'été comme un ruban blanc sur les marais verts de Saint-Perreux. Cette propriété paraît avoir été à l'origine un démembrement de la terre de Bocudon.

---

(1) Cette propriété appartient aujourd'hui au lieutenant-colonel du Halgouët, député d'Ille-et-Vilaine, qui en a fait le domaine de toutes les bonnes œuvres. Dans les salles du rez-de-chaussée Madame la Vicomtesse du Halgouët a organisé un asile pour les petits enfants et un ouvroir où les dames de la ville viennent tous les mercredis travailler pour les pauvres. Les autres salles servent aux expositions, tantôt du Congrès breton, tantôt de la Société d'Emulation du pays de Redon qui y a installé une bibliothèque ouverte chaque dimanche de une heure à trois heures.

En 1498 cette terre appartenait à François Cotart, sieur de Bahurel, fils cadet de Robert Cotart, sieur de Bocudon.

Cent ans plus tard, Bahurel passa aux mains de Jacques Jollan, sieur de Clerville, avocat à la Cour.

Le 24 floréal an X, nous voyons Marie-Anne Lambart, dame du Plessix Rivault et de Bahurel, laisser à ses seuls héritiers au paternel les Le Provost de la Voltais, la terre du Plessix-Rivault (cette terre a passé depuis par alliance des Le Provost de la Voltais aux de Forges), et à son neveu M. de Kersauson, la terre de Bahurel (1).

M. l'Abbé François de Kersauson de Kerjean habitant le faubourg Notre-Dame à Redon, vendit Bahurel le 23 germinal an XIII à M. Alexandre-René-Marie Rozy et dame Marie-Victoire-Gillette Laurent, sa femme.

Par acquisition, Bahurel passa ensuite des Rozy à la famille Aubrée du Rhun, et des Aubrée du Rhun à M. le comte de Laigue qui l'habite.

Non loin de Bahurel se trouvait jadis le prieuré de St-Barthélemy, auprès duquel se tenait alors l'assemblée très renommée de la St-Barthélemy.

Le prieuré de St-Barthélemy, dépendant de l'Abbaye de Redon, fut fondé comme celle-ci par les anciens rois de Bretagne. Au XVIIIe siècle, on croyait que les seigneurs de Beaumont ou tout au

---

(1) Sources : Archives départ. de Rennes, Bibliothèque nationale.

moins ceux de la Diacraye et de Bocudon en avaient été les véritables fondateurs. L'erreur est manifeste, seulement il est certain que Beaumont avait le droit de prendre un denier de rente sur l'autel de la chapelle du prieuré le jour de la St-Barthélemy, et que l'exercice de ce droit devait être fort ancien.

Un aveu de 1677 nous donne des détails intéressants sur le prieuré. Il comprenait : « maison, pourpris, cour, rue et issue, jardins et terres labourables, le tout en un seul tenant, clos de murailles, contenant, par fond avec la chapelle qui est devant et hors l'enclos et un canton de terre en bois de décoration, environ six journaux ; joignant au levant le chemin de Redon à Vial, d'autre côté et d'un bout à la grée de Bahurel, d'autre bout aux terres de Bahurel ; plus trois autres pièces de terre aux environs, entre autres le champ des Prestres. »

Le Prieuré levait la coutume (l'impôt) sur les marchandises qui se vendaient à Redon le jour et fête de Ste-Croix 14 septembre, et ce droit s'affermait 12 livres, ce qui était peu considérable. Le lundi des Rogations, une procession générale de l'Abbaye et de la Paroisse se rendait à la chapelle, en chantant les sept psaumes de la Pénitence; on célébrait la grand'messe et on revenait à Redon en chantant les litanies des Saints. Cette chapelle était desservie de deux messes par semaine, et le prieur percevait les oblations qui s'y faisaient au cours de l'année ; rappelons encore que sur ces oblations, le seigneur de Beaumont prenait tout d'abord un denier le jour de la fête.

Le 25 février 1707, l'Evêque de Vannes permit d'acquitter les messes en l'Eglise St-Sauveur, exception faite pour les jours de St-Barthélemy et de St-Marc « l'éloignement et le peu de revenu de la chapellenie ne permettant pas de trouver un prêtre qui se fût chargé de les dire ». En conséquence cette chapellenie fut desservie à St-Sauveur, en la chapelle suivant celle de la Serche, vers le levant et appelée *De tous les Saints, de St-Barthélemy et de la Magdeleine*.

Le 25 septembre 1713, après un plus mûr examen, l'Evêque convaincu que le revenu du Prieuré était suffisant pour rémunérer le chapelain, révoqua son ordonnance de 1707 et autorisa Louis Tayart, seigneur de Bocudon, maire de Redon, et Pierre Primaignier, seigneur de la Diacraye, procureur fiscal de Redon, à jouir de ce revenu à charge par eux, de faire faire le service par tel prêtre qu'ils voudraient et de donner en plus 30 livres par an à l'Abbaye.

L'Assemblée de St-Barthélemy eut pour cause première la Bulle du Pape Urbain VIII qui accorda, le 12 juin 1629 une indulgence plénière, à tous ceux qui visiteraient la chapelle de St-Barthélemy et y prieraient le 24 août. A partir de 1630 une foule nombreuse accourut au Prieuré chaque année le jour de la fête ; le pardon ou assemblée était créé.

Il reste à regretter que la chapelle du Prieuré, aujourd'hui transformée en grange, n'ait pas été rétablie. Elle offre beaucoup de cachet et le voyageur peut admirer à juste titre ses jolies fenêtres accusant la meilleure manière des XIVe et XVe siècles. Une pierre gît à terre le long de la route, soutenant une croix mutilée qui paraît fort ancienne.

Espérons qu'un jour ou l'autre, on élèvera à la jonction des routes de La Gacilly et de Malestroit, et sous le vocable de *St-Barthélemy*, une croix pouvant rappeler dignement que l'Assemblée est la continuation d'un ancien pèlerinage redonnais.

Le Parc Anger

Le Parc Anger devait 12 livres tournois de rente à la Pitance de l'Abbaye de Redon.

Denis Pastourel, peut-être sieur du Parc Anger, naquit vers 1356. Il habitait Redon en 1408.

Henry Pastourel, Sgr du Parc Anger, était en 1432 procureur général de l'Abbaye de Redon.

Guillaume Pastourel (1) son fils, Sgr du Parc Anger et de la Boulaye, épousa avant 1458 dlle Guillemette Mahé, et en secondes noces avant 1462 dame Perrine

---

(1) Il arriva à ce Guillaume Pastourel une assez désagréable aventure qui faillit lui coûter la vie. Voilà comme elle est racontée par A. Dupuy dans l'histoire de la réunion de la Bretagne à la France.

N. H. Guillaume Pastourel, s[r] du Parc-Anger, vivant en 1449, fut alloué de Redon. Il avait pour valet un nommé Jehan Josselin à qui il arriva une triste aventure. Un habitant de Redon, Jehan Huet, homme violent et brutal se prit un jour de querelle avec ledit Josselin et fut "féru" par lui "à effusion de sang". Cité plusieurs fois

Couldebouc, veuve de Jehan de Vannes Sʳ de Moréac, Lestrenic, la Rivière Lanvaux, etc. (Jehan de Vannes fils de ce Jehan de Vannes, fut guéri miraculeusement, à l'âge de onze mois par St Vincent Ferrier).

Le Parc Anger appartenait en 1536 à Jehan Couldebouc, cependant l'abbé Scotti n'en fait point mention dans son aveu de 1580.

La preuve, c'est que le 29 Juin 1538 le Tribunal d'Inquisition dirigea un mandement quant à fin de prendre au corps Mᵉ Jehan Couldebouc, alloué de Redon, Sʳ du Parc Anger, Roland Couriolle,

---

devant la Cour, il fit défaut tant de fois que le juge ordonna de le prendre au corps "s'il est trouvé hors lieu saint et le rendre ès prisons". — Quelque temps après Huet se trouvait chez sa mère quand Guillaume Pastourel entra et l'invita à se constituer prisonnier : Huet saisit une pelle de fer et en appliqua deux coups vigoureux aux bras et à la tête de l'alloué seigneur du Parc-Anger qui resta étourdi et tout en sang pendant que son agresseur sortait par une porte de derrière et fuyait vers l'Eglise St-Sauveur où il eût été insaisissable. Heureusement on l'arrêta en chemin et on le mena en prison. Mais Huet était un homme résolu. Jehan Le Feuvre, receveur de la Cour de Redon avait hélas! un valet, et ce valet se laissa corrompre pour une somme de 10 sous : il fournit au coupable un ciseau avec une barre de fer et *oublia* de fermer le soir la porte de la prison. Huet brisa ses chaînes et gagna pour la seconde fois l'Eglise St-Sauveur, cette fois encore il fut arrêté, mené devant le juge qui le condamna "à être puni corporellement de la manière qui s'ensuit, savoir : être battu en ladite ville de Redon par trois jours de lundi par le bourreau, et, lesdits trois lundis passés, icelui Huet vider ladite ville et terroir de Redon pour cinq ans, outre faire amende aud. Pastorel".
La sentence ne fut pas exécutée de suite, et on retint Huet encore 3 mois et demi en prison. Mais le malin avait conservé et enfoui dans son cachot le ciseau et la barre de fer qui lui avaient servi déjà. Il les retrouva, brisa de nouveau ses chaînes, perça la muraille et se réfugia..... en France. La justice ne pouvant plus l'atteindre, il obtint une lettre de rémission. Il est probable d'ailleurs que Guillaume Pastorel ne mourut pas de ses blessures. L'histoire en aurait fait mention.

procureur de Redon, Sʳ de la Fosse Picquet, et Bertranne Gueguen, dame de Bahurel, et les mener prisonniers à Redon, pour vers eux procéder, touchant le crime de sortilège qui leur était imputé.

Le Parc-Anger fut vendu par les Couldebouc vers 1580 et acheté par Paul Fabroni, fermier général de l'Abbaye.

La Chapelle du Parc-Anger, en l'Eglise paroissiale Notre-Dame de Redon dans laquelle « sont deux bancs accoudés et armoriés des armes des feus sieur et dame de Lanjamet avec leurs enfeus en dedans et en dehors, » était autrefois la chapelle de Beaumont et était située à l'un des côtés de l'Eglise près le grand autel vers le nord ; elle fut vendue à N. H. Paul Fabron, sieur du Parc-Anger, le 5 Septembre 1585 par noble et puissant Nicolas de Thehillac, huguenot fervent de l'époque, seigneur du Crévy et de Beaumont, lequel habitait au château de la Bretesche dont il fut capitaine.

Le Parc-Anger vendu judiciairement le 5 mai 1727 à la Cour des requêtes du Palais de Rennes, fut acheté par la famille Dondel du Faouëdic pour 56.000 livres, contrat en main.

En 1730, on faisait vingt-sept barriques de vin au Parc-Anger, crû renommé comme celui de la Houssaye.

A cette époque, comme aujourd'hui, une légende racontait que les foins de cette propriété ne se récoltaient jamais sans pluie.

Le Ciel ouvre ses cataractes juste au moment où les faucheurs arrivent à l'endroit où fut enterré un saint moine, assassiné par des mécréants et enfoui pendant une nuit sombre. C'est à croire que le ciel pleure encore ce crime et beaucoup de gens poussent la superstition jusqu'à attendre que les foins du Parc-Anger soient finis pour commencer les leurs.

Cette légende doit être tout simplement un conte, car aucun écrit ne relate ce fait et aucun des évènements de ces temps reculés ne peut donner créance à ce récit ; mais on le sait, les légendes ont la vie dure.

Le Parc-Anger se composait alors d'une maison bâtie en triangle avec grosse tour à l'entrée, une cour close de murs renfermant les dépendances, vastes jardins, vignes, prés et terrains de culture.

Les terrains du Parc-Anger ont été coupés plusieurs fois, d'abord par le canal de Nantes à Brest qui les traverse et ensuite, à diverses reprises, par le chemin de fer au fur et à mesure de ses agrandissements.

Lors de l'occupation amie et alliée mais terriblement gênante de 1815, Louis XVIII avait obtenu que les cantonnements des Prussiens ne s'étendraient qu'entre la Seine, la Loire, l'Océan et la Manche.

Depuis le 5 septembre, les Prussiens occupaient déjà St-Malo, Fougères et Vitré. Leur arrivée à Redon était annoncée pour le 12 de ce mois.

Le 4 septembre, le conseil municipal se réunit et prit les dispositions nécessaires pour fournir logement, nourriture, effets de casernement et fourrages aux troupes prussiennes et régler les dépenses et charges qui allaient incomber à la ville.

Pour obtenir l'approbation de l'autorité supérieure et conférer de tout cela avec M. d'Allonville, alors préfet de Rennes, le conseil municipal nomma deux des principaux notables de la ville, MM. Dondel du Faouëdic et de La Grandière, commissaires, et les invita à se rendre d'urgence à Rennes où mieux que personne ils sauraient représenter la ville.

Cette mission délicate fut parfaitement remplie par ces messieurs qui surent, à la satisfaction générale, défendre les intérêts de Redon (1).

Le Parc-Anger appartient aujourd'hui à la famille Lamour de Caslou, par suite d'alliance avec la famille Dondel du Faouëdic.

Beaumont

Le château de Beaumont situé dans une position charmante est tout moderne (2). Ce n'est donc pas

---

(1) On voit encore aux archives de Redon les réquisitions, écrites en Allemand par les Alliés, pour qu'on leur fournît du bois, des étoupes et du goudron et toutes les choses nécessaires à leur alimentation.

(2) Il appartient aujourd'hui à M. Victor de Ploger.

de celui-là que nous allons parler, mais de l'ancien Beaumont.

Conwoïon était de son vivant un grand saint aux yeux de Dieu, car voici le miracle qui s'accomplit à Beaumont en sa faveur : les charrettes conduisant les matériaux qui devaient bâtir l'abbaye descendaient avec difficulté la pente raide de Beaumont. Un jour, l'une d'elles fut entraînée avec tant de rapidité qu'elle renversa le conducteur. Tethwiu, un des compagnons du saint et le surveillant des travaux, court vers le malheureux qui gisait à terre la poitrine défoncée, les jambes brisées, rendant le souffle. Tethwiu s'agenouille, supplie le Ciel et lui adresse de si ferventes prières que Dieu se laisse toucher. Le conducteur se relève à l'instant, sans que rien ne paraisse de ses blessures, et, remerciant Dieu, il va trouver saint Conwoïon qui rend témoignage de ce miracle.

Beaumont appartint dès les temps les plus reculés à la famille de Téhillac.

Jehan de Téhillac était seigneur de Beaumont au commencement du XV° siècle. Il était fils de Guillaume de Téhilllac, sgr de Téhillac et du Plessix de Peillac, et de Jehanne de la Motte de Sourdéac, ce qui ferait penser que peut-être Beaumont vint aux Téhillac par la famille de la Motte. Jehan avait épousé Guyonne de Sévigné qui lui survécut et qui rendit minu à l'abbaye de Redon pour Beaumont le 1ᵉʳ mars 1429.

Jehan de Téhillac, sʳ de Téhillac, Beaumont

et le Plessix de Peillac, était en 1486 sous la tutelle de Jehan de Rieux, maréchal de Bretagne.

C'est dans ces temps-là que la duchesse Anne séjourna quelquefois dans l'antique château de Beaumont, lorsqu'elle se rendait à Rieux chez son oncle et tuteur le maréchal de triste mémoire.

Nous voyons ensuite un Nicolas de Téhillac embrasser le protestantisme et devenir en 1567 capitaine de la Bretesche.

Rappelons que le chemin qui monte sur la grée de Beaumont et passe devant la grille de Belair était celui par lequel on menait pendre les criminels condamnés par la justice de l'Abbaye. Il portait le nom de « Chemin aux Larrons » et fut la cause de longs procès entre l'Abbaye et les seigneurs de Beaumont. Les vassaux de ces derniers étaient tenus de fournir des hommes armés lors des exécutions, afin d'empêcher que les criminels passassent sur les terres de Beaumont.

Beaumont avait droit de basse et moyenne justice et ses généraux plaids se tenaient en l'auditoire de Redon ; mais en 1729 l'Abbaye s'y opposa et déclara qu'ils devaient se tenir dans les termes de la seigneurie de Beaumont.

Le colombier de Beaumont était situé dans le clos Danet et le moulin de Beaumont sur la grée.

Le seigneur de Beaumont avait le droit de prendre 6 deniers de rente sur l'autel de la chapelle du prieuré de St-Barthélemy par préciput le jour de la St-Barthélemy.

Les seigneurs de Beaumont touchaient le quart de la dîme des grains et vins levée à Redon (1). En 1726, Scolastique Bigeaud, dame de Beaumont, épousa à Hennebont Antoine-Hyacinthe Mauduit, écuyer, sr de Kerleau. C'est ce que confirme Ogée, lorsqu'il écrit en 1778 : la juridiction de Beaumont moyenne justice appartient à M. Mauduit de Kerlivio.

Eulalie-Scolastique Mauduit, dame de Beaumont et de Kerleau, leur fille, épousa à Hennebont le 28 janvier 1750 Messire Vincent-Jérôme Gibon, chevalier, sgr de Kerisouët.

Cette famille qui porte de *gueules à 3 gerbes d'or* est connue depuis Noël Gibon vivant en 1370 ; pendant plusieurs siècles, elle a occupé des charges importantes. Jean Gibon, sieur du Grisso, maître des requêtes de la duchesse Anne, sénéchal d'Auray et de Vannes, fut envoyé par cette princesse auprès de Maximilien pour traiter de son mariage. On lit dans une ancienne chronique bretonne que Maximilien ayant demandé à Jean Gibon de lui faire le portrait de sa souveraine et, s'il était vrai qu'elle fût un peu *clochette*, il lui avait répondu : « Oui, elle est vraiment un peu clochette, mais elle est très blanchette. »

Nous voyons plus tard Hyacinthe-Vincent-Marie de Gibon, chevalier, comte de Kerisouët, capitaine du régiment d'Artois, puis colonel au

---

(1) Sources : Archives de l'Abbaye. — Registres paroissiaux de Redon. — Généalogie de Téhillac établie par M. de Laigue.

régiment d'Orléans et général, grand croix de Saint Louis, héritier de Beaumont, épouser en 1780 dlle Françoise-Anne-Jeanne Le Bonhomme de Tressé.

Ce Hyacinthe de Gibon, émigré pendant la Révolution, a raconté en quelques pages émouvantes son existence d'exilé. Son père le destinait à la carrière des armes. Dès l'âge de 9 ans il reçut un brevet de lieutenant des gardes-côtes de la capitainerie de Vannes, le 14 octobre 1760 (1).

Ces faits sont mentionnés dans ses états de services et sur son brevet de colonel. Il combattit dans diverses rencontres et servit toujours avec la plus grande distinction.

Hélas ! la Révolution s'avançait à pas de géant, les mauvais jours étaient venus. Monsieur de Gibon écrit alors : « Voyant que tous les officiers de l'armée partaient et combien il devenait impossible de rester sans devenir traître et parjure au Roy, j'ai pris le parti de me rendre à Paris (10 septembre 1791) afin d'y mieux voir par moi-même ce qui pourrait être le plus utile à la cause royale. »

Il comprit de suite que la royauté allait bientôt s'effondrer et que la noblesse n'aurait plus d'autre alternative que de mourir sous le couperet de la guillotine ou de prendre le chemin de l'exil.

(1) Ce brevet fut accordé en considération de ce que deux Gibon, son frère aîné et son cousin germain Gibon de Keralbeau, périrent sur le vaisseau *Le Superbe*, englouti pendant le combat naval du Morbihan le 20 novembre 1759.

Il quitta la France la mort dans l'âme. Sa femme le suivit ; son sort n'était-il pas lié au sien ? Comme tant d'autres gentilshommes, il dut travailler pour vivre. Il gagna le pain de chaque jour en donnant des leçons de français et de dessin.

Enfin la Révolution s'apaise et le 13 février an VIII, le comte de Gibon a la joie de revoir la France et son cher Beaumont, la petite patrie dans la grande.

Bonaparte lui fit offrir de prendre du service dans son armée avec le titre de général, mais le comte de Gibon s'y refusa, voulant jusqu'à la fin rester fidèle à ses convictions.

Lorsque la nouvelle du retour des Bourbons parvint à Redon, cette ville envoya au Roi (1) une députation pour le féliciter.

Cette députation composée de MM. de Guériff, de Bréhier, de la Haye Jousselin, fut confiée à la présidence et direction du comte de Gibon.

« Nous arrivâmes à Paris, écrit-il le 23 mai ; j'ai eu l'honneur d'être présenté avec ma députation à Monsieur ; je l'ai harangué ainsi que M. le duc de Berry qui se trouvait présent.

« Ayant reçu depuis une adresse à présenter au Roy et une lettre des dames de Redon à la duchesse d'Angoulême, j'ai eu l'honneur de les haranguer aussi, ainsi que les princes de Condé et

---

(1) Délibération du Conseil municipal de Redon en date du 21 Avril 1814.

de Bourbon, et j'ai reçu de tous l'accueil et les réponses les plus flatteuses. »

Louis XVIII se souvenant de son fidèle serviteur le replaça dans sa maison militaire, en qualité de commandant en second des grenadiers à cheval avec rang de colonel sous les ordres du marquis de la Rochejaquelein, commandant en premier.

Le 14 septembre 1814, sur la proposition de ce dernier, le comte de Gibon fut nommé maréchal de camp et cordon rouge.

Mais voici les Cent Jours.

Le 20 Mars 1815, la compagnie des grenadiers à cheval, escorte les Princes jusqu'à la frontière. Le comte de Gibon continue sa mission délicate et ramène ses grenadiers à Paris. L'Empereur le sollicite encore une fois de reprendre du service dans l'armée, avec le grade de maréchal de camp ; mais le comte de Gibon refuse comme la première fois. Pendant ce temps-là, son fils aîné Auguste guerroyait avec les Chouans.

A son retour en France, Louis XVIII par l'entremise du duc de Lorges, fit remercier Messieurs de Gibon de leur attachement à sa personne et de leur fidélité au trône. Le roi voulut que le comte de Gibon prît place sur les marches du trône à l'ouverture des Chambres. On comprend que le comte de Gibon, toujours passionné pour l'état militaire, s'était empressé de remettre son épée au service du Roi, en 1817 ; le Roi le nomma

Lieutenant Général. L'heure de la retraite avait sonné ; mais le comte de Gibon fut encore souvent l'objet de la bienveillance de son souverain. En l'honneur du baptême du duc de Bordeaux il fut fait Grand'Croix de Saint-Louis et Chevalier de la Légion d'honneur, un peu plus tard chevalier du Hohenlohe ordre du Phénix. Enfin il eut encore une fois en 1821 l'honneur des marches du trône à l'ouverture des Chambres, puis reçut la croix d'Officier de la Légion d'honneur à l'époque du sacre de Charles X.

En 1830, lorsque les Bourbons reprirent une dernière fois la route de l'exil, le comte de Gibon se retira à Redon au château du Parc-Anger, chez sa fille Madame Dondel du Faouëdic où il termina sa noble vie, le 20 mars 1839, à l'âge de 88 ans.

Il avait vu six souverains se succéder au pouvoir et assisté à 3 révolutions.

Son fils aîné, Auguste de Gibon, avait épousé en 1811 Mademoiselle Amélie Fournier d'Allérac Après avoir guerroyé avec les Chouans comme nous l'avons dit, il avait été nommé capitaine, chevalier de Saint-Louis. Il devint plus tard maire de Redon, conseiller général, puis député.

Son frère cadet, M. Paul de Gibon, lui succéda à la mairie de Redon et fut comme lui, ainsi que nous l'avons déjà vu, un excellent administrateur. Le fils de ce dernier, le lieutenant-colonel de cavalerie Arthur de Gibon, chef de nom et d'armes, sortit de Saint-Cyr dans un bon rang.

Capitaine breveté, il se distingua pendant la guerre franco-allemande. Il se battit vaillamment à différentes reprises et eut deux chevaux tués sous lui.

Château de Buard

Le château de Buard fut une dépendance de l'Abbaye ; c'était la maison de campagne où les moines fatigués, souffrants, venaient chercher le repos dans le calme des champs.

On lit à la date du 10 Décembre 1503 que la maison noble de Buard fut acquise par les Religieux de l'Abbaye de Redon avec ses dépendances au profit de la sacristie de la dite Abbaye.

Cette terre s'appela d'abord la *Salle de Lanruas*, puis *Lanruas de Buat*, puis *Buat* tout court, enfin maintenant par corruption *Buard*.

Il est à remarquer que les paysans durent prononcer de bonne heure *Buard*, car dans la réformation de 1513 de l'Evêché de Dol, Buat qui a donné son nom à Lanruas de Buat est appelé tantôt le Buat et tantôt le Buard.

Il y avait à Redon deux Lanruas : la *Cour* ou la *Salle* et le *Petit Lanruas*. On ne parlera pas ici de ce dernier qui appartint depuis le XV° siècle aux Lambart et avait droit de moyenne et basse justice, droit de banc et d'armoiries en l'église Notre-Dame de Redon.

Nous lisons encore ceci dans le cartulaire de l'Abbaye de Marmoutier (dom Lobineau): « Gautier prévôt de Combourg a acheté de Mainfinit, sénéchal de Redon et de sa femme Commère, la terre de Buard» (sans doute Buard en Bonnemain).

L'histoire de Buard, dit le comte de Laigue dans ses études fort intéressantes sur notre pays, nous est connue depuis le milieu du XIV° siècle ; on le nommait alors la *Salle-de-Lanruas* qu'il ne faut pas confondre avec le nom d'un manoir voisin, *Lanruas*, qui forma sans doute à l'origine une de ses dépendances. Son propriétaire était Raoul Le Gac qui ratifia le traité de Guérande à Redon le 14 juin 1381 en compagnie de Perrotin de St-Guedas, connétable de Redon, de Jehan de l'Ourme, sieur de Beaulieu, Eliot de l'Hospital, sieur de la Rouardaye en Bains, Jehan Rivault, sieur du Plessix Rivault, Jehan Couldebouc et Raoullin Pollo, sieur de la Diacraye. C'est probablement à Raoul Le Gac que l'on doit le manoir de Buard avec sa jolie tourelle, sa magnifique fenêtre sculptée et la galerie en bois aujourd'hui disparue d'où la vue pouvait suivre les contours de la Vilaine à travers les marais d'Estriel. Il établit sur sa terre noble une rente de 66 sols 2 deniers obole, au profit de l'abbé de St-Sauveur de Redon ; cent ans après, cette redevance était connue sous le nom de *Rente Raoul Le Gac* en même temps que la fontaine de Buard s'appelait *Fontaine Raoul Le Gac*.

Raoul Le Gac servait sous les ordres d'Olivier de Clisson, comme on peut le voir aux montres du

1ᵉʳ Mars 1378 à la Bastide de St-Gouesnou, près Brest, et du 1ᵉʳ Juin 1379 au même lieu.

Quand le duc de Bretagne eut été fait prisonnier par les Penthièvre, Raoul s'arma sous les ordres du sire de Rieux pour marcher à la délivrance du prince breton.

Raoul Le Gac dut mourir vers 1420 et son successeur paraît avoir été Guillaume Lothodé, d'une famille des environs de Rennes, officier de la cour du duc Jean V, en 1444 l'un des vingt archers de la garde du corps de François Iᵉʳ. Guillaume comparut à la montre ou revue des nobles tenue à Vannes le 8 Septembre 1464 comme propriétaire en la paroisse de Redon ; il avait 60 livres de rente et vint à cette montre avec cheval, jaquette, harnois de jambes et bracquemart. Il faut croire que cet accoutrement n'était pas suffisant car on lui ordonna de se procurer une brigandine, une salade, un vouge et " aultres habillements suffisants ". En 1477 il était mort ou n'habitait plus Redon.

Guillaume Lothodé eut quatre fois l'honneur de recevoir en son manoir de la Salle-de-Lanruas la visite du duc Jean V, qui y signa plusieurs mandements : les 12 février 1437, 15 mai 1439, 20 décembre 1441 et 5 mai 1442. Le duc Jean V d'ailleurs était déjà venu à Redon en 1428 du 18 au 23 Octobre, mais cette fois l'histoire ne rapporte pas qu'il ait séjourné à Buard.

A la mort de Guillaume Lothodé, la Salle-de-

Lanruas passa à ses héritiers les de Buat qui appartenaient à une ancienne famille du pays de Dol remontant à 1190, année où deux de ses membres se croisèrent. On n'est pas d'accord sur les armes de la famille de Buat. Pol de Courcy leur donne *d'argent à 4 fusées de gueules* et Guillotin de Corson *d'argent à 3 fasces de gueules* suivant qu'on les voyait dans l'église de Saint-Domineuc.

Jean de Buat changea le nom de son manoir et le transforma en celui de Lanruas-de-Buat (c'est en vertu de la même modification que la Roche en Bains s'est appelée la Roche-du-Theil et que la Haye en Renac est devenue la Haye-du-Deron). Il épousa dlle Catherine des Rames et mourut vers 1473. Son fils Jean de Buat Sr de Lauruas, mourut en 1489. Ce second Jean eut pour fils autre Jean de Buat écuyer Sr de Buat, Lanruas-de-Buat, la Fosse-aux-Loups, la Guerche, Limesle, etc.; lequel avait en 1489 pour curateur Gilles du Tiercent.

Jean de Buat vendit par acte du 10 décembre 1503 l'antique manoir de Lanruas-de-Buat aux religieux Bénédictins de Redon pour 520 écus solides " au coin du Roy ".

Là s'arrête l'histoire de Buat dont on fit *Buard*, le nom de Lanruas restant seul au manoir voisin(1).

---

(1) On sait que le duc Jean V fut un des princes les plus voyageurs de son temps. Son plus grand plaisir était de parcourir son duché, mais alors s'il acceptait l'hospitalité somptueuse de ses bonnes villes et de ses abbayes qu'il lui était impossible de refuser, il allait se reposer volontiers dans les manoirs des

Le château de Buard qui marche sur ses six siècles, dessine à travers ses rideaux de futaies sa grosse tour massive coiffée de travers comme un tapageur (1), ses tourelles pointues et sa grande fenêtre à croisillons que les artistes de la Renaissance ont sculptée, fouillée, dans le style ornementé de l'époque.

Cette fenêtre au midi ouvrant sur la Vilaine, éclaire la chambre dite du Cardinal, en souvenir du grand ministre qui d'après la tradition l'occupa quelques jours (2), mais elle devrait plutôt porter

---

officiers qui composaient sa maison. Là il était plus à l'aise, plus libre et s'attachait par ces visites familières les seigneurs qui avaient l'honneur de le recevoir.

L'un de ses manoirs favoris était le Plessix de Ressac-lès-Redon (aujourd'hui simple ferme de la commune de St-Jean-la-Poterie, canton d'Allaire, anciennement trève de Rieux) appartenant alors à la famille de ce nom. Sans compter ses séjours à Beaumont, à la Salle-de-Lanruas (Buard) et ailleurs, Jean V y séjourna au moins 8 fois en 4 ans. Les dates en ont été conservées : 21 Avril 1439, 3 Septembre et 8 Novembre 1440, 12 Août, 20 Novembre et 15 Décembre 1441, 27 Janvier et 21 Février 1442. Là il signa plusieurs mandements importants. Si la légende assure que l'arrêt de mort de Gilles de Retz fut signé à Buard, c'est au Plessix de Ressac que fut signée la donation à François de Bretagne des terres confisquées sur Gilles de Retz.

(1) Cette tour a été réparée depuis.

(2) En effet la tradition rapporte que le grand ministre habita Buard quelques jours, lorsqu'il visita son abbaye de Redon, la seule fois d'ailleurs qu'il soit venu en Bretagne. Elle ajoute également que c'est à Buard que fut signé par Jean V duc de Bretagne l'arrêt de mort de Gilles de Laval maréchal de Retz, le terrible Barbe-Bleue. La légende qui n'est pas chiche de mystère et aime beaucoup le merveilleux assure que lorsqu'un habitant du vieux manoir se marie on entend des bruits extraordinaires tantôt à l'intérieur de la maison, tantôt au dehors. Du reste cela est arrivé à l'occasion de deux mariages à 24 ans de distance en 1855 et en 1879. Comment expliquer ces bruits ? La légende donc s'en charge ; elle n'est jamais embarrassée. C'est tout simplement l'âme en peine de Gilles de Retz, hantée du souvenir de ses crimes abominables et du lieu où fut signé son châtiment, qui vient jalousement en troubler les propriétaires.

le nom de chambre du Duc, comme on l'a vu d'après les documents fournis par Monsieur le comte René de Laigue.

Le fronton de cette belle fenêtre qui devait porter les armes de la famille de Buat, fut malheureusement détruit par un incendie. Sous prétexte que les pierres brûlent on arracha et brisa toutes ces belles sculptures dont quelques morceaux ont été conservés.

Il y a un demi-siècle on voyait encore sur la façade Est de Buard à la hauteur du 1er étage une galerie en bois sculpté.

Cette galerie couverte était d'un effet très pittoresque. On l'a fait disparaître par la raison que le temps l'avait fort endommagée. Je crois qu'une restauration intelligente aurait pu la conserver aussi bien que la porte d'entrée en pierre sculptée du même style et que la belle fenêtre renaissance. On a arraché ces pierres œuvres d'un ciseau habile pour les remplacer par du vulgaire tuffaut.

On voit encore dans la tourelle Sud-Est l'escalier de pierre, en colimaçon qui conduit à l'appartement qu'on appelait alors la chambre du Duc. Au bas de cet escalier se trouve l'entrée d'un souterrain muré aujourd'hui. Ce souterrain devait sans doute conduire à l'abbaye, peut-être même passait-il par la crypte très vaste, aux piliers épais, qui existait sous le chœur de l'église abbatiale actuellement église paroissiale. M. Carlu, choriste de St-Sauveur, se souvient très bien d'avoir pénétré dans ce lieu souterrain, alors que l'église était en réparation. Il y remarqua des médailles qui purent parfaitement avoir été déposées devant le tombeau de saint Conwoïon qui fut enterré dans l'église de Redon.

Après l'incendie Buard fut abandonné et le vieux castel devint l'habitation des fermiers. C'était alors un but de promenade pour les Redonnais, l'hiver on patinait sur sa pièce d'eau, l'été on dansait à l'ombre de ses beaux arbres lesquels portaient en grand nombre entaillés sur leur écorce des lettres enlacées, des cœurs unis par des lacs, d'autres percés d'une flèche, emblèmes amoureux et touchants, preuves authentiques des doux propos échangés sous ses mystérieux ombrages Aujourd'hui l'écorce a recouvert les souvenirs de ce poème toujours jeune et toujours ancien que chante et chantera éternellement l'humanité. On achetait aux fermiers du lait et des fruits. On buvait un *verre de santé* à sa fontaine minérale. Les plus entreprenants fouillaient de-ci de-là pour trouver le trésor que les légendes assurent avoir été enfoui en ces lieux. Mais où ? Voilà le secret, voilà le mystère.

Comme tout vieux château qui se respecte Buard à ses légendes, ses bruits inexpliqués et son trésor— et voici un quatrain écrit il y a de longues années, qui pourrait bien être tout simplement, quant au trésor, le nœud de l'énigme :

> Passant, ici l'antiquité
> Place un trésor.
> Mais il n'est ni d'argent, ni d'or :
> C'est la santé.

Et en effet la source d'eau ferrugineuse de Buard existe toujours abondante et de bonne qualité. A diverses époques elle a été examinée et chaque fois on s'est plu à reconnaître ses excellentes propriétés. Le docteur Bouchardat venu en consultation à Redon en 1855 l'analysa à son retour à Paris et la classa au premier rang des sources ferrugineuses.

Au commencement du siècle le docteur Dubreuil, praticien distingué à Redon, faisait préparer un chocolat fortifiant à l'eau ferrugineuse de Buard dont il obtenait les meilleurs effets. Aujourd'hui encore, pendant la belle saison, au printemps surtout, les personnes faibles, les estomacs délabrés sollicitent des propriétaires qui se font toujours un vrai plaisir de l'accorder, l'autorisation d'aller chaque matin, comme on va prendre le lait de mai, boire à la fontaine un verre de cette eau rouilleuse mais bienfaisante.

On voyait autrefois entre les deux propriétés de Buard et de Lanruas une vieille croix de pierre qui datait du temps des moines. Lorsqu'on ouvrit il y a plus d'un demi-siècle la route du Val qui sépare les propriétés, on découvrit un certain nombre de cercueils rangés en bon ordre, la tête tournée vers la croix. Dans quels moments de trouble ou de guerre avaient-ils été déposés là ? On ne l'a jamais su.

Cette croix tombée en désuétude fut remplacée par une croix moderne en fer avec piédestal de maçonnerie. La malveillance l'a détruite. Une nuit, des hommes avinés, suivant un exemple qui vient de haut, se sont rués sur cette croix vénérable, l'ont arrachée, piétinée, brisée, laissant le sol jonché de ses débris épars. Nous lisons dans un brouillon d'aveu rendu au roi par l'abbé de Saint-Sauveur de Redon qu'il existait jadis trois croix très vénérées par les populations, celle de St-Pierre s'élevant sur le terrain où on a creusé le bassin à flot (elle est remplacée par la Croix Signal entre le bassin et la Vilaine), la Croix dans le haut du faubourg Notre-Dame où les maraîchers se réunissent pour demander un temps favorable, (à sa place s'élève le beau calvaire de la mission.) La troisième croix entre Buard et Lanruas malheureusement n'existe plus aujourd'hui, saccagée comme nous l'avons dit par des malfaiteurs. Dans ces temps malheureux où les impies abattent les croix, n'y aurait-il pas moyen à nous autres, catholiques, de songer à la réédifier ? Ce serait chose méritoire de relever une croix qui date d'une haute antiquité.

Les habitants de la Pouesnaie et du Val, les propriétaires de Buard et celui de Lanruas et de la Bonde, M. Richer, qui ne refuserait certainement pas de diriger les travaux, tous voudraient contribuer à la réfection de cette croix et avec une cotisation minime pour chacun on arriverait facilement à couvrir les dépenses. Alors Redon pourrait s'enorgueillir de ses trois croix historiques.

Lanruas, ancienne station gallo-romaine, dit-on, n'est plus qu'une simple ferme aujourd'hui, mais au moyen-âge ce manoir était le siège d'une seigneurie appartenant en 1483 à François Lambart. Plus tard la moyenne justice de Lanruas appartenait, dit Ogée, à la famille d'Osmond. Il a changé de mains plusieurs fois depuis.

Les courses de Redon avaient lieu primitivement dans les prairies de Buard et de Lanruas, l'hippodrome apparaissait dans un cadre verdoyant où s'échelonnaient en grand nombre les curieux. Il se dessinait là comme un joli cirque formé par les collines de St-Nicolas, de la Houssaye, de Laillé et de Cado. Ah ! ce rocher de Cado près du pont du chemin de fer, il n'a pas toujours été là, il a sa légende. Les ouvriers du chemin de fer auraient bien voulu qu'il sautât. Ils ont essayé de toutes les manières sans pouvoir le détruire. Ils y cassaient tous leurs outils, il était comme ensorcelé ! C'est que celui qui l'avait mis là était un luron comme on en voit peu, c'était Gargantua lui-même, Gargantua en personne. Il venait d'Avessac et s'en allait à Redon se confesser aux moines ; un peu avant d'arriver à la rivière qu'il comptait enjamber comme nous ferions d'un ruisselet, il déchaussa ses souliers pour secouer quelques grains de sable qui le gênaient dans sa marche. Ces grains de sable, ce sont les énormes roches restées à fleur de terre sur la montagne de Cado ; le plus gros gravier ne tomba qu'au bord de l'eau, c'est celui-là qui porte depuis le nom de *Rocher de Gargantua*, et comme la rivière était déjà un peu débordée, il fit un tel fracas en tombant qu'on crut à un tremblement de terre et l'eau fut agitée jusqu'à Redon, même que le moulin de la Marée fut presqu'emporté et depuis ce temps-là Gargantua devint un sujet de frayeur pour tous les enfants de la contrée, car, vous l'ignorez peut-être, Gargantua est le cousin-germain de Croquemitaine.

« Croquemiton, Croquemitaine
Enfants, la légende est certaine. »

C'est le Dimanche 13 Septembre 1863, jour mémorable dans les annales sportives de Redon, que l'on inaugura les premières courses. Monsieur Henri du Faouëdic, l'un des fondateurs des courses et qui s'occupait activement de leur organisation, avait tracé un steeple charmant, un vrai steeple de salon, disaient les sportsmen du moment. Pour se rendre aux courses les piétons prenaient l'agréable chemin du hallage, mais les voitures avaient à descendre en allant et à monter en revenant, une pente raide et tournante au village de la Houssaye qui offrait quelque danger. La piste non plus n'était pas suffisamment grande, il fallait en faire, ce qui n'était pas moins joli pour les spectateurs, deux fois le tour.

Ce sont là les deux motifs qui ont fait transporter dans les grands marais d'Aucfer le champ de courses, moins rapproché de Redon que le premier mais plus vaste et d'un accès plus facile pour les voitures.

En 1870 pendant l'année terrible, le château de Buard fut transformé en ambulance et durant plusieurs mois le drapeau de la convention de Genève flotta sur ses tours. La maladie surtout faisait des ravages, il y avait aussi quelques blessés, mais après la déroute du Mans le nombre des malheureux qu'on y soignait augmenta considérablement; le docteur Cottin, médecin de l'armée leur donnait tous ses soins, aidé de nos excellentes religieuses accourues au premier appel. On eut hélas des morts à déplorer, mais il y eut aussi bien des guérisons et la pensée de retourner dans leurs foyers hâtait la convalescence de nos braves soldats.

Pendant 13 années consécutives la Kermesse organisée au profit de l'école libre des Frères Lamennais qui donnaient l'instruction à plus de 400 enfants, eut lieu dans le parc de Buard, mis gracieusement à la disposition des Frères. Cette fête de Charité devenue très populaire dans le pays a eu lieu l'an dernier (Juillet 1904) au Cleu propriété de M. le lieutenant-colonel du Halgouët, dont nous avons parlé plus haut.

QUATRIÈME PARTIE

ILLE-&-VILAINE

La Roche-du-Theil. — Casaril. — Bains. — La Rouardaye. — Le Plessix. — La Giraudaye. — Les Chambots. — La Ferrière. — L'Ile aux Pies. — Les monuments mégalithiques et leur légende. — La Boulaye. — Le Brossay (en Renac). — La Haye du Déron. — Port-de-Roche.

La Roche-du-Theil

Voici la Roche-du-Theil, jadis noviciat de la Congrégation des Eudistes. Ici les forces brutales de la matière cèdent le pas à la force morale, celle-ci domine en souveraine et nous fait comprendre la grandeur de l'homme sous un tout autre jour qu'à l'établissement industriel de Tabago.

Cette belle campagne de la Roche-du-Theil enveloppée de solitude et de silence, captive le regard et le cœur. Oui, devant cette grande nature aux sites variés, devant ces bois de sapins aux accents mélancoliques, lyres sauvages de la montagne, devant ce vaste horizon qui commence sur la terre et va se perdre dans le ciel, on comprend que la pensée se recueille, que l'esprit s'épure et que l'âme sous le charme de la vie religieuse s'élève bien au-dessus des choses de la terre, jusqu'à l'infini. Dans ce séjour tout imprégné de calme et de sérénité, si propre à la prière, les vocations viennent s'éprouver et se grandir. On doit sortir prêtre parfait lorsqu'on s'est fortifié dans ces lieux tranquilles loin du monde et près de Dieu. Les profanes même aimeraient à y rester pour oublier... ou se souvenir...

Les jardins sont grands et bien tenus. Ils aboutissent à des allées tortueuses et cachées dans l'ombre chevelue des pins, à des sentiers mystérieux qui courent sur le flanc d'une montagne coupée d'oasis pieux. Il y a de petits réduits nichés dans les charmilles, des grottes profondes, des roches isolées surplombant l'abîme, qui invitent à la méditation, et des autels champêtres aux pieds desquels toutes les rumeurs de la terre doivent s'éteindre et les passions s'apaiser. Le cimetière lui-même n'a rien de triste, il n'éveille qu'un sentiment de repos. C'est le repos de la terre, prélude du grand repos de l'éternité. Il doit faire bon dormir là, le soir quand la journée laborieuse est terminée... Les oiseaux gazouillent au-dessus des croix et les fleurs qui renaissent à chaque aurore sur toutes ces tombes muettes parlent cependant d'immortalité.

Du point culminant de cette belle propriété, en

face du calvaire qui forme comme la dernière étape du promeneur, la vue embrasse un paysage fort étendu.

On s'absorbe volontiers dans la contemplation de ce vaste panorama. Un beau site est la magie des yeux comme une belle pensée est la magie du cœur.

On peut compter les clochers de Saint-Vincent, Peillac, Saint-Jean-la-Poterie, Rieux, Fégréac, Saint-Perreux « et suivre du même regard le piéton qui passe sur la route, le bateau qui se traîne entre les halages du canal et le chemin de fer qui fuit à toute vapeur. »

La chapelle invite aussi au recueillement. On voit qu'elle est fleurie chaque jour par des mains pieuses et que le Bon Dieu ne passe pas de longues heures seul dans son tabernacle. Il ne faut pas non plus oublier de prier devant les reliques de Saint Modeste, cet admirable Sicilien qui subit le martyre au IIIme siècle et dont les reliques ont été rapportées des Catacombes de Rome (1).

Ce lieu charmant dut être occupé de bonne heure, et en effet sur le sol on rencontre des tuiles à crochet, des scories de fer et des débris de forges qui ont sans doute valu au coteau le nom qu'il porte encore de Manetan *(mane-tan* en breton montagne de feu). La tradition locale

---

(1) Hélas ! on ne chante plus les louanges de Dieu dans ce pieux sanctuaire, la loi aussi injuste que brutale sur les Congrégations a chassé les jeunes novices de la Roche-du-Theil comme elle a chassé les excellents pères du Collège Saint-Sauveur.

dit que là existait jadis un château-fort, le château du général Malatan, enterré, dit-on, près du Cromlech de Vial, et les vieilles femmes du pays racontent encore la légende du château de Manetan habité alors, il y a bien longtemps, bien longtemps, par une jeune fille et son père. Celle-ci comme l'antique héro donnait rendez-vous sur ces sommets escarpés à son Léandre. Son père les surprit un soir et dans sa fureur légitime les précipita du haut du rocher dans la rivière.

On suit l'histoire de la Roche depuis 1464. Elle passa successivement à divers propriétaires. Au commencement du XVII° siècle Julienne de Maigné épousa Guillaume Bouexic sieur du Tail ; alors la Roche fut appelée Roche du Tail (dont on fait Roche du Theil).

En 1808 la Roche-du-Theil fut achetée par Charles-François-Marie du Bot. Sa veuve née de Chassonville vendit la Roche en 1840 à des conditions particulièrement avantageuses à M. Gaudaire, Supérieur du Collège de Redon, et à M. Laval, prêtre, professeur au même Collège.

Tout près de la Roche-du-Theil on aperçoit le gentil cottage de Casarill qui, festonné de vigne vierge, s'habille d'émeraude au printemps et de pourpre l'automne. Cette agréable demeure qui regarde la Roche-du-Theil se fait de ce bel établissement, des côteaux voisins et de la rivière des lointains charmants.

Non loin de Bains on peut encore donner un

coup d'œil au nouveau château du Trécoët appartenant au Vicomte et à la Vicomtesse de Saint-Germain. C'est une vieille terre puisque nous lisons dans les aveux du temps que le recteur (vicaire perpétuel) et le presbytère de Bains devaient par an 5 sols de rente au Trécoët.

Bains

Le bourg de Bains possède une belle église de style ogival qu'on pourrait dire neuve car les églises vivent longtemps. Un calvaire aux degrés de granit s'élève en face de l'église au milieu d'une grande place plantée. Tout près dans un site pittoresque d'où la vue s'étend très loin on a érigé tout récemment un gracieux sanctuaire à la Vierge de la grotte de Lourdes. De jolies allées dessinées dans un taillis conduisent à la grotte et à la fontaine où l'on va boire l'eau bienfaisante d'une source pure. Les fidèles s'y rendent en pèlerinage aux fêtes de la Sainte-Vierge et plusieurs ex-voto prouvent que là aussi les prières sont exaucées.

La Rouardaye

Comme nous allons le voir, les Chambots relevaient de la Rouardaye. Cette Seigneurie avait droit de haute, basse et moyenne justice.

Les seigneurs de la Rouardaye avaient fondé la chapellenie de la Rouardaye appelée *la Brousse* qui se desservait en l'Eglise de Bains.

Ces mêmes seigneurs avaient leurs armes placées sur la grande vitre auprès du grand autel de l'Eglise de Bains où était leur enfeu prohibitif et élevé. De plus ils avaient en la chapelle St-Laurent de l'Eglise St-Sauveur en l'Abbaye de Redon un autre enfeu et droit d'avoir leurs armes sur les vitraux : en cette chapelle St-Laurent le fameux Pierre de l'Hospital (1) avait fondé quatre messes à dire et deux anniversaires. Les de l'Hospital possédèrent cette terre jusqu'en 1679, époque où elle fut vendue judiciairement et adjugée à dame Jacquette Lévesque dont la fille aînée Françoise-Marie de la Houlle née d'un second mariage avec Guillaume de la Houlle hérita de la Rouardaye. Elle épousa Germain-Jude Comte de Talhouet veuf d'une Tournemine qui avait été un modèle de sainteté. La seconde Comtesse de Talhouet ne ressemblait pas à la première et sa conduite devint telle que son mari en arriva à provoquer une séparation et même à intenter un procès criminel. Il y eut le 8 novembre 1717 une condamnation par contumace portant que Françoise de la Houlle aurait la tête tranchée sur la place aux Feuvres à Redon (la place de la Duchesse-Anne) et que Guillaume Gascard son complice serait pendu. Comme on le voit on n'y allait pas de main morte dans ce temps-là; ajoutons

---

(1) Voir l'article écrit par M. le Comte de Laigue sur Pierre de l'Hospital. Lire aussi la légende de Joue Rouge et les détails intéressants qu'il donne sur la Rouardaye dans le temps passé.

cependant que les deux coupables ne furent exécutés qu'en effigie.

Depuis 1851 la Rouardaye appartint à M. de Mauduit du Plessix qui remplaça le vieux manoir du légendaire Joue Rouge par une élégante construction moderne.

Le Plessix

Le Plessix en Bains fut appelé aussi le Plessix l'Abbé, parce qu'il était la propriété des Abbés de Redon.

Le duc Jean V séjourna au Plessix-l'Abbé en 1439, 1440, 1441. Il y fut reçu entre autres par l'Abbé Yves Le Sénéchal de Kercado.

Auparavant, cette terre appartint jadis à une famille noble et les Religieux de Redon durent l'acheter comme ils firent pour Buard.

Le Plessix qu'on appelle aujourd'hui le Plessix Sallentin est une belle habitation moderne s'élevant dans un grand parc entouré des anciens murs avec de beaux ombrages et un charmant étang. Cette habitation qui a remplacé les vieilles demeures d'antan a été construite par le regretté M. Sallentin.

La Giraudaye

A la fin du XV° siècle, Raoul du Gouesmeret (le Gouesmeret est maintenant une ferme de la Giraudaye) acquit d'un nommé Guillaume Amelot maçon et de Guillaume son fils un « ménage » roturier appelé la Gerraudaye. Il était parent de René du Gouesmeret, sans doute capitaine de Redon, qui livra en avril 1487 les clés de la ville de Redon aux adversaires du duc et y laissa entrer les Français.

Raoul du Gouesmeret laissa deux enfants, Jehan Sʳ de la Giraudaye en 1509 et qui en 1513 « hors de son sens » était sous l'administration de sa sœur et de son beau-frère, — et Ursule mariée à Gilles de Muzillac.

Des Muzillac, la Giraudaye passa aux de Coscat.

Michel de Coscat, Sʳ de Coscat et de la Giraudaye, était conseiller du Roi et lieutenant général au présidial de Vannes en 1577. Il était mort en 1589 et ses enfants mineurs étaient à cette époque sous l'autorité de Gilles de Coscat, Sʳ du Gouesmeret.

Vers 1600 la Giraudaye fut achetée par Louis Daniel, avocat en la cour, Sʳ de la Chaussée en Brain. Louis appartenait à une vieille famille bourgeoise de Redon qui donna à cette ville un Recteur en 1578. Il épousa à Guérande, vers 1600, demoiselle Marie Lesné du Pont Blanc, fut substitut du procureur du Roi à Guérande, puis conseiller du Roi et son procureur à Guérande et même syndic de cette ville en 1611.

La Giraudaye passa en bien des mains, soit par alliance, soit par suite de vente. C'est ainsi que le 14 février 1746 elle devint la propriété de Louis-René du Fresche moyennant 15000 livres et 240 livres de deniers à Dieu.

Des du Fresche, la Giraudaye a passé par alliance à la famille de Trogoff qui la possède aujourd'hui.

Les Chambots

La maison noble des Chambots relevait de la Rouardaye. Les sieurs des Chambots devaient aux seigneurs de la Rouardaye foi, hommage et rachat et *une paire de sonnettes d'épervier* de rente à la fête de St-Gilles, lesdites sonnettes en argent avec une longe et aiguillettes de soie rouge cramoisie, attachée avec lesdites sonnettes.

Dès 1440 l'histoire fait mention des Chambots qui en 1678 furent achetés par Denis Fabroni, la somme de 6000 livres.

Catherine Fabroni épousa Yves Quelo Sr de Cadouzan et lui apporta les Chambots. Depuis, les Chambots n'ont cessé d'être possédés par les Quelo. Au moment de la Révolution ils furent vendus nationalement sur Vincent-François de Quelo S^r des Chambots et de la Gaudinaye, émigré et officier dans l'armée de Condé ; mais il les racheta et mourut en 1822.

M. de Pioger s'en rendit acquéreur à cette époque.

La Ferrière

Le Ferrière occupe le point culminant de la commune de Bains, sur la ligne de partage des eaux de la Vilaine et de l'Oust. Peut-être le gros village de St-Marcellin qui l'avoisine fut-il un des premiers centres d'agglomération de la paroisse de Bains ; en tous cas la chapelle de St-Marcellin si curieuse par son architecture romane mérite d'être visitée.

La Ferrière n'était pas un manoir noble ; elle devait 62 sous 6 deniers de rente à l'Abbaye.

En 1493 nous voyons la Ferrière appartenir à la famille Lambart dont il a déjà été question. Une descendante de cette famille Catherine Lambart épousa vers 1584 un noble Italien Filice Cennina (en français Félix de Cennine) venu en France aux mêmes temps qu'Alexandre Cennina procureur général de l'Abbé de Redon, l'Italien Salviati, et que Paul Fabroni dont nous avons parlé à l'article du Parc-Anger.

En 1671 la Ferrière était passée sans doute par acquisition aux mains de la famille Lévesque qui était originaire des environs de Sérent et dont plusieurs membres comparurent aux montres du XVe siècle en la paroisse de Sérent. Les Lévesque prirent le nom de la Ferrière.

En 1813 Louis-Marie-Emile Lévesque de la Ferrière était général de division, il devint comte sous le 1er empire et pair de France sous la Restauration. Son frère, vieil habitant de Redon, mourut dans sa centième année.

La Ferrière fut possédée par les familles Le Masne, Roux, Manoury et de Freslon.

L'Ile aux Pies

On ne peut y aller qu'en bateau bien entendu et c'est une charmante promenade ; pour rendre la partie complète il faut aller *pique-niquer* sous ses frais ombrages.

L'Ile aux Pies toute gazonnée de menthe odorante et plantée de chênes feuillus est une agréable oasis au milieu des méandres de l'Oust. Large comme la main, cette île miniature est le lieu de réunion de tous les oiseaux blancs et noirs de la contrée, qui viennent, soir et matin, jacasser dans ses grands arbres, et qui, par leur fidélité à ce rendez-vous, ont fini par lui donner leur nom. Si cela continue, les pies passeront à l'immortalité dans ce modeste coin de terre comme jadis les oies dans la célèbre Rome.

Monuments mégalithiques et leurs légendes

La Bretagne abonde en monuments druidiques que la légende se charge d'expliquer d'une manière presque toujours merveilleuse, et il n'est pas désagréable par le temps de prosaïsme où nous vivons, de retourner quelques centaines d'années en arrière, à l'époque enchantée des fées et des génies, des gnomes, des lutins et des farfadets.

> « Silencieux menhirs, fantômes de la lande,
> « Avec crainte et respect dans l'ombre je vous vois ;
> « Sur nous descend la nuit, la solitude est grande ;
> « Parlons, ô noirs granits, des choses d'autrefois.
>
> « Quels bras vous ont dressés à l'occident des Gaules ?
> « Géants, n'êtes-vous pas fils des anciens géants ?
> « Une mousse blanchâtre entoure vos épaules,
> « Pareille à des cheveux poussés depuis mille ans. »

Que rappellent toutes ces hautes pierres semées sur les landes et un peu partout ? Sont-ce des monuments funéraires, de gigantesques tombeaux, élevés à la mémoire des héros de l'antiquité gauloise ?

Les savants inclinent vers cette hypothèse, mais le peuple, dans ses traditions perpétuées d'âge en âge, les interprète bien différemment. Il y trouve des leçons de haute morale ou des contes pour rire que l'on dit le soir, les uns pour endormir les petits enfants, les autres pour distraire les longues veillées d'hiver, alors que la tempête fait rage et soulève l'huis, que les loups hurlent dans les bois, que la neige floconne la terre et que tous les habitants des maisons se resserrent autour de l'âtre qui flambole. Si les oreilles sont attentives, les doigts ne sont pas inactifs non plus, les femmes tournent le fuseau et les hommes tressent la paille ou le jonc, autour du conteur qui fait autorité. On l'écoute avec respect comme un oracle. Il a le talent de faire frissonner *les gars* et d'amener le sourire ou les larmes sur le visage des jeunes filles, car ses récits sont palpitants. Il sait bien, lui par exemple, que les pierres de Carnac que les érudits se sont plu à décrire, les artistes à dessiner, et sur lesquelles on a imprimé des volumes sans trouver la vérité, n'ont point été fichées la pointe en bas et la base en l'air pour rappeler des héros. Ce sont tout simplement les spectres des méchants qui poursuivaient Saint Cornély pour le tuer. Au moment de le saisir, Dieu arrêta leur course impie en les changeant en pierres. Il en est ainsi de quelques descendants trop empressés de Nemrod qui habitaient les environs de Plessé, et que l'on retrouve transformés en granit pour n'avoir pas voulu sanctifier le dimanche. C'était le jour de Pâques, et ces jeunes chasseurs avaient juré de forcer un cerf avant l'office du matin ; entraînés par leur plaisir, ils oublient et la grande fête du jour et la messe qui sonne. Ils courent sus au cerf endiablé, ils poursuivent leur course folle sans pouvoir l'atteindre, quand tout-à-coup, au moment où l'élévation tintait au clocher de la paroisse, ils s'arrêtent soudain... ils venaient d'être changés en pierres ainsi que leurs chevaux, leur meute et la bête qu'ils poursuivaient. Naguère encore, ce monument curieux qu'on nommait la chasse de St-Hubert était intact, mais le paysan qui de nos jours ne respecte pas grand chose l'a utilisé pour l'entretien de ses routes ou la construction de ses maisons. Aujourd'hui il ne reste donc plus que quelques blocs de ces pierres, espacées de vingt mètres en vingt mètres, et parmi lesquelles les habitants reconnaissaient chiens et chasseurs.

Elles s'étendaient sur un grand espace, s'en allaient à travers les bois et les landes jusqu'au bord de l'Isac à St-Clair, en sorte que, tandis que le gros de la chasse était pétrifié à Ligançon, on voyait le cerf qui, courant toujours, avait déjà traversé les bois du Grand-Luc, et ne s'était arrêté, devenu menhir sous la malédiction de St-Hubert, que dans la forêt du Pont.

Les petits menhirs en quartz blanc de Langon que l'on nomme poétiquement *les demoiselles de Langon*, rappellent une métamorphose de ce genre et viennent à point pour démontrer que les orgueilleux doivent aussi être châtiés. Il y avait autrefois dans ce pays là un essaim de frivoles jeunes filles qui, absorbées par les soins de leur coquetterie et de leurs plaisirs, oubliaient tous leurs devoirs. Un jour qu'elles avaient fui la demeure paternelle pour se livrer en toute liberté à leurs penchants funestes, elles furent soudain pétrifiées sur place au milieu de leurs jeux. Le fait est que le soir, quand l'ombre grandit, ou que la lune, répandant ses molles clartés change l'aspect des choses, on peut se faire illusion et prendre de loin ces pierres bizarres et irrégulièrement posées pour un groupe de jeunes filles en robes blanches, assises en rond sur la lande. Une croix monolithe haute et mince se dresse en ce lieu sauvage comme pour le sanctifier.

Il y a aussi *des grées* qui sonnent le creux, disent les paysans, parce qu'elles recouvrent les antres mystérieux des génies malfaisants. Demandez au pâtre demi-sauvage à peine vêtu qui garde son maigre troupeau, les cheveux en broussaille et le teint hâlé par le vent, s'il n'a jamais vu la nuit la *bête Jeannette* entrer on ne sait comment dans sa chaumière, s'approcher du foyer, raviver les tisons et se chauffer doucement sans faire de mal à personne. Mais malheur à ceux qui voudraient la chasser ou seulement l'effrayer, la *Jeannette* en colère soufflerait alors le feu avec tant de violence que les étincelles auraient bientôt embrasé et réduit en cendre la pauvre cabane. Cela s'est vu !... Les fermiers qui s'attardent les jours de foire au cabaret rencontrent également cette malicieuse *Jeannette* qui parfois les pousse, les bouscule d'un côté à l'autre du chemin quand elle ne les roule pas au fond de la douve où souvent elle les retient captifs toute la nuit. Il est clair que dans toutes *ces apparaissances* le cidre est bien pour quelque chose... mais c'est ce que vous ne ferez jamais reconnaître au paysan breton. Il a la tête dure d'ailleurs et il aime à croire au surnaturel, aussi vous assurera-t-il que dolmen, menhir, peulven, toutes ces pierres extraordinaires, ont été apportées ou par des fées géantes qui en remplissaient leurs tabliers et les semaient ensuite pour faire peur aux jeunes filles, ou par des génies puissants qui jonglaient et jouaient à la *cannette* avec ces énormes cailloux, aussi facilement que l'aurait pu faire le Petit-Poucet avec les siens ; on vous racontera encore sans sourciller que ces gigantesques pierres ont été semées là par Gargantua qui, faisant une longue route, se déchaussa pour ôter les *graviers* qu'il trouvait gênants dans ses bottes, ainsi qu'on l'a vu pour les rochers de Cado. Ce sont là des contes propres à disposer au sommeil, et comme l'on dit vulgairement, à dormir debout (1) ; mais cependant ils prouvent combien étonnantes parurent toujours aux habitants du pays ces pierres dont personne pas plus qu'eux ne peut expliquer l'origine. A un kilomètre du bourg de St-Just, dans la lande de Cojoux, on trouve une réunion de monuments mégalithiques, cromlechs, tumulus, menhirs, dolmens extrêmement remarquables. Cette assemblée vingt fois séculaire frappe vivement l'imagination et tient l'esprit en suspens. Oui, toutes ces grandes pierres qui profilent leur ombre démesurée sur les landiers en fleurs, pourraient s'appeler comme le menhir de Laillé, *la pierre qui chôme ;* car depuis des années qui ne se comptent plus, depuis un temps

---

(1) Des contes à dormir debout, diraient nos savants modernes; des contes à vous tenir éveillés même assis, disent nos bons paysans.

infini, elles *chôment* là debout, droites, immobiles, seuls témoins de ces races primitives dont nous ne savons guère que le nom.

Au milieu de ces débris gigantesques, on croit voir errer comme dans un rêve les *Kymris* guerriers portant la hache de silex, les *Brenns*, hauts seigneurs avec leur collier d'ambre, les *Druides*, prêtres sacrés avec leur faucille d'or, les *Eubages*, devins et sacrificateurs, et enfin les *Bardes*, qui consacraient la gloire des héros et chantaient les hymnes solennelles en l'honneur de Dieu.

Voilà donc les seuls souvenirs que nous aient laissés les premiers Gaulois, nos pères, des pierres inexpliquées qui restent là comme la dernière page ignorée d'un monde inconnu, dernière page que le temps a respectée sans que les hommes aient pu la lire, mais qu'ils viennent curieusement regarder comme toutes les choses grandes et mystérieuses.

Voici du reste ce qu'un touriste a écrit, sans nous laisser son nom, sur ces lieux romantiques et sauvages sous ce titre :

Saint-Just

St-Just est une petite bourgade peu connue et cependant digne de l'être, située à quelques lieues de Redon.

Cette commune renferme quelques monuments mégalithiques et très intéressants pour l'archéologué et même pour le touriste qui se plaît à contempler ces sites pittoresques et pleins de sauvage grandeur. On y voit des roches énormes, posées et superposées de la manière la plus surprenante et la plus remarquable. Ces roches sont formées d'une agglomération bizarre de pierres de différentes sortes parmi lesquelles on aperçoit des cailloux roulés. Ont-elles été ainsi placées par la main des hommes ou par la nature ? C'est ce qu'il n'est pas facile de décider. Leur aspect étonnant et grandiose remplit l'âme comme d'une espèce de terreur. Au nord vous en apercevez d'autres. Vous gravissez vers ces pitons, et de là vous jouissez d'une vue vaste et magnifique, qui s'étend de tous côtés sur un pays mamelonné, bien cultivé vers le nord, et sauvage à l'est et au sud. De là, vous tournant vers l'ouest, vous apercevez une vaste lande semée de pierres comme un cimetière est semé de tombeaux. C'est la lande de Cojoux, avec les deux moulins de même nom. Du point où vous êtes, c'est-à-dire du haut de la lande du Rocher, la lande de Cojoux, à un niveau inférieur, rappelle la plaine de Carnac. Vous vous rendez alors sur cette lande. Vous approchez de ces pierres qui sont ou debout, ou couchées, ou placées en forme d'enceintes ou de galeries couvertes. Ce sont des Menhirs, des Dolmens, des Cromlechs, des Peulvens, des alignements inexplicables de pierres évidemment réunies par la main des hommes, semblant se diriger de l'est à l'ouest. Elles témoignent que, comme à Carnac, ce lieu a été un important établissement de ce culte inconnu qui semble avoir eu en Bretagne son dernier refuge.

Vous êtes au milieu d'un temple druidique, c'est là et c'est ainsi que les anciens habitants adoraient Dieu. Comment a-t-on fait pour transporter, souvent de fort loin, et pour lever des pierres aussi énormes ?

Plusieurs de ces monuments ont été foulés et renversés. Ce qui prouve que les lieux de cette sorte étaient évidemment consacrés aux cérémonies d'un culte antique, c'est que, lorsque le christianisme est venu s'établir, la nouvelle religion a renversé les autels de sa devancière, au besoin se les est appropriés. Vous trouverez toujours au milieu des monuments druidiques, ou dans le voisinage d'une fontaine sacrée, une croix, ou une chapelle ; quelquefois même la croix chrétienne est implantée sur la pierre druidique. On ne sait rien ou presque rien de cette religion qui se perd dans la nuit des temps ; mais on admire avec étonnement les monuments qu'elle a laissés et on doit croire qu'elle était bien puissante sur les hommes qui les ont élevés.

Du centre de la montagne de Cojoux, allant toujours vers l'ouest, vous apercevez un pic élevé et rocheux, dans une situation si remarquable que vous ne pouvez pas vous empêcher d'aller le voir de plus près ; mais tout-à-coup un précipice s'ouvre sous vos pas ; vous êtes au sommet d'une muraille à pic qui semble avoir été bâtie par des géants ; vous reculez épouvanté. Vous vous asseyez sur une roche pour être plus sûr de vous même, vous regardez et vous admirez. La montagne s'est séparée en deux, formant un ravin étroit, à pic et profond ; au bas coule le Canut qui, retenu par une chaussée, forme l'étang de St-Just et met en mouvement une minoterie ; en face vous apercevez ces beaux rochers de la Grégoraie que vous vouliez aller voir : mais vous êtes arrêté par l'étang. Au premier plan, sous vos yeux, vous avez la belle propriété du Val avec ses jolis bois et ses prairies. De tous côtés s'étend un horizon immense : pays sauvage, terre cultivée, roches étranges, on aperçoit Pipriac et sa jolie église et l'étang de St-Just au-dessus duquel s'avancent en corniche des pierres faisant saillie comme pour venir se mirer, les coquettes, dans l'eau si pure de l'étang.

Le Château de la Boulaye

La Boulaye est une terre fort ancienne. M. le Vte de Chantérac, membre du Conseil général, auquel elle appartient aujourd'hui, a rajeuni le vieux manoir qui se dissimule derrière des constructions récentes dénotant la parfaite entente et le bon goût de son propriétaire. Le cadre est aussi charmant ; c'est un beau parc où les arbres majestueux déploient leur frondaison puissante, les grands boulingrins leur herbe épaisse et veloutée, les massifs leurs arbustes fleuris et les fleurs multicolores leurs parfums délicieux ; la pièce d'eau aux ondes pures et transparentes où les oiseaux dès l'aube matinale viennent faire leur toilette et lisser leurs plumes soyeuses.

Tout près de la Boulaye se trouve le Bois du Prieuré qui rappelle l'antique prieuré membre de l'Abbaye de Paimpont et connu jadis sous le nom de Prieuré de la Lande. Il n'en reste rien aujourd'hui.

Le Brossay

Le Brossay, ancienne seigneurie avec haute, basse, moyenne justice *et enfeu au côté sénestre de l'église de Regnac*, fut anobli ainsi que le manoir de la Presselaye par le duc Jean V.

Guillaume Coué, châtelain et receveur de Renac, vivait en 1438 ; il est peut-être le même que Guillaume Coué qui fut sieur du Brossay, épousa demoiselle Jeanne Bernardin et mourut avant 1464. La famille des Coué du Brossay continua ensuite à posséder cette terre.

M° Jean Mahé, sieur du Landa en Fégréac, acheta le Brossay. Il occupa successivement les charges d'avocat, de sénéchal du Vaudeguip, de procureur syndic (maire) de Redon, de substitut du procureur fiscal de Redon, de sénéchal de

Rieux, puis de Fégréac et enfin de sénéchal de Redon. Il fut anobli par lettres de 1648 et fut inhumé le 30 septembre 1656 en son enfeu de Lanruas en l'Eglise paroissiale de Redon.

René Coué, écuyer, sr du Brossay, né en 1622, fut sénéchal de Redon comme son père.

En 1690 le Brossay était aux Champion de Cicé, parents des Martel, barons de Renac.

Mais le 28 janvier 1708 Françoise-Thérèse Champion, femme de François Rogier Comte du Crévy, vendit le Brossay pour 10.000 livres à Très-Haut et Très-Puissant Messire Pierre de Brilhac, 1er Président au Parlement de Bretagne.

Entre les mains de son propriétaire actuel M. le Lieutenant-Colonel du Halgouët, le château du Brossay s'est entièrement métamorphosé. C'est aujourd'hui une splendide demeure bâtie en pierres de taille dans le style le plus pur de la Renaissance avec tours, tourelles, poivrières, terrasses, balustres.

Les touristes amateurs des beautés de l'art et de la nature inscriront avec empressement sur leur itinéraire une visite à ce beau domaine.

La Haye du Déron

Les Moraud du Déron furent plus tard appelés Moraud de Callac après l'acquisition de la seigneurie de Callac. Jehan Moraud, écuyer, sieur du

Déron, vint à la Haye par suite de son alliance avec Anne Bonamy le 13 avril 1585.

Depuis, les Moraud n'ont pas cessé d'être propriétaires de la Haye.

Ils possédaient un enfeu en l'Eglise Saint-Sauveur de l'abbaye de Redon. Le 31 mai 1717 fut fait « le convoi du corps de messire « Louis-« Joseph Moraud, chevalier, s^{gr} du Déron, la « Haye, Launay, etc., capitaine commandant de « la noblesse de l'évêché de Vannes, décédé à la « Haye le 29 mai à 6 heures 1/4 après midi, sui-« vant ses dernières volontés, de la Haye dans la « ville de Redon, le dépôt en fait en l'Eglise « Saint-Sauveur où il a été inhumé dans l'enfeu « des seigneurs du Déron. » Son cœur avait été enterré le 30 mai en l'enfeu des seigneurs du Déron en l'Eglise de Renac.

Les archives du château de la Haye du Déron contiennent de nombreux parchemins et documents que la propriétaire actuelle la Comtesse de Callac communiquerait volontiers, nous n'en doutons pas, aux chercheurs patients et érudits qui aiment à fouiller le passé.

Port-de-Roche

Une autre demeure plus simple, sans doute, mais cependant charmante aussi, c'est près de Langon, l'habitation de Port-de-Roche. Coquettement posée à l'ombre d'un joli bois et au milieu des fraîches prairies qui bordent la Vilaine, elle semble toute imprégnée de poésie, et sourit aux visiteurs comme son aimable propriétaire, qui en cela, suit les traditions de bienfaisance et d'amabilité de ses devancières. En effet, il est de foi dans le pays, que toutes les châtelaines de ce vieux manoir privilégié reçoivent du ciel en partage, les dons de l'esprit joints aux plus nobles qualités du cœur. Ecoutez plutôt la légende :

« A une époque indéterminée, mais qui ne doit pas cependant être très éloignée de nous, une noble et pieuse femme que l'on nomme seulement la dame de Port-de-Roche, possédait avec ce manoir celui de Launay-Bazouin. Sa piété et sa charité ne connaissaient pas de bornes, aussi était-elle vénérée de tous, et particulièrement chérie des pauvres. Une année de disette avait ruiné la paroisse du Grand-Fougeray, les indigents ne se comptaient plus, et chaque jour les vieilles portes gothiques du manoir de Launay-Bazouin s'ouvraient pour recevoir la multitude affamée qui venait implorer la générosité si connue de la dame de Port-de-Roche. Un jour, cependant, les malheureux faillirent s'en aller les mains vides, les serviteurs avaient donné tout ce qui restait de grain. Mais la charitable femme, dont les aumônes avaient été si grandes, ne se découragea pas. Rappelez ces pauvres gens, dit-elle, à ses domestiques, puis, montez de nouveau dans les greniers, peut-être y trouverez-vous encore un peu de grain.

Après avoir donné cet ordre, la châtelaine se retire dans son oratoire, elle se jette aux genoux de Celui qui a promis à la foi de soulever les montagnes, et prie avec tant de ferveur, que bientôt elle se relève pleine de confiance et d'espoir. Cependant, les serviteurs hochant la tête, remontent l'élégante tourelle conduisant aux greniers, et quel est leur étonnement en voyant la prière de leur maîtresse déjà miraculeusement exaucée. Une grande provision de blé s'amoncelait sur le plancher net un instant auparavant ; le grenier que la Charité avait vidé, la Foi venait de le remplir, et, chose non moins merveilleuse, car on était au milieu de l'hiver, une charmante guirlande de roses couronnait ce grain béni.

« Une autre fois, on était encore en hiver, et la saison était si rigoureuse que la Vilaine était complètement glacée à Port-de-Roche. La dame du manoir revenait de Langon, lorsque son lourd carrosse fait pour les chemins bretons dont parle le bon Lafontaine, se trouva au bord de la rivière en face du château de Port-de-Roche, bien embarrassé dans sa marche. Le bac ne fonctionnait plus, et d'un autre côté était-il prudent d'engager la voiture sur la glace ? On encouragea cependant si vivement la noble voyageuse à prendre ce dernier parti, l'assurant de l'extrême épaisseur de la glace, que l'aventure fut tentée. Mais tout-à-coup, ô malheur ! un sinistre craquement se fait entendre, la glace se brise, le carrosse va être englouti. Dans ce moment suprême, la Dame de Port-de-Roche élève son cœur vers Dieu. Elle avait prié jadis pour ses pauvres, elle prie maintenant pour elle-même. Le Seigneur qui avait miraculeusement nourri les indigents, entend encore la prière de ce cœur si pieux et préserve non moins merveilleusement la charitable femme. Le carrosse n'enfonce pas au milieu des glaçons qui se brisent et s'entre-choquent, il parvient au rivage et la dame est sauvée. » La légende ajoute, qu'un petit chien qui suivait la voiture fut englouti par les eaux, comme pour nous faire mieux comprendre la grandeur du miracle et l'excellence de l'homme comparée aux autres créatures. Une croix de pierre plantée sur un tertre tapissé de fleurs, s'éleva sur le rivage pour rappeler aux générations qui passent, que la vertu seule demeure, et que Dieu dès ici-bas se plaît à la bénir.

Une croix et des fleurs, grave et charmant souvenir ; la croix, symbole de la charité ; les fleurs, emblème de la récompense de Madame de Martigné, car il est temps, en finissant, de faire connaître le nom de la bonne dame de Port-de-Roche, l'héroïne de ces traditions populaires.

Mais si les dames de Port-de-Roche vivaient généralement comme des saintes, si la bonne odeur de leur vertu s'est répandue jusqu'à nous, il n'en fut pas toujours ainsi des seigneurs du lieu. On raconte encore tout bas et en se signant le soir à la veillée, qu'un châtelain de Port-de-Roche, il y a longtemps, bien longtemps de cela, scandalisait toute la paroisse par son impiété et sa mauvaise conduite.

Il avait pour compagnon de ses excès le seigneur de Bœuvres, qui justifiant le proverbe « Dis-moi qui tu hantes, je te dirai qui tu es », ne valait pas mieux que lui. Ces deux amis s'amusaient donc beaucoup, trop même, et un soir qu'il y avait bal à Port-de-Roche, que le plaisir et la folie secouaient leurs grelots dans le grand salon rempli de belles dames et d'élégants damoiseaux prêts à leur faire la cour, on signala soudain l'arrivée d'un cavalier de haute stature, vêtu d'un habit sombre comme la nuit et monté sur un coursier couleur d'ébène qui allait comme le vent. Ce cavalier était inconnu de tous, mais il avait si grand air, que, serviteurs et maîtres, personne ne fit difficulté de le recevoir. Son costume était entièrement fait de velours noir et des dentelles blanches d'une merveilleuse finesse se jouaient autour du col et des manches, une lourde chaîne d'or retenait sur sa poitrine un bijou étrange sorte de médaillon en forme de clef composé d'énormes diamants d'un éclat extraordinaire : elle attirait, elle fascinait le regard, cette clef éblouissante, et peut-être avait-elle le don fatal d'ouvrir bien des cœurs. Les yeux de l'inconnu étincelaient sous ses cheveux bleutés comme l'aile du corbeau : on aurait dit deux escarboucles au milieu de son visage sans carnation, trop pâle ce semble pour appartenir à la vie, et dont les lignes correctes paraissaient sculptées dans un bloc de Carrare. Ce personnage qui intriguait tout le monde salua d'une manière hautaine et presque méprisante les invités les uns après les autres, sans dire un mot.

Bientôt des accords joyeux se firent entendre, les danses allaient commencer. Mademoiselle de Bœuvres, qui comptait dix-huit printemps et était fort jolie, semblait encore plus ravissante ce soir-là. L'étranger lui présenta la main. La jeune fille, légère comme un oiseau, s'élança au bras de son cavalier ; mais alors commença une valse dont rien ne peut donner idée, quelque chose de ces rondes infernales, de cette danse macabre dont les descriptions font encore dresser les cheveux sur la tête.

C'était un spectacle étrange et épouvantable ; les musiciens, sans se lasser, jouaient depuis une heure, en accélérant le mouvement, les couples ne parlaient pas, ne respiraient plus, mais tourbillonnaient avec une vitesse vertigineuse, frénétique, enlacés les uns aux autres sans pouvoir se détacher.

Mademoiselle de Bœuvres s'était d'abord laissée aller à cet attrait nouveau ; portée par son danseur plutôt que soutenue, elle avait fini par appuyer sa tête sur son épaule, puis ses yeux s'étaient fermés, sa figure était devenue blanche comme un flocon de neige ; sa main, crispée à celle de son valseur pendant cette course folle, s'était détendue et pendait inerte le long de sa robe de mousseline. Elle semblait épuisée d'émotion et de fatigue.

Tout-à-coup la musique cessa, les danseurs qui semblaient mus par un ressort s'arrêtèrent net, le charme était rompu. Mais un long cri d'horreur s'échappa de toutes les poitrines... Mademoiselle de Bœuvres était étendue inanimée, morte sur un divan !!

L'étranger avait disparu... Cette mort si imprévue et ce beau ténébreux, qui n'était autre, on l'a deviné, que Messire Satan, donnèrent cruellement à réfléchir aux deux amis ; le seigneur de Bœuvres était au désespoir, car il adorait sa fille, et cette dure leçon était plus que suffisante pour le faire rentrer en lui-même. Mais le temps qui émousse toutes les impressions et finit par adoucir les plus grandes douleurs, mais l'habitude qui revient comme le naturel au galop et par dessus tout, les sollicitations du châtelain de Port-de-Roche, finirent par entraîner M. de Beuvres qui reprit avec son ami leur vie d'autrefois, peut-être un peu moins tapageuse mais toujours fort gaie.

Cependant le remords avait fait irruption dans le cœur du père infortuné, il hantait son sommeil, et la nuit il revoyait dans ses rêves agités sa fille morte dans sa blanche robe de bal qui lui avait servi de linceul. Il revoyait ce cavalier noir aux yeux de flammes dont le souvenir le faisait frissonner, et Dieu lui apparaissait ensuite comme un juge sévère demandant compte de ses actions. Le jour, en le rendant à la lumière, dissipait les fantômes et chassait sa frayeur ; mais l'inquiétude subsistait, son front restait chargé d'ennuis ; son œil était farouche et ses lèvres ne souriaient plus. Il se répétait souvent que si Dieu récompense les bons, il punit nécessairement les méchants, et qu'il lui faudrait bien expier ses nombreuses fautes en ce monde ou en l'autre. C'est alors que le châtelain de Port-de-Roche qui était un esprit fort de ces temps-là et qui voulait ramener la sérénité sur le visage de son ami eut une idée lumineuse pour rétablir l'équilibre dans les plateaux de la balance céleste que le poids du mal faisait si lourdement pencher. C'était de faire bâtir à frais communs et à mi-route des deux manoirs un ermitage où ils entretiendraient un moine avec mission exclusive de passer ses jours dans la prière, le jeûne et les mortifications de toutes sortes, de manière à racheter au fur et à mesure qu'ils seraient commis les péchés de ses suzerains et à leur gagner le ciel. Ce qui fut dit fut fait : l'ermitage existe encore mais il n'y a plus de moine expiatoire et les deux coupables sont allés depuis longtemps régler eux-mêmes leurs comptes avec Dieu.

Cette méthode de sanctification n'est plus à

la portée de personne, et c'est vraiment dommage, n'est-ce pas, car c'était un moyen fort ingénieux de faire son salut. Que vous en semble ?

Bézy

On peut encore donner un coup d'œil à Bézy, qui s'élève comme une forteresse dominant tout le pays. Ce château planté depuis quelques années seulement dans un taillis très fourré est une vaste construction dans le style italien avec toiture plate formant terrasse. Il n'a pas d'histoire.

II

LOIRE-INFÉRIEURE

Saint-Nicolas. — Tabago. — Quinsignac. — Cavardin. — Fégréac. — La Touche-Saint-Joseph. — Le Dreneuc. — Saint-Gildas et Carheil.

Les environs de Redon sont également très intéressants à visiter dans le *Nantais*. Bourgs et châteaux appellent le regard du touriste. Commençons par le point le plus rapproché, St-Nicolas qui nous touche.

St-Nicolas-de-Redon n'est point un faubourg de la ville comme son nom et sa situation semblent l'indiquer, c'est un gros bourg de la Loire-Inférieure, — car Redon, situé à l'extrémité du département d'Ille-et-Vilaine, se relie à la Loire-Inférieure et au Morbihan par ses différentes chaussées de St-Nicolas, de St-Perreux, d'Aucfer et d'Avessac, cette dernière réservée au chemin de fer. Un beau pont de pierre relie Redon à la chaussée de St-Nicolas ombreuse et bien plantée. On a remplacé les ponts de bois par des ponts de pierre et maintenant on songe à remplacer les ponts de pierre par des ponts de fer.

Le pont de St-Nicolas est de vieille date. Vers 1430 l'abbé de Redon Guillaume Chénel commença le pont de pierre pour remplacer celui de bois qui avait toujours réuni les deux rives, mais ce fut seulement son successeur **Yves Le Sénéchal** qui l'acheva.

Ah ! cet Yves Le Sénéchal, on ne se doute guère aujourd'hui qu'il fut un instant évêque de Redon. On lit en effet qu'en 1449, sur la demande de François I*er* duc de Bretagne, le pape Nicolas V changea la crosse de bois de l'abbé de Redon pour la crosse épiscopale. Mais il y eut opposition de la part des évêques voisins et tout en resta là.

La chaussée de St-Nicolas est fort ancienne, elle existait au X* siècle. L'église de St-Nicolas dépendait de l'Abbaye et pendant des siècles le village fut considéré comme faubourg de Redon, mais aujourd'hui, comme nous venons de le dire, non seulement il n'est plus faubourg de Redon mais il n'appartient pas au département d'Ille-et-Vilaine. L'ancienne église a disparu, il y a plus de 50 ans, elle a été avantageusement remplacée vers 1850 par un charmant édifice bâti dans le style ogival élégant et intéressant à visiter.

St-Nicolas avant la Révolution était encore une trève d'Avessac et voici quelle en était l'origine. Hoiarscoët, seigneur d'Avessac, avait en 858 donné à St Conwoïon lui-même pour la rédemption de son âme, de celles d'Erispoë et de Salomon, une terre sur les bords de la Vilaine vis-à-vis du monastère St-Sauveur ; d'autres donations s'ajoutèrent à celle-ci et il s'en forma un prieuré où, à l'époque de la première Croisade, on éleva une chapelle sous le vocable de St-Nicolas.

Le domaine de Tabago fut longtemps la propriété des moines. Ceux-ci, profitant de la fertilité et de la bonne exposition de cette terre y cultivaient diverses plantes et particulièrement le tabac. L'esprit populaire, frappé de cette culture exceptionnellement belle baptisa tout de suite l'établissement agricole des bons religieux du nom de Tabago qui lui est resté. Plus tard, en 1875, l'industrie acheta le domaine de Tabago pour y installer une vaste usine métallurgique dont les hauts fourneaux s'élevèrent dans l'emplacement même de l'ancien prieuré. Ce vaste et bel établissement industriel intéressait vivement le visiteur. Soit qu'il vît couler la fonte en ruisseaux de feu comme les laves d'un cratère, soit qu'il regardât faire le coke brûlant dans une série de fourneaux dont il sortait en blocs compacts comme autant de pans de murs incandescents, bientôt réunis dans un embrasement général qui crépitait, étincelait, tourbillonnait jusqu'au moment où des torrents d'eau venaient éteindre ces charbons ardents et convertir leurs flammes rouges en fumée blanche bien vite dissoute dans l'air.

La coulée du soir surtout prêtait beaucoup à

l'imagination, la nuit rendait les flammes des brasiers plus brillants encore, le bruit des travailleurs s'accroissait du silence qui les entourait, tout le monde semblait s'agiter comme des ombres et les ouvriers noircis par le feu, les bras nus, le front perlé de sueur, faisaient rêver aux forgerons de la Fable. Un moment on se croyait descendu dans les ateliers de Vulcain, au milieu de ces terribles cyclopes qui fabriquaient les foudres de Jupiter. Puis, aussitôt la vision disparue, on rentrait dans la réalité et l'on admirait toutes ces machines puissantes, on pourrait presque dire intelligentes, qui fonctionnaient avec tant de régularité et donnaient une si grande idée du génie humain.

Pendant huit années, de hautes cheminées vomirent des nuages de fumée, le fer et la fonte coulèrent en laves ardentes, des fourneaux tout brûlants s'allumèrent pleins de flammes et de feu semblables à des visions de l'enfer, et les habitants de Redon et les étrangers s'en allaient curieusement voir ces coulées fantastiques du métal en fusion ruisselant comme de l'eau.

Malheureusement les hauts fourneaux de Tabago ne purent résister à la concurrence d'établissements du même genre fondés depuis longtemps et Tabago retourna à l'agriculture. On y établit alors une grande cidrerie dont les produits s'expédièrent jusqu'aux colonies : à Aden, à Colombo on pouvait demander du cidre et l'on vous apportait une bouteille de cidre de Bretagne de Tabago. Mais cette cidrerie ne fut pas plus heureuse que les hauts fourneaux. Un peu plus tard un industriel, tenté par la proximité du chemin de fer et de la rivière, visita Tabago avec l'intention d'y établir une papeterie. Il passa même à cette intention plusieurs mois dans notre ville, mais cette tentative n'aboutit pas et les bâtiments restés inoccupés en attendant que quelque nouvel industriel ne vînt tenter le sort et la fortune en les utilisant encore une fois ont été rouverts par un homme intelligent. M. Marotte, qui apporte à la fabrication du cidre les plus grands soins. On a donc maintenant tout lieu de croire que ses efforts seront couronnés de succès et qu'il ramènera la prospérité à cet utile établissement.

Non loin de St-Nicolas s'élève le petit village de Quinsignac ou Quinsiniac renommé pour ses poires, non pour leur qualité mais pour leur quantité. Ces poires presque sauvages sont d'une rusticité à toute épreuve. Ni les gelées, ni les vents ne détruisent leurs boutons et malgré leur mauvaise qualité les habitants de Quinsignac en font beaucoup d'argent.

Un peu plus loin que Quinsignac s'élève le beau château tout moderne de Cavardin.

Cavardin s'appelait autrefois Cavarzen et non Kervarain ainsi que l'a écrit par erreur M. le Marquis de l'Estourbeillon en son nobiliaire. — Il existait déjà en 1136 ainsi qu'il résulte d'une charte du cartulaire de Redon (p. 301), laquelle déclare que Guillaume fils de Justin, du village de Roz en Avessac (maintenant en St-Nicolas), donna Cavardin à l'Abbaye de Redon ainsi que l'étang de Caha.

Nous retrouvons la terre de Cavardin aux mains de maître Jean Macé, procureur syndic et avocat à Redon, alloué de St-Nicolas, puis elle resta environ un siècle aux mains des Macé qui appartenaient à la plus haute bourgeoisie de Redon.

Nous voyons un Pierre Macé né en 1604 devenir curé de Redon, il officiait en 1645.

Cavardin passa depuis à la famille Dayot, dont un membre, Laurent Dayot, était receveur des postes à Redon en 1760. Ce sont ses descendants qui ont fait bâtir le beau château moderne qu'on admire aujourd'hui.

Le nom de Rieux bien connu en Bretagne fut porté par de hauts personnages qui se sont fait un renom dans l'histoire féodale autant par leurs exploits guerriers que par l'importance de leurs domaines et leurs grandes alliances. Le principal château de cette noble famille était sur les bords de la Vilaine et son comté sur dix paroisses.

Il n'en est pas de même de Fégréac situé à l'extrémité du comté Nantais dans le canton de St-Nicolas-de-Redon. Fégréac n'a pas été le théâtre d'événements retentissants. Son passé s'est écoulé sans bruit sous la tutelle des seigneurs du Dreneuc, de la Touche et du Brossay, vassaux des comtes de Rieux. Le bourg éloigné de toutes les grandes routes, sans activité commerciale, n'est visité que par de rares voyageurs. Cependant, depuis que l'Archéologie exerce une grande attraction sur nos contemporains, la commune de Fégréac semble appelée à sortir de son obscurité ; de temps à autre son nom apparaît dans les publications du monde savant. Sous la Restauration on la citait déjà comme l'une de celles où les Romains avaient laissé des traces visibles de leur passage.

A cette époque on a détruit au village de la Rochelle des chambres construites de briques et de ciment. Le rez-de-chaussée était pavé de dalles de schiste ardoisier tabulaire de grande dimension. Cayot-Délandre, qui l'un des premiers a écrit un ouvrage très intéressant sur le département du Morbihan, ayant parcouru les environs de Fégréac, s'exprime ainsi : « C'est ici que les débris romains abondent. Les abords de la butte St-Jacques et de l'écluse dite des Bellions, les villages du Patis, d'Henrieux et de la Rochelle sont tous parsemés de briques et de tuiles à rebords. Le village de la Rochelle surtout en présente une quantité si considérable que les habitants les extraient pour en construire leurs maisons. »

M. Bizeul, au début de ses études sur les voies romaines, a été aussi amené à Fégréac en suivant la voie qui se dirigeait de Blain à Vannes ; et M. de Barmon, officier supérieur de la marine, propriétaire du manoir de la Touche, a publié en 1861 deux brochures pour appeler l'attention des chercheurs sur les antiquités de Fégréac.

Maintenant quittons les débris de l'antiquité et visitons l'église toute neuve, très régulière. Cette paroisse n'est pas de fondation récente puisqu'elle figure au nombre de celles dont Conan Le Gros en 1128 confirma la possession à l'église de Nantes.

Fégréac se fait gloire de l'un de ses curés, M. Orain, qui au temps de la Révolution se montra plein de courage et de vertu.

Voici le jugement que porte Ogée sur les gens de Fégréac : « La plupart des habitants du pays sont peu courageux ». Il n'aurait pas parlé ainsi après la Révolution, car à cette époque les habitants de Fégréac firent preuve d'un solide courage à l'exemple de leur curé d'alors M. Orain, dont l'histoire a été écrite par M. l'abbé Cahour et publiée à Nantes.

Voici un joli trait à l'honneur des habitants de Fégréac : Les Bleus étaient entrés en maîtres à Fégréac, plusieurs habitants des campagnes s'y étaient rendus pour voir ce qui s'y passait, mais personne n'étant revenu et l'inquiétude commençant à régner dans les fermes environnantes, une jeune fille forte et courageuse dit : « Qu'on se rassure, je me charge d'aller à Fégréac et d'en revenir. » En effet elle vient à Fégréac et là elle apprend que les Bleus font bonne garde et que personne ne peut sortir du bourg — elle-même va subir le sort commun. — Que nenni ! répond-elle, en riant. Puis, se rendant au puits de la maison où elle venait d'entrer, elle en détache les deux seaux et prend une route opposée à celle par laquelle elle est venue. — La sentinelle qui ne l'avait pas vue entrer se contenta de lui dire : « Halte ! on ne sort pas. » La jeune fille se mit à rire et répondit crânement : « Par exemple, avec quoi donc ferons-nous votre soupe si vous ne voulez pas qu'on aille chercher de l'eau ? » L'argument était sans réplique. « Passez, dit la sentinelle, mais revenez vite. » Inutile d'ajouter que la jeune fille ne revint pas. Elle jeta ses seaux dans le fossé, prit ses jambes à son cou et s'en fut raconter la nouvelle.

On trouve dans la commune de Fégréac les deux propriétés de la Touche-St-Joseph et du Dreneuc.

La Touche Saint-Joseph

Le manoir de la Touche Saint-Joseph en Fégréac appartient à M. Henry de Barmon, un des agriculteurs les plus distingués de nos environs.

En 1405, la Touche appartenait à Geffroy Guyomart. Nous avons parlé de sa famille à propos de la Bogue.

En 1650, cette propriété appartenait à écuyer

François-Thomas du Murier, sieur de Saint-Rémy la Touche, la Bretaiche et fils aimé, héritier principal et noble de défunt messire Jean du Murier en sont vivant Seigneur de St-Rémy, la Touche, la Brousse et l'Auvergnac, chevalier de l'Ordre du Roy et Gentilhomme ordinaire de sa Chambre, lequel dans un aveu du 3 septembre 1650 se reconnaît vassal et sujet de très haut, très puissant et très illustre prince Monseigneur Charles de Lorraine, duc d'Elbeuf, pair de France, comte de Harcourt et de Lislebonne, seigneur de Rieux-Rochefort et chevalier des Ordres du Roy, Conseiller d'Etat, Capitaine de cent hommes d'armes des Ordonnances de sa Majesté, Gouverneur et Lieutenant-Général pour le Roy en Picardie, Artois, Boulonoys, Calais et Pays reconquis à cause de sa dite Seigneurie et Châtellenie de Rieux à Fégréac.

La Chapelle St-Joseph, sise sur le domaine de la Touche est très vénérée, le 19 mars en particulier, jour de la fête de ce grand saint. Les habitants des paroisses voisines y viennent en pèlerinage.

Non loin de là on peut visiter à la butte Saint-Jacques l'ancien poste romain de *Duretie*, où des fouilles ont été pratiquées il y a quelques années sous l'habile direction de M. Maître.

Le Château du Dreneuc

Le Dreneuc, frileusement voilé d'épais ombrages et dont la jolie rivière se déroule au milieu des prairies pareille à un long ruban d'argent entre des rives d'émeraude, est une belle demeure. Comme Cavardin, le Dreneuc, d'étymologie bretonne et remonte à l'époque où l'on parlait cette langue dans le pays de Redon. *Dreneuc* ou *Drennec* voulait dire *lieu planté d'épines*.

Le Dreneuc avait jadis « droit de prééminences, « enfeu et accoudoir en l'église de Fégréac, « droit d'écusson et d'armoiries dans la grande « et principale vitre de ladite église, droit des « 2/3 du 1/7 denier des devoirs de coutumes sur « toutes les marchandises traversant les terres « de la seigneurie de Rieux en Fégréac, droit « d'écluse sur la rivière d'Isac, droit de jeter la « soule deux fois l'an au bourg de Fégréac le jour « de la fête de St Etienne à l'issue de la grand' « messe et le jour de la St Vincent le 22 janvier, « étant ladite soule fournie au Seigneur du Dreneuc « par le dernier marié d'avant la fête de Noël. »

En 1404, cette vieille terre noble appartenait à Jehan de Dreneuc. Elle devint ensuite la propriété de Guillaume de Dreneuc, dont la fille unique, Marguerite de Dreneuc, épousa avant 1464 Jehan Le Long. Les Le Long possédèrent de père en fils le Dreneuc jusqu'à Charles-Edouard Le Long.

marquis du Dreneuc, lieutenant-colonel d'infanterie et chevalier de St-Louis. Il épousa le 27 janvier 1791 Mlle Amicie-Marie-Jacquette du Dresnay, fille de Guy-Joseph-Gabriel-Ambroise, marquis du Dresnay, et de Mlle de Quélen, et petite-fille du fameux marquis du Dresnay, l'un des plus renommés parmi les chefs royalistes sous la Révolution.

Voici du reste un épisode de cette terrible Révolution qu'on peut citer ici, puisqu'il se passa au Dreneuc.

La Vendée expirante allait bientôt succomber, mais en Bretagne on se battait avec l'énergie du désespoir ! Lutte suprême, héroïque, où les Chouans, nobles et paysans, unissaient leurs efforts pour sauver la Royauté...

A cette époque, le manoir du Dreneuc, en Fégréac, était le refuge de quelques Vendéens et des émigrés échappés au désastre de Quibéron.

Tous connaissaient le dévouement inébranlable de la famille Dumoustier (1) à la cause royaliste, et c'est de ce château que M. de Sol dirigeait le soulèvement du pays nantais.

Plusieurs réunions de Chouans avaient donc déjà eu lieu au Dreneuc, et le mercredi des Cendres 1796 on résolut une nouvelle attaque. Tous les jeunes gens des environs furent convoqués pour se réunir au Dreneuc. Le soir même les Chouans sortirent

---

(1) La famille Dumoustier gérait alors la terre du Dreneuc.

assez nombreux. Il y eut quelques coups de fusil échangés, mais les Bleus craignant de n'être pas les plus forts s'empressèrent d'aller à Blain chercher du secours. Ils revinrent le samedi à Fégréac, et s'étant glissés dans les bois approchèrent du château sans être aperçus.

Malheureusement les royalistes toujours téméraires se tenaient fort peu sur leurs gardes ; ce soir-là, ils finissaient de souper. Le fils aîné de Madame Dumoustier, Joseph, l'un des vaillants officiers de l'état-major de Charette, était allé à la cuisine donner quelques ordres. Soudain la porte de la cuisine s'ouvre et les Bleus apparaissent.

Le jeune officier s'élance vers les soldats le sabre en main et réussit à les repousser. « Aux armes, crie-t-il vivement, voici les Bleus ! A moi mes amis... » Ceux-ci accourent, mais hélas ! toutes les issues sont gardées, la fuite est devenue impossible.

La grande porte d'entrée en chêne massif s'ébranle déjà sous les coups des républicains. Le temps presse et Madame Dumoustier veut à tout prix sauver la vie de ses hôtes... Mais, que faire ?... Dans le jardin, dans la cour, jusque dans l'avenue on ne voit que soldats !...

Alors, le plus jeune de ses fils, Constant, prenant une résolution héroïque, s'agenouille devant sa mère, lui demande sa bénédiction, puis, avant que les chefs royalistes n'aient eu le temps de s'y opposer, le brave enfant (il avait alors 16 ans) ouvre la fenêtre et se précipite sur les Bleus aux cris de : « Vive Dieu, Vive le roi ! » Il tombe percé de mille coups... Mais son sublime dévouement n'est point inutile car les républicains, croyant à une agression subite, quittent le jardin et s'éloignent d'un autre côté vers la cour.

Le courage de Madame Dumoustier n'a pas faibli un instant et malgré sa douleur elle supplie ses amis de profiter de l'absence momentanée des Bleus pour gagner les bois. Ceux-ci obéissent sachant que le succès est impossible, qu'ils tomberaient sous le nombre, et préfèrent garder leur vaillante épée pour une meilleure occasion.

Il ne reste plus dans la maison que sa fille Marie-Louise, son fils Elie et le jeune fils d'un émigré. Il faut les sauver, et l'énergie de Madame Dumoustier lui suggère un ingénieux stratagème. Elle veut les déguiser en paysannes. Mais les deux jeunes gens refusent.

Bientôt une compagnie de l'armée républicaine revient, elle menace de tout incendier et commence à briser les portes. Madame Dumoustier pour gagner du temps parlemente quelques instants avant de leur ouvrir.

Les Bleus entrent enfin et ne font aucun mal à Marie-Louise, mais le petit jeune homme reconnu est passé par les armes.

Quant à Madame Dumoustier ils l'accablent d'injures et de menaces et ne se retirent qu'après avoir pillé la maison, blessé et tué même quelques serviteurs...

Une nouvelle douleur attendait Madame Dumoustier déjà si vivement impressionnée par le terrifiant spectacle qui s'était passé devant elle. Elle était sortie dans la cour où gisaient les malheureux que des balles fratricides (est-il rien de plus horrible que la guerre civile ?) venaient de coucher à terre. Hélas au nombre des morts elle reconnaît son fils aîné Joseph.

De ses trois garçons, le second Elie est le seul à sortir, sain et sauf de ce carnage. Les républicains lui ordonnent de les conduire à la cave, mais Elie qui cherche les moyens de s'échapper, les mène au cellier de la ferme, puis, tandis qu'ils boivent, Monsieur Dumoustier fait tomber la chandelle et, profitant de l'obscurité, ouvre une porte secrète et s'élance dans le bois : il était sauvé.

Les corps des deux frères furent inhumés sans bruit et sans prière dans le cimetière de Fégréac ; quant aux deux pauvres femmes Madame Dumoustier et sa fille elles résolurent d'aller trouver Mesdames de Donissant et de Lescure qui avaient vécu pendant quelques temps cachées au Dreneuc en 1794 après la défaite de Savenay. Madame Dumoustier mourut à Citran et la jolie Marie-Louise épousa, deux ans plus tard, Monsieur Coué de la Tremblaye.

On peut encore ici rappeler le souvenir de l'une

des plus nobles victimes de la Commune, du jeune Paul Seigneret, né à Angers le 23 Décembre 1845, précepteur en 1864 au Château du Dreneuc chez le marquis et la marquise du Dresnay.

Lorsqu'il quitta le château du Dreneuc, Paul Seigneret se rendit à Paris au Séminaire de St-Sulpice où en 1870 il était le modèle de ses condisciples. A cette époque de l'année terrible, tous ceux qui ne se battaient pas, comme les Frères de la Doctrine Chrétienne, les séminaristes, s'étaient improvisés brancardiers pour secourir et rapporter les blessés dans les hôpitaux. Paul Seigneret fut de ce nombre.

L'armistice fut signé le 30 janvier 1871. Le 18 Mars éclatait la Commune. Le 2 Avril la guerre civile commençait à Paris. Le 5 un état-major d'insurgés s'installait au Séminaire de St-Sulpice. Les supérieurs invitèrent les élèves à partir le soir même. L'abbé Seigneret voulut rester quand même. Le lendemain les supérieurs lui renouvelèrent la même injonction. Pour obéir l'abbé consentit à se rendre avec un de ses condisciples à la Préfecture de Police pour y chercher un passe-port. Les deux jeunes gens étaient en soutane. Un garde national sous des dehors obligeants leur dit de le suivre. On les fit entrer dans un bureau où un officier fédéré à moitié ivre tenait des discours obcènes avec une femme.

« Lâches calotins ! leur cria-t-il, fainéants qui ne songez qu'à fuir quand les bons citoyens volent au combat ! Attendez ! je vais vous en donner un laissez-passer ! On va vous faire un billet d'écrou et vous serez fusillés ! Commencée le Vendredi-Saint au dépôt de la Préfecture de Police la captivité de l'abbé Seigneret et de ses compagnons de chaînes se continua comme celle des autres otages à Mazas et à la Grande Roquette en attendant le dénouement final de la rue Haxo.

Pendant son emprisonnement l'abbé n'avait pas éprouvé un moment d'ennui, pas un moment de découragement dans cette cellule où Dieu seul lui tenait compagnie. Il avait une prédilection pour le livre de l'Imitation, ce livre par excellence après l'Evangile, « ce livre qui a consolé tant d'infortunes, séché tant de larmes et converti La Harpe dans les cachots de la Terreur. »

Toutes les révolutions se ressemblent, elles sont sans entrailles, a dit Joseph de Maistre.

Le 23 mai le ciel était radieux, c'était comme le sourire de Dieu aux martyrs qui allaient verser leur sang.

Le mercredi 24 mai Paul Seigneret vit par la lucarne de sa cellule les premières victimes descendre le chemin de ronde, il entendit quelques minutes après les sinistres détonations. Le premier holocauste était consommé.

Le vendredi 26 mai retentissait ce jour-là vers trois heures et demie l'appel des nouveaux condamnés ; le premier fut le R. P. de Bengy ; le second Paul Seigneret.

De toutes les victimes de ces effroyables tueries, Paul Seigneret resta le plus beau, le plus calme, le moins défiguré. On eût dit que le virginal et angélique martyr s'était endormi dans une vision du Ciel comme les confesseurs de la primitive Eglise.

Sa nature avait toujours été douce et mélancolique. Les lettres qu'il a laissées, d'une délicatesse excessive, d'une douceur infinie, révèlent son cœur pur et détaché de la vie. Il semble qu'il avait déjà compris ce mot des anciens : « Ceux qui meurent jeunes sont aimés des Dieux. » Madame la Marquise du Dresnay avait bien jugé cette nature d'élite lorsqu'elle disait : « Notre jeune abbé a une âme vraiment façonnée pour le Ciel. »

La Forêt de Saint-Gildas

Il y a peu d'années encore on pouvait visiter la forêt de Saint-Gildas qui se composait principalement de vastes semis de pins maritimes faits par ordre du gouvernement, sous Louis-Philippe ; elle n'existe plus. Tous les bois ont été livrés au commerce, et ces terrains nus, dépourvus de leur parure, ont été défrichés. Le grain a remplacé les arbres, et la charrue de son soc pesant a détruit le gîte du lièvre et du chevreuil, la tanière du renard et du loup et la bauge du sanglier. La terre se déboise partout avec une rapidité effrayante ; que sont devenues ces immenses forêts qui couvraient anciennement l'Armorique ? Elles ont disparu, et l'on peut envisager comme n'étant plus très lointaine l'époque

> « Où le globe rasé sans barbe ni cheveux,
> « Comme un gros potiron roulera dans les cieux. »

Mais s'il n'y a plus de forêt, il y a toujours le bourg de Saint-Gildas-des-Bois assez intéressant à visiter. Plusieurs moulins le couronnent et confirment ce dicton cité dans tout le pays : « Qui voit les moulins de St-Gildas ne les tient pas » ; mais en revanche *on tient* le bourg caché dans les bois qui lui ont valu son nom avant de l'avoir vu. L'église, qui faisait autrefois partie de l'abbaye des Bénédictins, fondée au commencement du XI° siècle en ce lieu, offre de l'intérêt ainsi que les bâtiments claustraux dont l'élégante colonnade se dessine au milieu d'un très beau parc. Ces bâtiments sont occupés depuis 1828 par les sœurs de l'Instruction Chrétienne, qui y ont établi leur noviciat.

C'est de cette pépinière fertile que sortent ces excellentes institutrices congréganistes qui répandent l'instruction et l'éducation avec tant de zèle et de dévouement dans toutes nos campagnes environnantes.

Dans ces mêmes parages on peut saluer le château de Beaubois enfoui dans le feuillage, son nom l'indique.

N'oublions pas de saluer aussi la jolie chapelle blanche qui couronnait de sa flèche élancée l'établissement de la ferme école de M. Delozes, un homme de bien qui avait consacré à cette œuvre philanthropique sa fortune et sa vie. Cet établissement appartint ensuite aux Frères Lamennais de Ploërmel.

Le Château de Carheil

Le château de Carheil appelle aussi l'attention des touristes. Une rêveuse et douce nature l'enveloppe de gazons soyeux étoilés de fleurs, de belles futaies aux épaisses ramures et des eaux transparentes de l'Isac qui serpente à ses pieds. Carheil, avant de passer aux mains de M. de la Motte, appartint d'abord en 1443, 1474, à Macé, chevalier, seigneur de Carheil, puis par ses descendants, devint en 1685 vicomté érigée en faveur de René du Cambout, gouverneur de Rhuys. Il fut ensuite la propriété de la famille d'Orléans. A cette époque, l'on pouvait voir dans une des chambres du château l'ameublement fort simple que le prince de Joinville avait à bord de son navire la *Belle-Poule* lorsqu'il alla à Sainte-Hélène en 1840 chercher les cendres de Napoléon Ier. La chapelle réparée dans le même temps renferme des vitraux remarquables au point de vue de l'art et du souvenir ; car, non-seulement les peintures sont belles, mais presque toutes les figures qu'elles représentent rappellent (flatterie d'artiste) les traits des différents membres de la famille d'Orléans, à commencer par le roi Louis-Philippe.

Le château de Carheil possède actuellement une galerie de tableaux de nos meilleurs peintres modernes fort intéressante à examiner.

III

MORBIHAN

La légende des sept bourgs de Bretagne. — St-Perreux. — Le jeu de la Soule. — Les châteaux de Boro, Launay, la Graë. — La légende du Plessix. — St-Jean-la-Poterie. — La Bousselaye. — Rieux. — Le bourg d'Allaire. — Le Vaudeguip. — Châteaux de Trégouët, Léhellec, Le Létier. — Le Brossay St-Gravé. — La Grationnaie. — Bodelio. — La Ville-Janvier. — Sourdéac. — La Forêt-Neuve. — La Gacilly. — La Villorion.

La légende des sept bourgs de Bretagne

La Bretagne possédait une foule de saints qui tous ont laissé leur nom à une infinité de villes, bourgs et villages. — Ecoutons M. Desmars nous raconter leur histoire. « Voici par quel évènement, dit-il, St Maudé, St Congard, St Gravé, St Perreux, St Gorgon, St Dolay et St Jacut qui étaient Irlandais de naissance devinrent des saints bretons, saints qui ne peuvent s'oublier puisque les lieux qu'ils habitaient portent leurs noms.

Il y avait jadis une reine d'Irlande qui ayant eu à la fois sept garçons tous vivants et bien portants, fut tellement effrayée de ce nombre qu'elle ordonna à la femme qui l'assistait d'aller les jeter tous à l'eau. Forcée d'obéir, la gardienne mit les sept enfants dans un grand panier couvert et s'achemina vers la rivière. Mais la Providence veillait sur ces innocents qui devaient rester si humbles devant la terre, mais devenir si grands devant le Ciel, et elle permit que le Roi leur père revenant d'une guerre lointaine se trouvât sur le chemin de cette femme. Surpris d'entendre sortir du panier qu'elle cherchait à cacher des vagissements plaintifs, il lui demanda où elle allait et ce qu'elle portait... La gardienne épouvantée se précipita, les larmes aux yeux, aux genoux du roi et lui faisant l'aveu complet du crime dont elle était chargée, elle le supplia de détourner d'elle sa colère parce qu'elle n'était que l'instrument de la reine à laquelle elle était forcée d'obéir.

Dans le premier moment de son indignation le roi songea à punir de mort cette malheureuse femme ; mais touché de son repentir et de sa douleur il voulut bien lui pardonner à la condition qu'elle laisserait croire à la reine que le crime était consommé et qu'elle trouverait de suite sept bonnes nourrices pour les sept enfants.

Tout fut fait, comme le voulait le roi et les sept garçons confiés à d'excellentes nourrices furent élevés dans la sagesse et grandirent en force, en beauté et en vertu.

Quand ils furent grands, le roi voulut les reconnaître et les élever au rang qui leur était dû. Il les fit tous habiller de neuf et commanda de les amener au palais. Dès qu'ils furent en sa présence il manda la reine et lui dit : Examinez bien ces jeunes gens, Madame, et dites-moi si vous en avez souvenir ?

Nullement, répondit la reine, aucun d'eux ne m'est connu; et pourtant, Sire, leur vue me trouble.

Ce qui vous trouble, Madame, c'est le remords, car ces jeunes gens, reprit le roi, sont vos enfants et aussi les miens, enfants dont vous avez eu la cruauté d'ordonner la mort et que moi j'ai pu sauver.

L'heure de la justice a sonné pour vous et vous allez mourir...

Quant à vous, mes enfants, continua le roi, non seulement je vous reconnais et vous replace au rang qui vous appartient, mais encore je fais le serment solennel de satisfaire au premier vœu que vous voudrez bien exprimer...

Soyez béni, notre bon père, dirent les sept jeunes gens en se précipitant aux pieds du roi, mais ne changez pas en un jour de tristesse ce jour de bonheur, épargnez notre mère et pour que notre présence n'éveille pas en son cœur le remords éternel d'un jour d'égarement, souffrez que nous

nous retirions du monde pour nous consacrer à Dieu.

Lié par son serment le roi qui était bon et miséricordieux voulut bien pardonner à la reine ; mais il ne pouvait se décider à se séparer de ses fils au moment même où il venait de les rappeler près de lui. Cependant, touché de leur insistance, il consentit à les laisser partir, mais à la condition qu'un d'eux au moins resterait près de lui.

Les six premiers, St Maudé, St Congard, St Gravé, St Perreux, St Gorgon, St Dolay s'embarquèrent alors pour la Petite Bretagne où les uns se firent ermites et les autres moines, tandis que St Jacut restait en Irlande à la cour du roi son père, qui le combla d'honneurs, lui fit bâtir un beau palais et le força d'épouser une jeune et belle princesse.

Mais St Jacut était comme ses frères tout à Dieu et fort peu au monde. Aussi sa jeune femme qu'il négligeait devint bientôt par sa conduite un sujet de scandale. Averti de ses mauvais procédés, St Jacut sous prétexte d'une promenade sortit un jour avec elle, la conduisit à la forêt voisine et là près d'une fontaine lui dit : On vous accuse Madame, de manquer à tous vos devoirs. Si vous êtes innocente prouvez-le moi en trempant vos mains dans cette fontaine...

La princesse qui ne trouvait rien d'inquiétant dans cette épreuve plongea hardiment ses mains dans l'eau, mais elle les retira aussitôt en jetant un long cri de douleur car elles étaient cruellement brûlées

Cette épreuve suffit, dit St Jacut, vous êtes coupable ; ne soyez donc pas surprise si je vous fuis désormais. Et sur le champ il quitta l'Irlande et vint s'établir comme ses frères dans notre vieille Armorique où il vécut dans la prière et la solitude au fond d'une immense forêt.

Mais dans cette forêt existait une caverne de bandits. Ils apprirent que le fils d'un roi s'était établi près d'eux, s'imaginèrent qu'il avait avec lui beaucoup de richesses, de l'or et des bijoux, et résolurent de le dépouiller de tout ce qu'il possédait. Ils se présentèrent donc à son ermitage et lui demandèrent brutalement ses trésors. St Jacut protesta en vain qu'il n'avait rien de ce qu'ils cherchaient. Les bandits le fouillèrent ainsi que tous les recoins de sa grotte ; puis, furieux de voir leurs espérances trompées, ils se jetèrent sur lui et le tuèrent. Mais ils ne portèrent pas loin la peine de leur crime ; du chemin du Paradis, qui est semé, comme chacun le sait, de ronces, de pierres et d'épines, St Jacut fit pleuvoir sur eux les plus gros cailloux qu'il pût trouver et les écrasa tous, ce qui prouve une fois de plus, que chacun, en ce monde ou en l'autre, doit recevoir le prix de ses œuvres.

Saint-Perreux

Pour continuer nos excursions extra-muros, n'oublions pas d'emporter avec nous le guide érudit et instructif de M. J. Desmars sur Redon et ses environs. Il est plein de renseignements utiles à qui veut visiter consciencieusement le pays.

Saint-Perreux — que nous voyons tranquillement assis au bord de la rivière à l'ombre de ses grands ifs, — fut en 1605 ravagé par la peste ainsi que tout le pays environnant ; dans la paroisse peuplée alors de 645 habitants, il ne survécut à cette terrible épidémie que 43 personnes. Saint-Perreux relevait des sires de Rieux et, entre autres devoirs seigneuriaux, ses habitants étaient tenus à la redevance de la *Soule*, jeu populaire qui pendant des siècles fut à la mode en Bretagne. Qu'est-ce que la Soule ? demandera-t-on.

Ce jeu, privilège seigneurial comme nous venons de le voir, était jadis si répandu dans les bourgs et villages, qu'il est intéressant d'en dire quelques mots.

La *Soule* qu'on nomme dans le Morbihan et le Finistère *Mallader* ou *Mellat*, et en Normandie la pelote, l'éteuf, le ballon, la boise, consiste en une boule de cuir bourrée de son ou de foin et quelquefois huilée en dehors pour la rendre plus glissante. On lance ce ballon en l'air à l'aventure de toutes ses forces, et toutes les mains des joueurs partagés en deux camps opposés s'ouvrent alors pour le recevoir, ou s'il tombe par terre pour l'attraper et le diriger vers le but convenu.

Autrefois la victoire restait à celui qui avait pu

s'emparer de la *Soule* et la porter sur une autre commune que celle où le jeu avait commencé.

D'ordinaire c'étaient les derniers mariés de l'année qui fournissaient ce ballon et il appartenait au seigneur de chaque paroisse de le lancer. Parfois cette lutte devenait terrible et se terminait par de graves accidents.

La *Soule* était un vrai combat où chacun pouvait déployer sa force et son adresse. Les *Souleurs* étaient revêtus d'habits serrés avec soin pour ne pas donner prise à l'adversaire et portaient en outre autour des reins une courroie bouclée afin d'être plus agiles à la course ; quelquefois encore les jouteurs avaient de petits bâtons ou des mouchoirs noués en corde pour frapper la *Soule* et la faire rebondir au loin. Une fois tous les champions réunis, les conditions du jeu étaient proclamées à haute voix ; la récompense destinée au vainqueur était indiquée. D'une valeur bien minime ordinairement, puisqu'il s'agissait d'un ruban, d'un bouquet, ou d'un chapeau, elle devenait cependant d'un prix inestimable pour le héros du jour, rehaussée qu'elle était par la gloire et les hourras de la foule. Ce fut en vain que le Parlement de Rennes par son arrêt du 25 octobre 1686 défendit sous de graves peines cet exercice assez dangereux pour que mort d'homme s'en suivît quelquefois, mais l'habitude reprit le dessus et l'on continua de voir comme par le passé des insensés suivre la *Soule* jusque dans la mer et s'y noyer en la cherchant. Aussi n'avons-nous pas lieu de regretter l'abandon de cet antique jeu, institué d'abord dans le but très louable de développer les forces physiques, mais qui avait fini par devenir trop souvent un moyen de satisfaire des vengeances particulières et une source de sérieux désordres. Aujourd'hui la haute Bretagne ne connaît même plus le nom de ce vigoureux exercice que pratiquent encore quelques rares habitants du fond de la Cornouaille et du Morbihan. J'oubliais le Collège de Redon où la *Soule* est toujours en faveur. Il en résulte bien de temps en temps quelques horions, mais les élèves prennent tant de plaisir à ce jeu qu'ils feraient plutôt une petite révolte que d'y renoncer.

Boro et Launay

Les châteaux de Boro et de Launay appartiennent à l'une des branches de la famille de Ploger.

Launay fut d'abord à une famille de ce nom. En 1427 Amice de Launay, veuve de Robin de Comenan, habitait ce manoir et y avait métairie ancienne en laquelle demeurait Eon Guymaye, métayer, exempt de l'impôt du fouage.

Puis vint à Launay la famille Riaut qui prit le nom de Launay. Patry Riaut, seigneur de Launay, comparut à la montre de 1464 à cheval, avec paltoc, salade, épée, jusarmes et dague. Il paraît que cet accoutrement n'était pas suffisant car on lui ordonna de se pourvoir de gantelets, de bras couverts et d'un bon cheval. François Riaut, dit de Launay, son fils, lui succéda. Puis ce furent Guillaume de Launay (1513), Gilles de Launay (1536), Claude de Launay (1548), Michel de Launay (1560), qui possédèrent cette propriété.

Nous voyons au XVIIIe siècle Jeanne-Françoise de la Haye, héritière par sa mère de Launay, épouser René-Pierre de Couessin, s^{gr} de Kerhaude, commissaire des Etats de Bretagne. Leur fils Joseph-Marie-Julien de Couessin, émigra et mourut en 1833. A cette époque Launay passa aux mains de M. Jules de Ploger qui bâtit le château actuel qu'habite aujourd'hui son fils aîné M. André de Ploger. Son frère, M. Frédéric de Ploger, ancien député du Morbihan, toujours dévoué aux nobles causes et qui fit beaucoup de bien dans le pays, lui survécut de longues années. Il était propriétaire de Boro, terre voisine de Launay.

Boro était possédé vers 1390 par Geffroy Garin (ou Guérin) ; sa fille Jehanne épousa Jehan de Talhouet, sieur dudit lieu en Pluherlin et est la première dame de Talhouet que cite la généalogie de cette noble maison. Les Garin avaient des biens considérables à Rieux et environs. Geffroy avait même le droit extraordinaire de réclamer six justes de vin sur chaque vaisseau portant vin passant « au pont et « port de Rieux *au long de la mer* », quatre sallages sur les vaisseaux portant sel, passant audit port, et la moitié des coutumes sur les vaisseaux et marchandises venant et passant audit port, l'autre moitié étant au seigneur de Rieux.

Boro fut possédé successivement par les Garin, Rio, de Launay, de Castellan qui le vendirent au commencement du XVIIme siècle.

En 1677, Gilles de Ploger épousa dlle Suzanne Le Bel, dame de Lorière, fille de François Le Bel, qui acheta Boro vers 1700. Voilà donc plus de deux cents ans que cette terre est aux mains de la famille de Ploger (1).

La Graë

Après les deux châteaux de Launay et de Boro on peut donner un coup d'œil à la vieille habitation de la Graë, sise dans la commune de Peillac. Cette vieille habitation appartint longtemps à la famille de la Landelle qui remonte en 1250 à Allain, sieur de la Landelle, au pays de Guer et de la Graë, et qui forma dans la suite deux grandes branches, celle de la Graë et celle de Roscanvec.

Mademoiselle Emilie-Marie-Louise de la Landelle, héritière de la Graë, mourut vers 1840 sans avoir pris alliance, et sa propriété fut achetée par le comte et la comtesse de Gibon.

La branche de Roscanvec a eu pour dernier représentant M. Guillaume-Joseph-Gabriel de la

---

(1) Boro appartient aujourd'hui à Madame Le Bastart de Villeneuve née de Ploger.

Landelle, né en 1812. Cet écrivain excellait dans les récits maritimes. Ses livres ont pendant longtemps charmé la jeunesse d'alors et les vieux marins les relisent encore avec plaisir aujourd'hui. Son père avait pris part à l'affaire de Quibéron et était parvenu à s'en tirer sain et sauf.

De tout temps, paraît-il, les La Landelle eurent la manie de la plume, ou plutôt des goûts littéraires pour parler plus révérencieusement. On a retrouvé le manuscrit d'un Livre de Raison, écrit en partie par un membre de cette famille et qui s'étend de 1569 à l'année 1602. Les auteurs du Livre étaient fort observateurs, ils consignaient exactement les dates et les évènements tragiques, par exemple : l'assassinat commis par un de leurs voisins ; les naissances, mariages, décès, pèlerinages, missions, voyage fait à Montfort pour mettre en *escolage* Nicolas de la Landelle. Nous voyons le dixième jour de janvier 1601, M. de St-Jean, *Doian* de Montfort et Madame de la Landelle, sa cousine, partir pour aller *gaigner* le jubilé d'Orléans. Ils restèrent absents 19 jours.

Nous lisons encore que : *Escuyer* Guillaume de la Fléchaye, sieur *dudict* lieu en la paroisse d'*Effendic*, fut tué au manoir de Cahideuc par le sieur *dudict* lieu le *lundy* de la semaine de la *Feste-Dieu*, 18ᵉ jour de juin 1601, environ les 5 heures du soir *aultrement l'après-midy. Dieu lui face vroy pardon. Ainsy-soict-il. Amen Jésus.*

Ce Livre de Raison, ou ce journal, comme nous

dirions aujourd'hui, indique aussi le pèlerinage de Jean Jouan de Maubran, qui « partit de céans faisant et allant à son pelerinaige de Sainct-Jacques en Galice Compostelle en Espaigne et à Nostre-Dame de Montsarrat en le Comté de Cataloigne. Arryva dudict pelerinaige de Sainct-Jacques, seulement le dymanche 11ᵉ jour de novembre an 1601, au matin, céans maison de la Graë qu'on allait à la Grand'messe, et avoit party de céans pour aller à sond. veage le 8ᵉ jour de septembre, feste de la Nativité de Nostre-Dame, an prédict.

Mercredy 16ᵉ jour d'octobre 1602, Madame de la Musse partit de sa maison du Plesseix Peillac, pour aller à Paris. »

Ils disent aussi quelques mots sur la société du pays au XVIᵉ siècle.

L'évènement le plus marquant indiqué dans ce manuscrit est la visite que vinrent faire au château de la Forêt-Neuve, en Glénac, le roi Charles IX et la reine Catherine de Médicis. Ce voyage, dont on retrouve des traces ailleurs, dut faire beaucoup de bruit dans notre pays et le seigneur de la Graë qui le mentionne en deux lignes nous devait plus de détails sur le passage du roi à peu de distance de son avenue.

En général, on regrette que ces notes si exactes n'aient pas été accompagnées de plus de développements et que messieurs de la Landelle aient gardé pour eux leurs impressions et les réflexions que ces divers évènements firent naître dans leur esprit.

La Légende du Plessix

Lorsqu'après avoir traversé Peillac le voyageur a suivi pendant quelque temps le chemin redonnais longeant les marais de l'Arz, il aperçoit à plusieurs centaines de mètres sur sa gauche, nichés dans un délicieux cadre de verdure, les restes d'un vieux manoir aujourd'hui habité par des fermiers.

Ces ruines sont celles du Plessix.

Assise sur le penchant d'une ravissante colline, entourée de futaies superbes, l'antique demeure domine toute la vallée de l'Arz, les hauteurs de Calléon en Saint-Jacut et, des fenêtres du premier étage, l'œil du visiteur peut apercevoir Redon enveloppé dans la brume.

Pour pénétrer dans le château il faut traverser une petite cour défendue par de hautes murailles maintenant en ruines. De cette cour on passe dans une seconde enceinte plus spacieuse, au fond de laquelle se dresse la demeure seigneuriale, un grand corps de logis Louis XIII, flanqué d'un pavillon carré du même style.

C'est dans la grande salle du pavillon, jadis salon d'honneur, que j'ai entendu conter la triste légende de la demoiselle du Plessix.

Avant la Révolution Yvonne du Plessix et son vieux père le Marquis Jean, retirés tous deux du monde depuis la mort de la marquise, habitaient ce vieux manoir ; les visites des voisins venaient seules adoucir leur solitude et leur chagrin.

Un de ces voisins, le jeune chevalier de Calléon devint passionnément amoureux d'Yvonne et, lorsque le beau gentilhomme venait prendre place à la veillée sous le manteau de la vaste cheminée, le rouet de la jeune fille s'arrêtait plus souvent et son doux regard se fixait sur celui de Calléon.

Un jour ils furent fiancés !

Que de brillants projets formés !

Que de charmantes promenades à l'ombre des grands arbres et des charmilles, sous l'œil vigilant mais attendri du vieux marquis !

Hélas ! ces beaux rêves devaient bientôt s'envoler et faire place aux larmes !

On est en 1790. Les premières bandes d'incendiaires ont paru dans le pays ; chaque nuit les nobles se réunissent dans quelque manoir pour tenir conseil.

C'est le tour du Plessix de recevoir les gentilshommes.

Le soir est venu, ils sont là tous discutant autour de la grande table.

Le beau Calléon est présent.

Tout à coup la fusillade éclate au loin... Ce sont les Bleus... en un instant tous les gentilshommes se sont levés...mais rien n'est prêt pour la défense. Les Bleus sont en nombre, le château va être cerné et pendant que l'ennemi se rapproche on disparaît dans les profondeurs du bois.

Cependant seul Calléon est resté en arrière ; il veut dire un dernier adieu à sa fiancée et, au moment où il saute en selle, un coup de feu le jette blessé à bas de son cheval. Il est aussitôt entouré et lié et tandis qu'on l'entraîne « Adieu ! crie-t-il à la pauvre Yvonne en pleurs, adieu belle fiancée ; je viendrai ici vous chercher quand Dieu le jugera ! »

. . . .

Depuis cette nuit à jamais fatale où Calléon fut pris, bien des jours se sont écoulés et nul n'a plus entendu parler du beau cavalier.

Yvonne la fiancée semble ne plus avoir sa raison, ses beaux yeux ont perdu leur éclat, ses joues jadis si roses sont creusées et ternies par les larmes !

La pauvre enfant passe ses tristes journées entre son père et son rouet ; le vieux marquis brisé lui aussi par la douleur a compris qu'il était inutile de consoler sa fille et tous deux s'acheminent vers la tombe désirée.

Quand vient la nuit, à l'heure où son fiancé disparut, la pâle jeune fille erre tristement dans les grands bois, demandant aux paysans attardés et pris de pitié : « Passants, où est Calléon, n'as-tu pas rencontré mon beau chevalier ? » et seul, le cri plaintif d'un oiseau éveillé par ces plaintes, seule, la brise nocturne bruissant dans les ramures répondent aux lamentations de la jeune fille.

Enfin un soir, où plus désolée encore, Yvonne

redisait sa douleur aux voûtes des charmilles, le galop rapide d'un cheval fait tout-à-coup résonner la futaie « Calléon !... c'est toi !... je te reconnais.» Un cri strident répond à cet appel et au même instant le chevalier est là devant Yvonne : ses yeux brillent d'un éclat étrange, son visage est pâle... pâle ; d'une blessure horrible qui laboure sa poitrine s'échappent son sang et sa vie.

« Viens, dit-il, enlaçant sa fiancée de ses bras déjà glacés, viens, Dieu le juge ainsi »...

Le lendemain des bonnes gens se rendant au travail du matin trouvèrent étendus sur l'herbe verte des charmilles les corps déjà froids des deux fiancés ; Yvonne la main crispée sur la blessure du jeune homme, semblait encore vouloir malgré la mort retenir la vie. Le vieux marquis appuyé contre un gros chêne moussu, contemplait d'un œil hagard et voilé le sinistre spectacle.

Quand les bonnes gens repassèrent, un troisième corps gisait à côté des premiers.

On les enterra à l'endroit où se croisaient les charmilles et aujourd'hui on peut encore voir les trois tombes enfouies sous l'herbe épaisse étoilée des douces primevères et des violettes parfumées que ramène chaque année le printemps.

Lorsque les touristes visitant notre beau pays apercevront les ruines du vieux castel et les hautes cimes des arbres qui l'entourent, ils se rappelleront la légende du Plessix. Je les engage vivement à ne pas s'attarder le soir après la veillée sous la sombre ramure. Car, à l'heure où le hibou pousse son lugubre cri, ils entendraient la folle chevauchée de Calléon, les gémissements et les plaintes d'Yvonne et verraient se glissant à travers la feuillée des formes blanches sur lesquelles se reflètent de temps en temps les pâles rayons de la lune argentée.

Saint-Jean-la-Poterie

L'industrie principale de Saint-Jean-la-Poterie, son nom l'indique, est la fabrication de diverses poteries.

Nous allons donc voir pétrir l'argile.

« Sera-t-il Dieu, table ou cuvette ? »

Il ne sera pas Dieu assurément..., et à peine cuvette, car aucun souffle de génie ne l'animera.

Les ouvriers de Saint-Jean s'occupent avant tout des besoins du ménage et ne moulent que de grossières vaisselles, mais qui ont l'avantage d'aller au feu ; ils les font cuire dans des fours très simples, tout-à-fait primitifs, et qui n'ont guère changé je pense depuis le moyen-âge, à l'époque où il y avait à Saint-Jean une communauté de potiers qui relevait des seigneurs de Rieux et sur laquelle les annalistes du temps fournissent des détails assez intéressants et surtout fort complets.

La céramique armoricaine de Saint-Jean a conservé les moyens primitifs de ses pères. Après la manipulation directe, l'homme trouva qu'il était plus commode de faire mouvoir le vase que de circuler continuellement autour de lui ; il inventa alors ce que les modernes appellent *la tournette*. La tournette est une table montée sur pivot à laquelle, au moyen de la main gauche, on donne une forte impulsion pendant que de la main droite on façonne le *ballon* de terre posé sur elle. Les Egyptiens du temps des Pyramides employaient la *tournette*. Les Chinois l'employaient aussi. En Basse-Bretagne les potiers usent de cette tournette antique avec autant de célérité que les Chinois les plus habiles. Après la tournette, les potiers d'antan inventèrent la *roue* ; la roue dont parle Homère au livre 18 de l'Iliade quand il décrit les jeux figurés sur le bouclier d'Achille et qu'il compare la rapidité des danseurs à celle de la roue que le potier met en mouvement avec ses mains.

Les Grecs font remonter à Talès, sculpteur athénien, qui vivait l'an 1200 avant l'ère chrétienne, l'invention de la *roue*. Elle est encore en usage ici à Saint-Jean près Redon. Les femmes, assises à califourchon sur une petite banquette, jambe deci, jambe delà, absolument comme les potiers en Chine, font d'abord mouvoir très rapidement cette roue au moyen d'un bâton placé dans une encoche disposée à cet effet. Elles placent sur le centre, sur le moyeu, la terre préparée en quantité nécessaire, puis *lèvent* le pot avec une adresse inouïe. Lorsque le mouvement s'arrête, elles reprennent la grande canne déposée à leur côté et recommencent de plus belle.

Outre cette terre très douce pour faire des pots, les environs de Saint-Jean et d'Allaire possèdent des carrières de granit très dur, fin, serré, blanc, et tout à fait propre aux belles constructions. On l'exploite non seulement pour le pays, mais on l'expédie encore plus loin.

La Bousselaye

Les coteaux de Saint-Jean sont accidentés et couronnés de moulins à peu près abandonnés depuis que la minoterie de la Bousselaye leur a coupé les ailes. Nous voici du reste devant cette importante minoterie et son vieux manoir cité dès 1381, rebâti depuis.

Le château de la Bousselaye s'encadre d'un côté dans de grands bois de sapins et de belles pelouses fleuries, et se mire de l'autre dans un joli étang. Ces eaux tranquilles qui semblent n'avoir d'autre mission que de refléter le paysage qui les couronne ne sont cependant pas vouées au repos. Elles font mouvoir l'importante minoterie dont nous venons de parler qu'indique sa haute cheminée et les arches du petit aqueduc qui mène fort gentiment toutes ces petites vagues au travail, comme une escouade de bons ouvriers.

Sur la crête de la colline verdoyante qui s'élève entre le château et l'usine, on voit une jolie chapelle blanche qui domine l'ensemble des constructions comme une souveraine ses sujets ; — et en effet ces terres fertiles qui l'environnent, couvertes de récoltes vermeilles, ces champs de blé qui ondulent sous la brise, ces châtaigniers en fleur, ces pommiers chargés de fuits ne sont-ils pas des bienfaits du ciel, appelant la reconnaissance ?

A la suite de la chapelle se groupent des bâtiments d'exploitation qui étaient, il y a quelques années encore, un orphelinat agricole fondé après la guerre par Monseigneur de Forges, alors propriétaire de la Bousselaye. Mgr de Forges avait amené là un certain nombre d'enfants devenus pour la plupart orphelins pendant la Commune. Fils d'ouvriers dévoyés par les propagandes révolutionnaires, ces petits malheureux étaient arrivés à la Bousselaye, pâles, chétifs, absolument ignorants. Leur nature inculte était propre à toutes les semences ; à Paris l'ivraie eût envahi leur âme, mais ici le bon grain fructifiait. Si leur corps recevait des principes de vie dans l'air pur et les travaux des champs, leur cœur trouvait les mêmes principes dans une éducation morale et chrétienne.

Cet établissement était dirigé par les Frères de Saint-François d'Assise dont la mission principale est d'initier la jeunesse aux travaux agricoles. Au départ des frères de St-François d'Assise, locataires seulement pour un temps déterminé des terres de la Bousselaye, Monseigneur de Forges céda le château et ses dépendances à l'Ordre religieux des Maristes qui en ont fait un noviciat(1).

La vieille terre noble de la Boucelaye située en la paroisse de Rieux est l'une de celles des environs de Redon dont l'histoire est la plus intéressante.

Elle tire son nom d'une famille *Boucel*.

Elle relevait du Comté de Rieux, et possédait droit de moyenne et basse justice, plus les droits suivants : droit et devoir de *salage* sur les vaisseaux chargés de sel qui remontaient la Vilaine par le port de Rieux — « le quart d'un devoir seigneurial du passage du Quefer (*nunc* Aucfer) et des devoirs lui en dus par les *passagers* (c'est-à-dire passeurs), qui sont 2 sols 6 deniers de quatre semaines une, avec le tout du devoir dû sur ledit passage aux jours de foire ; » — le droit de lever et faire lever « par chacun an le 7ᵉ denier lui dû sur les deniers des devoirs de la coutume de la foire appelée des *Migleries* qui se tient le 6 octobre en la ville de Rieux, lequel 7ᵉ se partage avec le Cte de Rieux auquel (le sieur de la Boucelaye) est obligé bailler une boîte de fer ou de bois ferré fermant à clé et clavure pour servir à mettre les deniers de ladite coutume. »

A propos de cette foire des *Migleries*, disons que la maison noble de la Lande en Rieux devait un homme « en habillement d'armes comme bri-

---
(1) Mgr de Forges n'existe plus et les Maristes ont quitté la Bousselaye depuis que la Liberté est morte en France et que les plus honnêtes gens sont traqués comme des malfaiteurs.

gandine, salade ou haubertgeon et épée pour servir à la foire des Migleries pour empêcher les désordres et faire rapport en justice des délinquants, avec le droit dû audit homme de 18 deniers monnaie. »

Il serait impossible de raconter ici l'histoire de la famille de la Boucelaye qui tint un très haut rang dans le pays depuis le XIVᵉ siècle où l'on voit Jehan de la Boucelaye ratifier le traité de Guérande en 1381.

Marie de la Boucelaye, héritière de cette antique maison noble, épousa avant 1447 Jehan de la Haye, seigneur de la Haye en St-Gravé. Le souvenir de cette alliance ou d'une autre entre les mêmes familles est perpétué à Rieux par une croix qui porte l'écusson écartelé des la Boucelaye et des la Haye ; cette croix se trouve sur la route de Redon à Rieux à côté de la chapelle St-Aignan du Val.

La Boucelaye appartint à la famille de la Haye jusque vers 1630, époque où elle fut achetée par un membre de la famille du Maz du Brossay (problablement Isaac) qui possédait le Plessix de Ressac à côté de la Boucelaye.

Gillonne du Maz épousa à Rieux le 26 juillet 1678 Guillaume de Forges sieur de la Gaudinaye en Glénac, et c'est de cette façon que la Boucelaye est allée aux de Forges.

Le Château de Rieux

La promenade au vieux château de Rieux qui n'offre aux visiteurs qu'une *ruine de ses ruines* ne manque pas de pittoresque et d'agréments, car il reste enfoui dans une nature luxuriante et toujours jeune qui contraste vivement avec la vétusté de ses murs écroulés et ses pierres effritées. Ce château presque inexpugnable fut condamné à mort, ainsi que ceux d'Elven, de Rochefort et d'Ancenis qui appartenaient alors au maréchal de Rieux Jean IV de si triste mémoire.

Cette fière demeure demantelée par la duchesse Anne après la rébellion de Jean de Rieux, battue en brèche sous Charles VIII, ruinée par Richelieu qui convoqua pour le faire sauter 27 paroisses, conservait encore il y a 80 ans de grands pans de murs et son donjon ébranlé sous l'effort de tant d'assauts. Mais un tremblement de terre en 1799 continua l'œuvre de destruction si bien commencée par les hommes, et le temps, de sa main impitoyable, l'achèvera sans tarder.

Seule, l'histoire, gardienne fidèle des siècles écoulés, peut nous retracer les faits mémorables de l'illustre maison des Rieux. Le premier de cette famille, Alain le Grand, se fixa sur les bords de la Vilaine ; c'est de Rieux qu'en 891 il partit pour repousser les invasions normandes, et c'est à Rieux qu'en 907, il revint mourir.

Lorsqu'après sa mort, son comté de Vannes eut été réuni au duché de Bretagne, ce fut Rieux qui resta l'apanage de ses descendants. Roland de Rieux prit part à la première croisade et ramena de Palestine des religieux Trinitaires qu'il établit dans son château.

Pendant les interminables guerres du moyen-âge, on retrouve presque toujours l'épée d'un Rieux au service de la France, l'un d'eux combattait à Bouvines, un autre en Terre-Sainte aux côtés de Saint Louis. Jean I*er* de Rieux, fils de Guillaume, l'antagoniste des Redonnais, après avoir aidé puissamment Philippe de Valois dans la guerre de Gascogne, fut nommé en 1350 capitaine du château de Redon, à la charge d'entretenir vingt-neuf hommes d'armes et trente archers dans la lutte entre Blois et Montfort ; il prit parti pour Charles de Blois ainsi que son frère Guillaume II, tué au combat de la Roche-Derrien en 1347, et son fils Guillaume III, frappé mortellement près de son maître à la sanglante journée d'Auray. Un autre de ses fils, Jean II, maréchal de France, combattit courageusement dans les Flandres et devint célèbre en conduisant en 1405 avec le Borgne de la Heuse et Renaud d'Hangest une expédition contre l'Angleterre. Il mourut en 1417 et fut inhumé dans l'église de la Tronchaie à Rochefort, dont il avait le château du chef de sa femme Jeanne de Rochefort. Son fils Pierre devait porter au plus haut point l'illustration militaire de sa famille : maréchal de France à 28 ans, il défendit en 1416 le Dauphin contre la faction bourguignonne, puis continuant contre les Anglais la lutte si vaillamment commencée par son père, il seconda puissamment le roi à Lamballe, Tours, Rouen, et Jeanne d'Arc au siège d'Orléans Tombé entre les mains de ses ennemis, traîné par Guillaume de Flavy pendant deux ans de cachot en cachot, il succomba à Nesles et longtemps après sa mort fut ramené et inhumé à Rieux dans l'Eglise Notre-Dame, où reposaient déjà son frère aîné Jean III, baron d'Ancenis, vicomte de Donges, et son neveu François fils de Jean III, conseiller et chambellan du duc François Ier de Bretagne. Le fils de François, Jean IV de Rieux, comte d'Harcourt, fut à la fois un homme de guerre et un homme d'Etat Nous ne raconterons pas sa vie aventureuse comme maréchal et lieutenant-général des armées du duc François II, sa nomination comme tuteur puis sa rébellion comme ennemi jaloux de la duchesse Anne qu'il avait reçue dans son château de Rieux, du mois de septembre 1488 au mois de février 1489 et qu'il combattit ensuite avec acharnement ; ses guerres dans le Roussillon avec Charles VIII et dans le Milanais avec Louis XII, et enfin sa mort en 1518 La famille de Rieux avait alors atteint l'apogée de sa puissance ; alliée aux Rochefort, aux Montauban, aux Rohan, elle pouvait avec fierté, au-dessous de son écusson *d'azur à neuf besans d'or*, inscrire sa vieille devise :

A tout heurt Rieux.

A partir de cette époque, elle ne fit plus que décliner; les branches cadettes s'éteignirent d'abord comme la branche aînée et le dernier des Rieux pris à Quiberon en 1795, vint tomber sous les balles françaises dans les champs d'Auray déjà rougis du sang d'un de ses vaillants ancêtres Guillaume, l'ami fidèle de Charles de Blois. Rieux partagea le sort de ses maîtres et vit sa fortune décroître par degrés. Mais la légende, amie du merveilleux, et qui poussait autrefois sur la terre d'Armorique avec l'abondance des bruyères roses en automne ou de la fleur d'or des bardes au printemps, expliqua sa décadence mieux que ne l'auraient pu faire tous les raisonnements (1).

La tradition raconte encore que saint Jacques, remontant la rivière par cette bande d'écume que le mascaret laisse sur les eaux à certaines époques de l'année, voulut s'arrêter à Rieux. Repoussé par les Huguenots de cette ville, il s'écria : « Rieux, ville maudite, tu seras détruite. » Cela dit, il continua sa route et alla fonder Redon. Les habitants de Rieux se repentirent, mais un peu tard, et pour apaiser le saint, lui

---

(1) V. page 11.

consacrèrent une chapelle qui existe encore aujourd'hui.

Rieux, au dire des savants, est l'ancienne station de *Duretie*. C'était alors une cité importante rattachée par trois voies stratégiques aux capitales de plusieurs peuples : les *Nannètes*, les *Venètes*, les *Redones*, etc.

Quand Alain III le *Re bras (Re bras* ou *Roue bras* le grand Roi) taillait en pièces les Normands dans les plaines d'Erech en 888, *Duretie* ou *Rieux* possédait un château-fort, édifié par le héros Breton. C'était un séjour de Roi. Hélas, elle est si déchue de son antique splendeur cette pauvre ville, que les paysans qui l'habitent aujourd'hui ne se doutent guère que les légions romaines et les chevaliers du Moyen-Age traversèrent *souventes* fois ses vieilles rues.

Cependant ils se souviennent toujours de la bienheureuse Françoise d'Amboise, ce qui prouve que la vertu qui vient du Ciel l'emporte de beaucoup sur les gloires humaines. La statue de Françoise d'Amboise se trouve dans l'église de Rieux sur l'autel latéral de gauche.

Voici le portrait que Dom Lobineau a laissé de la bonne duchesse :

« Elle était d'une taille très déliée ; elle avait le teint fort blanc, les yeux grands, la bouche de même ; les habits, quoiqu'elle fît profession de piété, n'avaient rien qui ne répondît à la dignité du rang qu'elle occupait ; l'or et les pierreries brillaient dans sa coiffure ; elle portait des colliers de prix, des chaînes d'or, des roses de diamant, des fourrures délicates, des étoffes rares... »

Aujourd'hui le château féodal, comme la ville, n'appartient plus qu'au domaine du souvenir. Des débris informes et quelques blocs de pierre, revêtus d'un fourreau de lierre et de plantes parasites, achèvent tout tranquillement de disparaître et de s'ensevelir dans l'oubli (1).

Reprenons notre route vers Allaire et le Vaudeguyp.

Le bourg d'Allaire, mal bâti, maussade et sans intérêt est bien tombé de son importance d'autrefois, en l'an 876 eut lieu dans son église le couronnement du duc Alain le Grand, par Armengarius, évêque de Nantes.

Le château du Vaudeguyp, abandonné depuis un demi-siècle aux fermiers, garde cependant grand air. Il se compose d'un côté d'une série de constructions irrégulières fort élevées et sans caractère, mais de l'autre il se distingue par une élégante tourelle et des fenêtres à frontons triangulaires sur lesquels se dessinent encore l'écusson des Rieux et celui des Kerverien. Quand on visite l'intérieur complètement détérioré, les fermiers n'omettent jamais de vous montrer *les oubliettes*. Les oubliettes ? Ce nom fait frissonner et donne tout de suite au château un aspect mystérieux,

---

(1) Voir l'ouvrage de Madame Dondel du Faouëdic *Le Dernier des Rieux* paru en 1901.

effrayant ! Le regard cherche à pénétrer le vide obscur qui s'ouvre à vos pieds ; mais ce trou noir et béant qui part d'en haut, traverse les étages et va se perdre dans les profondeurs souterraines des caves, je suppose, était-il vraiment un lieu de supplice, ou le cachot des condamnés ? Il est permis d'en douter, et peut-être avait-il une toute autre et très prosaïque destination que celle-là. Enfin, quoi qu'il en soit, ce mot d'*oubliettes* que la plume fantaisiste des romanciers a si bien utilisé dans les gros drames noirs et les histoires lamentables, fait toujours bien dans tous les tableaux, et même ici.

Le site qui entoure le Vaudeguyp est l'un des plus charmants du pays, avec sa vallée ombreuse, son étang solitaire, son moulin blotti au fond du ravin, ses ruisseaux harmonieux serpentant dans les prairies, et ses hautes futaies de chênes. Ces beaux arbres couronnent des côteaux de granit dont les blocs tourmentés forment une sorte de chaos tempéré, poétisé, si l'on peut s'exprimer ainsi, par les lierres chevelus et les mousses épaisses qui revêtent leurs pentes ensoleillées, d'une fraîche parure. Quelques archéologues ont cru retrouver dans ces galets gigantesques, dans ces monolithes quelquefois arrondis et creusés en forme d'*osgod, auge, bassin,* des débris des premiers âges celtiques.

Trégouët

Terre d'origine bretonne : *Tref coët* (la trève du bois).

Ce manoir est intéressant à visiter (1). Il renferme bien des souvenirs et rappelle l'époque où le Protestantisme avait beaucoup d'adeptes en Bretagne.

Trégouët fut vendu le 12 août 1547 par le baron de Tournemine et sa femme propriétaire de Trégouët, à Simon Apuril.

La famille Apuril (probablement Jean, fils de Simon), fit construire le château tel qu'il est, dans le style de la Renaissance ; on y voit encore les armes des Apuril.

Ces Apuril embrassèrent le Protestantisme, et Trégouët devint sans nul doute un poste de défense.

Avec Lourmois, bâti de l'autre côté de la Vilaine et qui appartenait aussi aux Apuril, cette famille tenait le passage sous sa surveillance. L'une des premières prédications de la Réforme eut lieu à Lourmois. On y célébra la Cène plusieurs fois et on s'y réunit pour s'entendre afin d'évangéliser le pays.

Jean Apuril, seigneur de Trégouët, demanda et obtint comme gentilhomme haut-justicier de faire pratiquer la religion réformée dans sa chapelle de Trégouët (22 août 1572).

Trégouët a passé depuis par alliances des Apuril

---

(1) Pour plus amples détails, consulter la *Revue de Bretagne* dans laquelle M. de Laigue a décrit cet intéressant manoir à propos de la famille de Champeaux.

aux de Forest ; des de Forest, aux de Champeaux ; des de Champeaux aux de Sécillon (1) ; et des de Sécillon, aux Rado du Matz qui le possèdent encore.

Léhellec

De l'autre côté de Béganne, nous voyons encore le beau château de Léhellec bâti au XVIIe siècle et représentant un spécimen très pur de l'architecture du temps.

Il est entouré de magnifiques bois et l'on a conservé les jardins échelonnés en terrasses, comme il était d'usage de les tracer à cette époque. Ce manoir est d'origine bretonne : *Les Hellec, la Cour de Héllec* (2).

Nous voyons, en 1464, un Bonabe de la Touche, propriétaire de Lehellec ; en 1536, Yvon de la Touche, seigneur de Lehellec ; en 1576, Jean Bocan, seigneur du Tertre et de Lehellec.

Marie Bocan apporte Lehellec vers 1579 à François Le Mintier, seigneur de la Ville-ès-eons.

Le 9 janvier 1686, Jean Yviquel, seigneur de la Ville Savary abjura le Protestantisme en la chapelle de Lehellec. (Il était le mari de Françoise Le Mintier).

---

(1) Mme de Sécillon, dame de Trégouët, fut guillotinée pendant la Révolution.

2) Les archives conservées au château sont fort riches en documents précieux. Elles rétiendraient certainement le savant qui cherche, mais ne peuvent attarder le voyageur qui passe.

Depuis 1579, cette propriété est restée aux mains de la famille Le Mintier. Actuellement, le château est habité par l'aîné de la famille, le marquis Le Mintier de Léhellec.

Le Létier

Appelé autrefois *L'Estier*, forme qui est la bonne, le château du Létier, d'apparence solennelle, rappelle par son architecture l'ancien château de Sourdéac ; c'est un vaste bâtiment en grand et moyen appareil, flanqué à l'angle nord-ouest d'une tourelle à encorbellement. La tourelle méridionale avec ses cinq étages, son toit d'ardoises à pans coupés, est d'un effet superbe. Les fenêtres à linteaux, en anse de panier, sont pour la plupart partagées par des meneaux en croix, les plus élevées sont surmontées de frontons très aigus avec ornements et choux au sommet.

Eon de Bourgpaumier, sieur de l'Estier, vivait en 1405 et mourut vers 1427.

Guyon de Carné, sieur de l'Estier, écuyer et conseiller du Duc, vivait en 1441-1464.

Guyon d'Espinay, seigneur de l'Estier, 1518.

Pierre d'Espinay, sieur de l'Estier, 1536.

En 1568, François de Maigné, d'une illustre famille dont le berceau semble avoir été la Jouardaye (paroisse des Fougerets), et dlle Perrine de Courcelles, sa femme sont sieur et dame de l'Estier.

Yves de Maigné, leur fils, épousa dlle Catherine

Henry dont il eut entre autres une fille Catherine qui épousa par contrat du 29 novembre 1619 Julien du Rochier, seigneur de Beaulieu, en Redon, l'un des gentilshommes les plus riches de l'époque

Depuis, la terre du Létier a été vendue plusieurs fois.

Le Létier, comme tout vieux château qui se respecte, a sa légende des Moines noirs. Ceux-ci l'habitèrent jadis, et on les revoit de temps en temps errer dans les salles du rez-de-chaussée.

Ces moines noirs reviennent surtout l'hiver, pendant les longues heures mystérieuses de la nuit, alors que l'ouragan rugit dans les bois, que les oiseaux nocturnes déchirent l'air de leurs gémissements, que les girouettes grincent et que les branches des arbres, tordues par la rafale, font entendre de sinistres craquements ; car, entre nous soit dit, les revenants n'aiment pas le grand jour, le soleil les effraie, ils ne se trouvent vraiment à l'aise et chez eux que dans les ténèbres.

C'est pourquoi on en parle plus souvent qu'on ne les voit.

Le Brossay - Saint-Gravé

Le château du Brossay-Saint-Gravé appartient au général de Kerdrel. Cette belle habitation voile par de superbes futaies sa silhouette grave, imposante, un peu sévère, comme la Grationnaye. Le vieux granit breton, quand il a la patine des siècles, présente un aspect de force et de puissance, sombre mais toujours beau, qui est son cachet propre.

En 1412, cette terre était possédée par Guillaume du Brossay.

Pendant deux siècles elle appartint à divers propriétaires, et en 1680 elle fut vendue à Daniel du Moulin. Elle a passé par alliances aux Le Mallier de Chassonville, aux de LaBouexière et aux de Kerdrel.

La Grationnaye

Au fond d'une belle avenue d'épicéas se dessine le château de la Grationnaye en robe de pierres grisonnées par le temps. Son aspect est beau mais sévère. C'est une famille Gratien qui donna son nom à sa propriété et l'appela Grationnaye. Mais dès 1427, la Grationnaye appartenait aux enfants de feu Olivier Phélipot.

Plus tard, Alain Macé, sr de la Grationnaye, épousa dlle Claude Rado, de la maison du Matz, en Caden. Tous deux vendirent leur manoir le 12 novembre 1581 à François de Talhouët, mari de Valence du Boisorhand. L'acte fut conclu à charge de payer à la cour de Rochefort 12 chapons de rente annuelle, plus une rente viagère de 20 écus d'or à Messire Jean Fouais prêtre, pour son entretien dans l'état sacerdotal, et enfin 1456 écus d'or sol.

René Armand de Talhouët-Sévérac, dernier seigneur de Grationnaye, mourut en 1792. Sa femme, Anne-Marie-Césarine de Saint-Gilles lui survécut jusqu'en 1811 ou 1812. A cette époque, la Grationnaye fut achetée par M. Thomas de Kercado qui la céda en 1830 au marquis de Guer. Depuis, elle a passé aux mains de M. de Montcuit de Boiscuillé qui a restauré avec entente cette vaste demeure telle que nous la voyons aujourd'hui.

La tombe de Valentin de Talhouët, sgr de Sévérac, se voit encore dans l'église de Malansac, en la chapelle de la Sainte Vierge qu'on appelle chapelle de la Grationnaye. On lit sur une large dalle l'épitaphe suivante :

ICY GEIST HAUT ET PUISSANT MESSIRE
VALENTIN DE TALHOUET SEIGNEUR DE SÉVÉRAC,
DE LA GRATIONNAYE, DE MARZEN, etc.
DÉCÉDÉ LE 17 DE MAY 1657, AGÉ DE 63 ANS.

Bodélio

Superbe est le parc de Bodélio clos par 3 lieues de murs ; et qui compte 365 hectares, autant d'hectares qu'il y a de jours dans l'année. Quatre magnifiques avenues d'une lieue de long chacune conduisent à la gracieuse villa construite il y a environ un demi-siècle par M. Simon, alors propriétaire de ce beau domaine et député de la Loire-Inférieure. Bodélio est une ancienne dépendance de la seigneurie de Rochefort. Ce parc, à vrai dire, était une forêt dans laquelle s'ébattaient en liberté les réserves de gibier pour les chasses princières des Rochefort et des Rieux.

De nos jours, cette forêt exploitée successivement par une compagnie de chemins de fer et par les concessionnaires du brevet Boucherie, pour l'imbibition et la conservation des bois, transformée ensuite par M. Simon, est devenue une grande et belle terre de rapport et d'agrément (1).

Le parc est un véritable enchantement pour les yeux du visiteur. Les antiquaires examinent avec intérêt les ruines de la vieille chapelle Saint-Jacques et les touristes admirent les bois, la campagne fleurie, les rives ombreuses d'un grand étang qui reflète le bleu du ciel et le vert des beaux arbres qui l'entourent. Une vaste grotte formée de rochers énormes où l'art et la nature se donnent la main, se détache non loin du beau lac tranquille « Qu'effleure aussi l'hirondelle agile. »

Non loin du parc se trouvent les ruines du couvent de Saint-François de Bodélio, de l'ordre des Cordeliers, fondé en 1442 par Jean de Rieux, seigneur de Rochefort. Avant la Révolution, ce couvent était devenu maison de force. On y enfermait les personnes munies de lettres de petit cachet.

Les moines de Bodélio décidèrent, vers 1628, de fonder un établissement à Redon. La Maison de Ville (nous dirions maintenant le Conseil municipal), refusa son autorisation par délibération du 25 avril 1628. Mais l'affaire s'arrangea ; en

---

(1) Le Parc de Bodélio appartient aujourd'hui à M. Forest, ancien officier, député du Morbihan.

1786, il dépendait du couvent des Franciscains de Bodélio une petite maison nommée l'*Hospice*, située à Redon, au faubourg Saint-Michel, près le cimetière. Elle fut afféagée (vendue) par les Religieux de Bodélio, le 4 novembre 1786.

Cette maison doit être la maison Danard actuelle, dans la facade de laquelle on voit une figure peinte à plusieurs reprises par quelque pinceau inhabile. Certaines personnes croient y voir la figure d'un procureur. Nous croyons plutôt que c'est celle d'un prêtre.

La Ville-Janvier

Le territoire de la Ville-Janvier fut habité et occupé de très bonne heure. Les peuples de l'âge mégalithique nous ont laissé là un des plus beaux vestiges de leur existence, la *tablette de Cournon* qui est un splendide menhir. — Les Romains avaient dû s'y établir aussi à en juger par les briques à crochet que l'on a découvertes au bois de la Courtillée et par la monnaie trouvée auprès de la futaie de la Ville-Janvier.

Le château de la Ville-Janvier a été dernièrement rebâti dans un style imposant. Il est entièrement construit de ce fin granit bleuâtre qui ne se trouve que dans les carrières de La Gacilly. Il appartient au comte de Gouyon de Coipel.

La Forêt-Neuve

Le château de la Forêt-Neuve bâti en pierres régulières taillées dans un granit rosé est fort beau. Des restaurations intelligentes, faites avec goût et dans un style très pur, lui ont rendu tout son éclat. Depuis un temps immémorial la Forêt-Neuve a appartenu aux sires de Rieux, et à la généalogie si connue de cette illustre famille se rattache l'histoire de la Forêt-Neuve (1).

Ce château fut rebâti en 1625 sur les ruines de l'ancien manoir qui servait de rendez-vous de chasse aux seigneurs de Rieux. La Révolution n'épargna pas la Forêt-Neuve et le vandalisme de l'époque la laissa en ruines. Mais, comme nous venons de le voir, son importance d'autrefois devait un jour lui être rendue.

Voici, de ce noble castel, une description qui date des premières années du XVIII° siècle et prouve cette importance :

« Il y a une fort grande maison ou chasteau appelée de la Forêt-Neuve, autant bien bastie et commode que l'on puisse dire, un grand jardin fermé de murailles contenant 16 arpens joignant ladite maison, la cour, les escuries bien fermées de murailles, le tout couvert d'ardoises. Proche ledit chasteau une belle fontaine et plusieurs au-

---

(1) Voir mon ouvrage sur le *Dernier des Rieux et Yvonne de Cornouailles*. Imprimerie Lafolye, Vannes, 1901.

tres sources, un fort beau vivier bien grand, garny de poisson, un bois de haute fustaye de 400 arpens ou environ y compris 40 arpens de taillis, joignant ledit chasteau. — Il y a proche ledit chasteau une chapelle de saint Jacob, où il y a droit (pour le sgr de Rieux) de présenter et la messe le mercredy, vendredy et dimanche. — Il y a haute, moyenne et basse justice....... Pour les constructions il faudra abattre 100 arpens de bois dont on aura 400 livres de l'arpent, et est comme nécessaire par ce que la maison est trop couverte si bien que cela rapportera un grand profit et une belle veüe à la maison. Il y a derrière la maison de quoy faire un fort beau pré capable de nourrir 10 à 12 chevaux par an, mais pour l'agrandir il serait nécessaire de faire arracher environ 4 arpens de bois. Le marché pour faire ledit pré est fait avec deux particuliers qui sont obligez de faire arracher lesdits arbres et racines chacunes courantes et ce dans un an et donnent encore 1600 livres des dits arbres... Enfin, c'est une terre qui depuis 60 ans a esté fort mal ménagée. »

Le château de la Forêt-Neuve appartient actuellement au comte Robert de Foucher de Careil, arrière-petit-fils du célèbre corsaire malouin, Robert Surcouf.

Sourdéac

Actuellement il y a deux châteaux qui portent le nom de Sourdéac, l'ancien appartenant à la famille Duval, et le nouveau, appelé Haut-Sourdéac, propriété de la famille de Tonquédec. Ce dernier, de date récente, nous apparaît dans une douce sérénité et n'a pas d'histoire.

Nous voyons en 1379 Robert de la Motte, sgr de Sourdéac, jurer l'association pour empêcher l'invasion étrangère en Bretagne. Il épousa Mahaud de Rieux.

Au nombre des propriétaires de Sourdéac figurent François de la Feuillée, époux de Cyprienne de Rohan dame du Gué de Lisle et leur fille Renée de La Feuillée qui épousa François de Rieux, sire d'Acérac.

Sourdéac fut acheté en 1531 par Jean de Rieux, fils de Jean IV, tuteur de la Duchesse Anne, et ses descendants prirent le nom de Sourdéac. Ce Jean de Rieux avait été pourvu, sans être entré dans les ordres ecclésiastiques, de l'Abbaye de Prières, en Billiers, et de l'Evêché de St-Brieuc.

En 1594 eut lieu sous les murs de Sourdéac une rencontre entre les ligueurs renforcés d'Espagnols et les Royalistes commandés par le maréchal d'Aumont.

« Le nom de Sourdéac fut illustré successivement par René le Vaillant, gouverneur de Brest, le fidèle soldat de Henri IV, l'auteur des mémoires inédits vantés par D. Taillandier et suivis par l'historien Mathieu, et au XVIIe siècle par Alexandre, l'un des fondateurs, avec l'abbé Perrin, de l'Opéra en France. Ce Sourdéac fit construire dans son château de Neubourg, puis dans son hôtel rue Garancière à Paris, une salle de spectacle où il faisait représenter gratis le tragi-comédien Corneille. Il vint ensuite à la direction des machines de l'Opéra, où il acquit, par son habileté manuelle, une gloire méritée, disent ses contemporains, mais dont se fussent peu souciés sans doute ses ancêtres, grands guerriers, nobles maréchaux. Voici son éloge par Tallemant des Réaux « c'est un original ; il se fait courir par ses paysans comme un cerf, et dit que c'est pour faire exercice. Il a de l'inclinaison aux mécaniques, il travaille de la main admirablement ; il n'y a pas un meilleur serrurier au monde. » (1)

La Ville Orion

La Ville-Orion appartenant à la famille de Longeaux nous apparaît tout à la fois sévère et gracieuse, sévère par son cadre de sapinières touffues et ses montagnes rocheuses, gracieuse par le cordial accueil que reçoit le visiteur. On peut, non loin de cette aimable campagne, aller voir le bourg de Carentoir et la *ville* de La Gacilly. Le bourg de Carentoir paraît bien déchu. Au Moyen-Age, il comptait un grand nombre de seigneuries ainsi qu'une importante commanderie de Templiers.

La ville de La Gacilly, encore bien étroite, tortueuse, irrégulière, fait cependant des efforts

---

(1) Extrait de l'ouvrage de M. J. Desmars : *Redon et ses environs*.

pour s'embellir, *sans singer la princesse dans les grands airs qu'elle se donne,* comme le dit un spirituel écrivain breton, *la paysanne veut un peu suivre la mode, s'hausmaniser et s'humaniser.* Au lieu de sa vieille chapelle, qui faisait si piteuse mine, mais où Françoise d'Amboise aimait à venir prier, elle a bâti une église de style grec, avec place plantée devant.

« Au lieu de son vieux pont du XIV° siècle, gothique casse-cou qui faisait pâmer d'aise les antiquaires et trembler de peur les charretiers », elle a élevé un viaduc large et solide. Elle espère encore la canalisation de sa rivière, l'Aff, et voit déjà dans son petit port toute une flotille, venant lui apporter la richesse en échange de ses produits. Puisse son rêve devenir une réalité !

CINQUIÈME PARTIE

La Roche-Bernard — Châteaux et habitations sur les bords de la Vilaine — La Bretêche — Rochefort-en-Terre (Morbihan). — Fougeray (Ille-et-Vilaine). — Blain (Loire-Inf.).

Si l'on veut agrandir le cercle de ses excursions, on peut encore visiter dans un rayon plus éloigné les châteaux contenus dans notre cinquième et dernière partie.

On a déjà fait une jolie petite promenade en bateau, celle de l'Ile-aux-Pies, il faut maintenant entreprendre la grande promenade de Redon à la Roche-Bernard et descendre la Vilaine jusqu'à son embouchure.

J'ai fait jadis cette excursion dans un petit bateau à vapeur, une mouche du pays de Lilliput, et ce fut charmant.

En barque ce sera un peu plus long, mais alors, on aura le loisir, pendant que le vent gonflera les voiles ou que le bruit cadencé des rameurs marquera la mesure, de chanter ou de réciter la jolie Ballade bretonne de notre barde Botrel :

I

D'après les anciens Écrits,
C'est au temps où, dans Paris,
La Duchesse Anne était Reine,
Qu'un soir d'automne éploré
Naquit auprès de Vitré
    La Vilaine !
Il faut en faire l'aveu :
Elle était bossue un peu
Et boitait à faire peine,
Il suffisait de cela
Pour que chacun l'appelât :
    « La Vilaine ! »

II

Or, un jour que dans les prés
La fille aux cheveux dorés
Cueillait l'humble marjolaine,
L'héritier du vieux manoir
Frôla, sans même la voir,
    La Vilaine !
Mais depuis ce maudit jour
La pauvresse aima d'amour
Le fils de la châtelaine ;
Et, rôdant aux alentours,
Depuis lors on vit toujours
    La Vilaine !

III

Et quand le seigneur hautain
Partit en guerre, un matin,
Pour agrandir son Domaine
Auprès de son destrier
Il vit, tendant l'étrier,
    La Vilaine !
Bravant le sort hasardeux
L'Adoré piqua des deux,
Suivi de son capitaine ;
Et l'on vit, près des chevaux,
Courant par monts et par vaux,
    La Vilaine !

IV

Près des coursiers haletants ;
La pauvre alla bien longtemps,
Jusqu'aux collines du Maine
S'écria, morte à moitié :
« Seigneur ! prenez en pitié
    La Vilaine ! »
Et l'Ingrat, riant bien fort,
Jette une des pièces d'or
Dont son escarcelle est pleine ;
Puis il disparait soudain
Laissant au bord du chemin
    La Vilaine !

V

L'enfant, voyant son amour
Disparaître sans retour,
Sanglotait à perdre haleine
Tant, que son cœur se fendit...
Et c'est ainsi que partit
    La Vilaine !
Aux lieux où l'enfant pleura
Une source se montra
Dont elle fut la marraine :
La rivière qui coula
Depuis ce jour s'appela
    La Vilaine ! »

On arrivera ainsi jusqu'à l'Océan où l'on pourra humer à pleins poumons l'air salin des grèves et les senteurs des algues marines, fouler le sable de la plage en ramassant des coquillages et des galets polis, escalader les falaises, le tout additionné d'un bon bain de mer si le temps est favorable. N'est-ce pas une séduisante perspective ?

Oui, je revois toujours dans mes souvenirs cette charmante excursion.

Le temps était radieux : c'était un jour de soleil et de ciel bleu.

Un vaste panorama s'étale au départ. On aperçoit tout à la fois Redon, la ville des ondes, cinq rivières : la Vilaine, l'Oust, l'Aff, l'Arz, la Claye, enchevêtrent autour d'elle leur écheveau limpide. Elle apparaît mollement assise, les pieds dans la Vilaine, à l'abri de coteaux verdoyants et couronnée de sa majestueuse tour grise. Tout à côté, Saint-Nicolas, dont la flèche élégante et la grande cheminée rouge des anciens hauts-fourneaux semblent percer le ciel. Puis, le cadre s'agrandit des montagnes boisées d'Aucfer et dans le lointain, du joli château de Cavardin. Celui-ci est encadré d'un feuillage épais qui estompe vigoureusement et fait ressortir sa blanche silhouette.

Nous longeons maintenant la fabrique des Emeris de l'Ouest, encore un établissement intéressant à visiter, et les prairies de l'hippodrome, où s'élèvent les tribunes bâties à demeure.

Arrêtons-nous maintenant devant le pont d'Aucfer nouvellement reconstruit et très agrandi. Situé au confluent de l'Oust et de la Vilaine, ce pont vient d'être rebâti pour la troisième fois. Le premier pont à péage avait remplacé, vers 1830 un ancien bac qui, dès le Moyen Age, suivant aveux de 1407 et de 1504, avait été afféagé aux habitants du Quéfer, pour une rente annuelle de quatre deniers, payables aux sires de Rieux. En 1542, ce passage délaissé par les riverains, fut affermé aux mêmes conditions par le Seigneur du Plessix-Limur, en Rieux, et conservé par ses descendants jusqu'en 1672. Il passa ensuite aux mains des moines de Redon et chaque année le jour de Noël, à la messe de minuit, le fermier devait se rendre à l'Eglise Saint-Sauveur de Redon ; les diacres par trois fois lui disaient à voix haute : « Passager du Quéfer, payez le droit que vous devez au Seigneur. » Il déposait alors sa redevance sur l'autel. Le fermier à son tour se montrait très exigeant pour la taxe de ses droits. La nomenclature en était à peu près semblable à celle de Pont-Réan, près de Rennes, qui portait : chaque charrette à bœufs doit 2 sols, chaque cheval chargé de fardeau cordé de draps de couleur doit 8 deniers, chaque somme de blé, 2 deniers, chaque charrette à cheval, 1 sol, un cheval ferré, 8 deniers, une chèvre, 4 deniers, un âne, une obole, les bœufs et les vaches, 5 deniers chacun, les moutons et les brebis, 1 denier chacun, une somme de lamproies, 4 deniers. Le dit tarif se terminait par cette note comminatoire :

Fait assavoir que quiconque passe le pont sans payer le dit devoir de coutume et cit refusant, il lui échoit confiscation de ses marchandises et il doit en outre 60 sols d'amende.

À l'entrée du pont d'Aucfer, un vieux Christ de pierre jadis à moitié démoli et enfoui (1) dans le remblai de la route rappelle le traité conclu en ce lieu, le 17 octobre 1395, entre le duc Jean IV et Olivier de Clisson.

Le canal de Nantes à Brest et le chemin de fer qu'on devine à son panache blanchâtre, allant grossir les nuages, suivent parallèlement la Vilaine jusqu'au Rouge de Rieux.

C'est dans ce terrain élevé, sorte de sable rouge, qu'on a dû ouvrir pour le passage du canal et des trains une tranchée de 300 mètres de longueur sur 28 de profondeur.

Après cette petite digression, continuons notre promenade. Notre bateau glisse si doucement sur l'onde que nous ne nous en apercevons qu'à la variété des décors. C'est comme un immense album ouvert devant nos yeux dont nous tournons un feuillet à chaque sinuosité de la rivière. Nous sommes déjà devant Rieux. Saluons, en l'honneur du passé, cet infime village qui jadis s'intitulait fièrement la ville de Rieux.

La Vilaine se déroule en capricieux méandres ; ses rives, tantôt prairies et tantôt rochers, ne manquent pas de pittoresque. L'hiver change ces immenses plaines en lacs qui font bien un peu frissonner, car ces eaux froides à perte de vue

---

(1) Cette croix a été dernièrement restaurée avec beaucoup d'entente, grâce à la générosité des membres de la Société archéologique d'Ille-et-Vilaine.

rappellent l'inondation, mais l'été, elles sont à sec, et de nombreux troupeaux de petites vaches rousses, de chevaux à demi-sauvages et des bandes innombrables d'oies les animent fort agréablement.

Les rochers ne sont pas gigantesques, mais ils ont été disposés par les mains de la nature, la grande artiste par excellence, de manière à embellir le tableau ; tantôt s'échelonnant au milieu de jeunes taillis ou de petites coulées d'une fraîcheur idéale, tantôt encadrés de champs cultivés, qu'en ce moment le froment mûr et le blé-noir en fleur changent en nappes d'or et d'argent ; leurs contours sombres et leurs formes bizarres, comme de vieilles fortifications en ruines, se détachent sur ce fond brillant et gai. Contemplons ce lieu vraiment sauvage. Les falaises escarpées et nues se resserrent et s'élèvent ; la solitude plane ici... Mais que vois-je ? un animal fauve grimpe de toute la vitesse de ses quatre pattes ces croupes abruptes, de grandes ailes blanches battent des deux côtés de sa gueule et s'agitent convulsivement. Quelle est cette bête fantastique ? Est-ce le dragon ailé des contes bretons ; l'enchanteur Merlin hante-t-il encore ces parages ? Pas tant d'imagination, je vous prie : c'est tout simplement un loup qui emporte une oie pour son dîner. — Par exemple! — Mon Dieu oui, même en plein jour et en plein mois de juillet, la faim fait sortir le loup du bois, et les carnassiers de tous les environs ont trouvé dans ces sortes de marais couverts d'oies grasses, un garde-manger bien pourvu, un grenier d'abondance où vient se repaître cette gent, ennemie naturelle de l'oie, aussi bien que de la brebis et de l'agneau.

Tout en suivant le cours de la rivière, on regarde passer quelques clochers et quelques maisons particulières, aussi vite disparus qu'entrevus; le bourg de Théhillac, Craon, avec son écueil sournoisement caché, un rocher à fleur d'eau de vingt mètres de long, Foileux, les Alliers, Nivillac, les habitations de la Saulais, de Trégouët, les belles futaies du château de Léhellec, bâti sur l'autre versant du coteau, et les Aulnais. Cette petite demeure mystérieuse et cachée était, dit-on, le dock en miniature des contrebandiers d'autrefois ; ils y recélaient beaucoup de vin surtout. Le beau château de Marzan, bâti au contraire au faîte de la montagne, se dégage fièrement des bois qui l'entourent, de la rivière qui coule à ses pieds, et de la montagne elle-même qui lui sert de base. Non loin de Marzan, les amateurs d'antiquités peuvent aller faire un pèlerinage de souvenirs au vieux château de l'Isle qui, jadis, commandait le gué de la voie romaine de Blain à Vannes. Aujourd'hui ruiné, ce débris d'un autre âge semble encore s'énorgueillir du passé : deux ducs de Bretagne sont morts en ses murs, Jean I*r* en 1286, inhumé à Prières, Arthur II en 1312, déposé aux Carmes de Ploërmel. Jusqu'à la Révolution il appartint aux puissants moines de Prières, possesseurs du passage et de l'hôtellerie de l'Isle, d'après lettres patentes du roi de France Charles VIII.

Hourra ! voici le pont suspendu de la Roche-Bernard. Ce pont l'un des plus beaux de France par sa hardiesse, son élévation, nous apparaît dans sa merveilleuse légèreté, comme une ligne droite tirée dans l'espace, comme un ruban de fer reliant les deux rives qu'il couronne dans un site grandiose « souvent décrit et toujours admiré. » Ce chef-d'œuvre aérien de l'ingénieur Le Blanc vaut à lui seul le voyage, et il n'est pas un touriste soucieux de l'art et des belles choses qui ne l'ait inscrit sur son carnet. Construit de 1836 à 1839 pour remplacer le bac dangereux qui venait à ce point relier la route de Nantes à Audierne, il se compose d'une seule travée de cent quatre-vingt-seize mètres de portée, reposant à chaque rive sur trois arcades en plein cintre, ayant chacune dix mètres d'ouverture ; ces portiques ont des échos superbes. Le tablier, fort large primitivement, a été réduit de moitié à la suite de violentes tempêtes qui l'avaient retourné deux fois. Il est élevé de trente-six mètres au-dessus des plus hautes marées et permet ainsi aux navires, même d'un fort tonnage, de remonter la Vilaine.

Voici ce qu'on écrivait en 1840 sur ce pont remarquable et le premier en son genre : Ses piliers ont au-dessus de leurs fondations une hauteur de cinquante-six mètres (cent soixante-douze pieds) c'est-à-dire treize mètres de plus que la colonne Vendôme (mais aujourd'hui, qu'est la colonne Vendôme comparée à la tour Eiffel ?) Les câbles d'amarres présentent une disposition qui n'avait encore été suivie dans aucun pont suspendu et qui sera imitée par la suite dans toutes les constructions analogues. — Ils ne pénètrent pas seulement dans le rocher, mais ils l'embrassent entièrement sur toute la largeur de la route, en passant dans des galeries souterraines. Ces câbles ont été fabriqués sur l'emplacement même qu'ils occupent. La longueur totale des fils de fer employés, dont le nombre s'élève à huit mille, est de deux millions six cent trente-et-un mille sept cent cinquante-six mètres, ou environ deux mille six cent trente-deux kilomètres. — Ces fils ajoutés les uns aux autres s'étendraient donc de Vannes à Saint-Pétersbourg, ou de Paris à cent cinquante lieues au-delà de Constantinople, ou deux fois de Paris à Rome, ou trois fois de Paris à Berlin.

On lit ce distique gravé à l'entrée du pont :

Là, le Génie humain a dompté la nature.
Où passait seul l'oiseau, passe l'homme en voiture.

La petite ville de la Roche-Bernard doit sans doute la première partie de son nom aux énormes roches qu'on aperçoit à l'arrivée et qui ont l'air mélancolique d'une forteresse démantelée ; et la seconde, à Bernard, seigneur normand qui, au commencement du XIe siècle vint s'établir ici et bâtit un château-fort. Cette maison puissante est relatée dans divers actes du cartulaire de Redon. La branche directe des seigneurs de la Roche s'éteignit en 1347 dans la personne de Péan ou Payen, seigneur de Lohéac, tué en combattant pour Charles de Blois, contre Jean de Montfort, au siège de la Roche-Derrien. La seigneurie passa ensuite par mariage, successivement dans la maison de Laval au XIV° siècle par Isabeau de la Roche ; au XV°, dans la maison de Rieux, par Catherine de Laval ; enfin, au XVI°, dans la maison de Coligny, par Claude de Rieux, qui épousa, en 1547, François de Coligny sieur d'Andelot.

François de Coligny en venant s'établir en son château de la Bretêche, près la Roche-Bernard, importa dans cette cité les idées de la Réforme.

En 1595, le duc de Mercœur avait fait construire un fort près de la ville pour arrêter Juan d'Acquila dans sa marche sur Vannes.

Ce fut aussi dans le Petit-Port, près des ruines du château Bernard, que fut construit par l'ingénieur Dieppois Morieu, le premier vaisseau français de soixante-quatorze canons, *La Couronne*.

Dans une lettre du 11 mars 1689, Madame de Sévigné raconte les honneurs rendus par le duc de Chaulnes, gouverneur de Bretagne, à Jacques II roi d'Angleterre, et le séjour que ce roi détrôné fit à la Roche avant d'aller à Brest où l'attendait un navire.

A cette époque, la seigneurie de la Roche, passée en 1642 de la Maison de Lorraine, héritière des Coligny, aux mains de Charles du Cambout, avait été réunie en 1663, à la baronnie de Pontchâteau pour former le duché-pairie de Coislin. Enfin, à la Révolution elle appartenait à la famille de Boisgelin.

La Roche-Bernard, malgré la petitesse de son port est une ville de commerce, mais sa physionomie n'a rien de saillant, ses églises sont sans caractère. Seules quelques maisons des XV° et XVI° siècles émaillent ses ruelles et lui donnent quelque cachet ; l'une d'elles, en face de la mairie, est assez remarquable : construite à pans de bois avec pignon sur rue, elle porte en lettres gothiques, l'inscription de *Vive le Duc* et s'élève à encorbellement comme quelques-unes des maisons de la vieille cité vannetaise.

La ville de la Roche-Bernard porte encore pour armes le blason de ses premiers maîtres : d'or à l'aigle à deux têtes éployées de sable, armée et becquée de gueules.

Les balancements accentués du bateau nous annoncent l'Océan. Nous touchons au terme de notre course. Nous allons descendre à Pénestin, visiter sa jolie église neuve et sa grande baie où la vague transparente et moirée de vert nous prouve que les flots limoneux de la Vilaine ont fini leur cours. La Vilaine, par ses proportions, sa couleur terne et même sale (pourquoi l'aurait-on appelée Vilaine si elle n'avait roulé que de belles eaux pures et claires ?) rappelle assez le Tibre, à Rome. Elle coule sur un lit de boue et non de sable, et à marée basse, ses berges de vase ne sont ni belles ni rassurantes à voir ; si l'on tombait dans ses fanges molles et profondes, on serait perdu sans ressource.

Plutôt fleuve que rivière, puisqu'elle a son bassin et se jette dans l'Océan Atlantique, la Vilaine sépare les deux départements de la Loire-Inférieure et de l'Ille-et-Vilaine et arrose quatre villes : la Roche-Bernard, Redon, Rennes et Vitré. Son parcours est de 200 kilomètres jusqu'à sa naissance à Juvigné, dans le département de la Mayenne.

Encore quelques heures et nous songerons à regagner nos pénates, nous reprendrons cette charmante route que nous venons de parcourir avec tant d'intérêt et d'agrément en rappelant l'antique adage : *Bis repetita placent*. Les choses aimées plaisent deux fois.

La Bretèche

La Bretèche, appartenant au marquis de Montaigu, est un ravissant château qui mérite à tous les points de vue l'hommage des archéologues et des curieux. Cette demeure, qui compte quatre cents ans d'existence, se découpe dans un site enchanteur assise entre un beau lac qui baigne ses bases féodales et une magnifique forêt de douze cents arpents qui couronne son front blasonné.

Oui, ce coquet château de la Bretèche est la plus charmante gravure qu'on puisse placer au frontispice d'un voyage en Bretagne.

En 1428, la Bretèche n'était qu'une métairie noble appartenant au sire de la Roche-Bernard.

En 1471, dit Ogée, le château de la Bretèche fut rebâti (il faut lire bâti) des deniers des fouages que le duc de Bretagne François II permit de lever sur les vassaux des paroisses qui relevaient de la baronnie de la Roche-Bernard, appartenant alors à Jean de Montfort, de Laval.

En 1500, il fut incendié et l'on fit travailler les vassaux à sa reconstruction. Plus tard, au mois d'octobre 1591, le duc de Mercœur fit assiéger le château de la Bretèche par ses troupes qui le prirent et en démolirent les fortifications. Enfin il passa aux mains de la famille calviniste Coligny d'Andelot qui mit en honneur le Protestantisme dans tout le pays.

François d'Andelot s'était fait accompagner d'un ministre protestant nommé Louveau ; au mois de juillet 1561, il établit un prêche à la Roche. Bientôt le Calvinisme s'étendit en Bretagne, où il recruta de nombreux adhérents. La Roche-Bernard resta pendant les guerres de religion l'un des principaux boulevards du Protestantisme. Dès 1563, il s'y établit un synode provincial, et le château de la Bretèche devint alors un lieu de propagande et de refuge pour les réformés.

Un siècle passa et, sous Louis XIV, au milieu du XVIIe siècle, la ville renfermait un grand nombre de Calvinistes réunis dans un seul quartier dont toutes les maisons communiquaient entre elles.

On peut dire en somme, que la Bretèche a succédé au château de la Roche-Bernard comme château de cette baronnie ; en 1663, elle fut réunie au duché de Coislin, puis vendue en 1733 aux Boisgelin de Cucé. La Révolution ne l'épargna point ; pendant longtemps elle garda les traces de cette époque vandaliste et sanglante. Depuis plusieurs années, des réparations intelligentes ont su effacer les cicatrices du passé et l'embellir encore.

Le château, vu de la cour d'honneur, présente deux étages avec cinq fenêtres de façade à meneaux en croix. Celles de la naissance du toit sont surmontées de frontons aigus très ornementés et accompagnés d'élégants pinacles. Deux jolies tourelles octogones encadrent la façade principale. La façade postérieure est un peu moins ornementée mais cependant les croisées du toit offrent les mêmes dispositions, et les angles ont également leurs tourelles octogones que relie au rez-de-chaussée une série d'arcades à cintre surbaissé.

Les deux grosses tours qui défendent le pont-levis mirent leur front orgueilleux dans les eaux limpides qui clapotent à leurs pieds.

L'aspect de cette entrée est aussi imposant que superbe. L'intérieur répond à l'extérieur, et ce n'est pas peu dire : tous les appartements somptueusement meublés dénotent sans doute la richesse du propriétaire, mais on y retrouve aussi ce cachet d'élégance et de distinction qui révèle l'artiste.

Rien de plus délicieux au printemps que de se promener dans les grandes avenues ou de s'égarer dans les sentiers touffus de la forêt ; non, rien de plus délicieux que de s'isoler sous ces dômes profonds et au milieu de ces premiers feuillages tout frissonnants, secouant la rosée et pleurant la sève ; ils semblent si frais, si délicats qu'on n'ose pas les toucher. On en veut même au soleil et à la poussière qui viendront trop tôt les ternir. Il est du reste beaucoup de ces charmantes campagnes que la plume ne saurait parfaitement décrire ; et puis, à la longue, il devient difficile d'avoir toujours et sans trop se répéter, du charme, de la couleur et de la variété dans ses descriptions ; il est des choses qu'il faut avoir vues pour s'en faire une juste idée, la Bretèche est de ce nombre, et du superbe écrin des châteaux de Bretagne l'un des plus brillants joyaux sans contredit. (1)

Rochefort-en-Terre

Et maintenant que les légendes sont racontées, et que nous avons visité les belles demeures offertes par le présent à notre curiosité, nous allons revivre dans le passé au milieu des ruines mélan-

---

(1) Depuis quelques années, les dépendances se sont accrues d'élégantes constructions parsemées çà et là sur les gazons veloutés et qui mirent leurs blanches silhouettes dans les belles eaux qui les entourent. En contemplant cet ensemble de constructions on est tenté de se croire dans une coquette petite ville d'un aspect tout particulier. Une ville de villas entourant le château féodal.

coliques et rêveuses des châteaux de Rochefort, de Fougeray et de Blain.

On pourrait dire que nous allons voir les ruines des ruines, car il ne reste presque plus rien de ces nobles forteresses, expression de la force et de la grandeur d'autrefois. Où sont-ils ces vaillants seigneurs tout bardés de fer, entourés de leurs hommes d'armes, quand ils partaient à la guerre, ou, de joyeux compagnons, lorsqu'ils partaient à la chasse au milieu des piqueurs sonnant du cor, des chevaux piaffant d'impatience et des chiens jappant de plaisir ?

Où sont-elles ces belles châtelaines montées sur leurs blanches haquenées carapaçonnées de velours et d'or, chevauchant parmi les dames d'honneur et leurs gentils damoiseaux ?

Tout s'est évanoui ! Nous allons visiter des lieux que le vide remplit et que le passé seul habite.

La ville de Rochefort est encore aujourd'hui très curieuse à visiter, quoiqu'elle ait perdu son châtelet à porche sombre sous lequel passait la route.

Très modeste, elle est peu connue des élégants touristes qui cherchent les mondanités des villes d'eau et des plages d'azur, mais en revanche, ce petit coin plein de fraîcheur et de pittoresque est un lieu de délices pour les peintres, pour les artistes, amants de la belle nature. Ils viennent chercher ici l'inspiration, le calme des champs, les bois ombreux, les sites sauvages aux landes épineuses et aux roches moussues.

Je n'en veux pour preuve que le tableau que chaque année M. Grolleron peintre militaire, fait ici pour le Salon.

M. Emerand de la Rochette, sculpteur breton, fort apprécié, est aussi un habitué de Rochefort. On peut voir au Musée du Luxembourg, une toile signée Peloux et qui s'appelle : *La Vallée des Ardoisières de Rochefort-en-Terre*. Comme on le voit, cette petite ville devient un nid d'artistes pendant la saison estivale. Elle conserve certaines antiquités dignes d'attirer les touristes et les archéologues, entre autres son église de la Tronchaie (autrefois collégiale, avec six chapelains et un doyen) et quelques vieilles maisons parmi lesquelles se distingue l'hôtellerie du château. On y arrive par un faubourg que relie à la ville une pente assez raide pour les chevaux, et des escaliers assez difficiles pour les piétons, ce qui déjà, ne manque pas d'originalité.

L'arrivée est cependant charmante car la ville se présente de loin sous un aspect riant et pittoresque.

« Ses maisons blanches sont perchées tout en haut d'une petite colline dont elles garnissent le sommet ; l'extrême pente de cette colline forme le piédestal d'une mignonne chapelle, dont la flèche aiguë sort d'un fouillis d'arbres.

« Mais bientôt l'effet s'évanouit à cause des sinuosités de la colline qui cachent Rochefort, que l'on ne revoit plus qu'en y entrant.

« Le décor reparaît alors. On aperçoit une vallée où serpente un ruisseau entre des prés fleuris, une vallée étroite, profonde, coupée perpendiculairement par un défilé, presque une simple incision, pour laisser passer la route entre deux chaînes de rochers rudes, abrupts, où le granit et la pierre schisteuse laissent pousser seulement quelques plants d'ajonc et de bruyère sauvage.

« C'est la Suisse moins quelques cents mètres de hauteur et quelques pieds de neige sur les sommets. »

L'aspect de la plus grande rue est remarquable avec ses maisons à pignon sur façade et perron aux marches de granit ; elles tendent malheureusement à disparaître, mais on y admire encore une vieille maison du XVIe siècle flanquée d'une tourelle et ornée de gargouilles moussues.

Aux deux extrémités de la ville s'élèvent deux cintres de granit, seuls vestiges des anciennes portes de la ville ; l'une d'elles voile ses sombres pierres, image du passé, d'une couronne de lierre toujours verdoyant, image du présent.

L'église est fort curieuse ; bâtie en contre-bas, on descend des marches pour y entrer. Elle est de pur style gothique. Le tympan de granit fouillé a paraît-il une grande valeur archéologique ; il est à regretter que des piliers massifs nuisent à l'harmonie du bâtiment. A l'intérieur, une Vierge miraculeuse, parée comme les madones d'Espagne, est un de ses principaux ornements.

« Il faut citer encore un vieux jubé très intéressant et dans une chapelle adjacente à l'église, les stalles en vieux chêne curieusement contournées des chanoines de l'ancien chapitre de Rochefort. On lit encore des noms et des dates gravés çà et là. »

Une avenue conduit aux ruines de l'ancien château. On ne peut le passer sous silence et son histoire mériterait d'être racontée, mais comme il ne faut pas fatiguer le touriste par trop d'érudition, nous n'en dirons que quelques mots.

Ce château, complètement en ruines, remonte au XVI° siècle ; il fut construit sur l'emplacement d'un autre manoir édifié au XI° siècle, et détruit à l'époque de la Ligue. Du second château, pris et brûlé pendant la Révolution, il ne reste donc plus que des pans de murs d'une grande solidité, des tours écroulées, des fortifications assez bien conservées et des souterrains qui, dit la tradition, se divisaient en trois branches, l'une descendant vers la rivière pour fournir en temps de guerre de l'eau aux assiégés, l'autre, reliant entre elles beaucoup de maisons de la ville, et sur plusieurs points reconnaissable encore, et la troisième qu'on ne retrouve pas s'en allant tout droit... chez le diable.

On aperçoit dans les hautes herbes qui croissent en liberté, au milieu des lierres tenaces et des ronces folles, des débris de sculptures aux arabesques légères, aux nervures délicates, des écussons mutilés, et l'on se prend à regretter ces choses d'un passé plein de grandeur.

Tout voyageur aussi se croit obligé de jeter dans l'antique citerne de la grande cour quelques pierres qui résonnent en tombant dans cette immense profondeur, comme les détonations d'une arme à feu. Ces pierres vont grossir le nombre des cailloux entassés par les générations passées, et qui recouvrent, dit la légende, les barils pleins d'or et d'argenterie enfouis là quelques heures avant le sac du château, en 1793. La légende est vraiment une charmeuse, qui se moque bien gentiment des humains, en les prenant par leur côté faible, connaissant leur cupidité.

Découvrir un magot est la marotte de bien des gens. Et quelles sont les ruines ou les anciennes demeures qui ne recèlent pas leur petit trésor, je vous le demande ? Il ne s'agit que de le trouver, et c'est là le difficile, ici comme partout, car jusqu'à présent, les fouilles tentées, avec peine et mal au fond de cette noire citerne, n'ont amené aucun résultat.

Françoise d'Amboise séjourna pendant quelque temps à Rochefort, alors que la peste régnait à Vannes. Elle s'était vue contrainte de quitter le couvent des Carmélites qu'elle avait fait construire en cette ville où elle s'était retirée, suivant, malgré sa mauvaise santé, la règle austère des Religieuses du Carmel.

Le château de Rochefort appartenait au Moyen-Age à une haute et puissante famille. Le premier de ses membres est sans doute ce Jarnogon, qui, dès le XII₢ siècle, donna des rentes aux moines de Marmoutiers. Au XIVᵉ siècle, nous trouvons Thébaut de Rochefort, pour lequel la seigneurie fut érigée en châtellenie, par le duc Jean Iᵉʳ. Un vaillant seigneur de la même maison, Guy de Rochefort, fut l'un des illustres champions du combat des Trente, compagnon d'armes de Beaumanoir, et ambassadeur en France de Jean de Montfort.

En 1374, la seigneurie de Rochefort passa dans la maison de Rieux par le mariage de Jeanne de Rochefort avec Jean II de Rieux. Elle fut ensuite possédée par les familles de Lorraine, Elbeuf, et enfin par les Hay des Nétumières. C'était une fort imposante seigneurie avec haute, basse et moyenne justice, ferme droit, fief de haubert, justice à feu et à sang, fourches patibulaires à quatre poteaux, ceps et colliers avec juridiction souveraine sur neuf paroisses. Entre autres droits féodaux, énumérés fort au long dans une série d'aveux découverts aux archives de Nantes par M. de la Borderie, nous remarquons un *debvoir* appelé le *jeu-au-duc, lequel se faict avec une beste feinte, nommée drague et son poulichot, commenczant le mardi après la Penthecouste et durc celuy jour et le lendemain.* Cette beste feinte n'était autre chose qu'une espèce de charpente en bois représentant grossièrement un dragon ; cette *drague*, disons-nous, couverte de tapisserie *o son poulichot*, devait être conduite au château pendant les deux jours de fêtes trois fois par jour, par un habitant nommé le *Duc d'Amour*, *précédée de sonneurs, tant gros bois que autres pour faire danser à la halle et cohue.* A la fin de chaque année, ce *Duc d'Amour* devait encore *par les maysons de la ville et forbourgs* de Rochefort, chercher *filasses pour en faire feu, et, près de ce feu de joie,* conduire la derroine (dernière) mariée au dict an qui devait chanter une chanson nouvelle. Le même jour, l'homme derroin marié était tenu bailler ès-mains du dit sire (de Rochefort) ou son chastelain *une soule qu'il devait getter par dessus le four à ban de la dicte ville, ayant un pied bitant contre le mur du cymetière de Notre-Dame-de-la-Tronchaie, et si le dict marié ne pouvait passer la dicte soule de franc par dessus le dict four, il estait tenu payer l'amande au dict seigneur.*

Autres temps, autres mœurs ; ces coutumes ont disparu, mais le peuple qui aime toujours les réjouissances extérieures, retrouve d'autres plaisirs dans les jeux qui accompagnent de nos jours toutes les fêtes publiques. La ville de Rochefort avec sa physionomie à part, son cachet féodal, se grave dans la mémoire ainsi que les ruines mélancoliques de son antique château. Oui, ces ruines parlent à l'imagination et à la pensée, elles sont entourées d'une nature parfaitement en harmonie avec leur âge. De vieux arbres séculaires qui retracent également des souvenirs, et tout cet ensemble invite à la méditation et au recueillement.

On s'égare dans ce labyrinthe de pierres amoncelées de tous les côtés, les unes couchées, les autres encore debout. On fouille, on scrute, on étudie ce domaine de la dévastation. On cherche à pénétrer le passé recouvert de voiles épais, le passé enseveli dans les ruines, et l'on voudrait reconstituer ce qui fut, tant de choses ignorées, tant de faits inconnus qui, retrouvés, ajouteraient quelques pages, quelques lignes, un mot au grand livre de l'histoire toujours ouvert.

Après avoir admiré les charmes de la belle nature, la poésie des sites pittoresques, revenons aux choses pratiques de la vie, parlons industrie et commerce et allons visiter les ardoisières de Guen-Foll, autrement importantes que celles de Ste-Marie près Redon.

Cet établissement parfaitement aménagé et en pleine prospérité fournit à toute la Bretagne des ardoises de qualité supérieure qui peuvent marcher de pair avec les ardoises bien connues d'Angers ; c'est du reste le même filon ardoisier qui, après avoir passé sous la Loire, traverse la Bretagne et vient se terminer dans le Finistère où on l'exploite également avec succès. Ici, c'est tout un monde, une ruche humaine, que ces carrières où bourdonnent, fourmillent, travaillent plus de quatre cents ouvriers. — Elles s'étagent en couches superposées qui ont leur dessus où sont des travailleurs et leur dessous où se trouvent de longues galeries sombres qui se croisent en tous sens et où les ouvriers sont aussi nombreux que dehors.

Le matériel de Guen-Foll, renouvelé depuis quelques années, est complet : machines à vapeur et à manège pour l'épuisement des eaux et la sortie des schistes, rails et wagons pour le transport des blocs de pierre que les fendeurs ont bientôt découpés en ces feuilles minces et légères qu'on nomme ardoises ; enfin, tout est organisé sur une grande échelle. Près du champ de travail s'élève la cité ouvrière offrant à tous les ouvriers des logements salubres avec jardinets.

Fougeray

Le château de Fougeray était à l'époque féodale une redoutable forteresse. Parmi ses débris imposants, le donjon, conservé presque intact avec ses créneaux et ses machicoulis, semble être resté là, debout, dominant de toute sa hauteur les ruines couchées à ses pieds, comme pour nous attester les splendeurs d'un autre âge. Possédé pendant trois siècles par la famille Le Bœuf issue des Châteaubriand, le château passa, en 1235, dans la maison de Rieux, par le mariage de Nicolle Le Bœuf avec Geffroy de Rieux ; il appartenait encore aux Rieux lorsqu'il fut assiégé, et pris en 1354, par Bembro à la tête de deux cents Anglais. C'est alors que Duguesclin qui combattait sous le même drapeau que le seigneur de Fougeray, fit connaître sa supériorité d'homme de guerre. En effet, le héros breton n'avait pour compagnons que soixante *partisans*. Ne pouvant avec cette poignée de soldats s'emparer du château, il jura, dit Froissard, de le prendre « *par industrie* ». Duguesclin se cacha donc dans la forêt de Teillay épiant une occasion favorable. Elle se présenta bientôt, car il apprit que Bembro venait de quitter Fougeray pour faire une expédition dans la campagne. Il pensa avec raison que le moment d'agir était venu, et pour cet effet, dit l'historien Hay du Châtelet, Bertrand prépara ses gens, les mit en embuscade et en choisit trois des plus braves, avec lesquels il se travestit en bûcheron, puis, ayant chargé chacun un fardeau de bois sur leurs épaules, ils se présentèrent en cet équipage à la porte du château.

« Ayant appelé le portier, ils lui demandèrent s'il n'avait point besoin de bois pour le chauffage ; le portier répondit qu'on en voulait et qu'ils approchassent. En même temps il descendit avec trois autres hommes pour recevoir ce bois, mais le pont étant baissé et la porte ouverte, nos quatre prétendus bûcherons avancèrent et jetèrent leur charge au-devant de la porte, de telle manière qu'on ne pouvait plus la refermer ; Duguesclin prenant aussitôt une hache d'arme qu'il avait cachée sous ses habits de paysan, assomma le portier, et s'écria : *Notre-Dame-Guesclin*, cri victorieux et formidable aux Anglais. Ses trois compagnons l'imitèrent et tuèrent deux des soldats qui étaient descendus pour ramasser le bois, mais le troisième courut donner l'alarme à tous les gens que Bembro avait laissés dans le château, lesquels vinrent incontinent au nombre de cent charger nos aventuriers. Duguesclin soutint courageusement leur choc, et, pendant ce temps, les soldats qu'il avait postés au dehors du château y entrèrent à sa suite et levèrent le pont pour empêcher le retour de Bembro. Ce pont étant levé, le combat fut grand et effroyable, car il ne restait plus aucune espérance de salut, et il n'y avait point de milieu entre la victoire et la mort. Sept des plus vaillants d'entre les Anglais avaient entrepris Bertrand, qui, pour toute arme, n'avait plus qu'une grande cognée qu'il avait arrachée à un de ceux qui s'étaient le plus avancés, et il s'en défendit avec tant de hardiesse qu'il renversa deux de ses ennemis à ses pieds. Mais il était blessé à la tête ce qui le mit dans un notable désavantage, et par la perte de son sang qui l'aveuglait, et par le travail qu'il avait à soutenir tant de gens à la fois.

Cependant les siens rompirent heureusement l'ennemi, et arrivant au lieu où il combattait, le dégagèrent. Tous les Anglais cédèrent alors et Duguesclin, après s'être assuré de la possession de Fougeray, et avoir mis un premier appareil sur ses blessures, sortit avec cinquante hommes et alla attendre Bembro. Le capitaine Anglais revint en effet le soir même et tomba dans l'embuscade que lui avait tendue Bertrand. Il y fut tué et tous ses gens furent faits prisonniers. Deux fois vainqueur dans la même journée, Duguesclin rentra à Fougeray aux acclamations de ses soldats, puis il récompensa ces derniers avec la largesse qui lui était habituelle.

C'est ainsi qu'eut lieu la prise du château de Fougeray et ce fut, dit d'Argentré, le premier exploit de marque de Messire Bertrand Duguesclin et qui lui donna de ce jour sa réputation d'homme de guerre.

On conserve avec vénération dans le donjon de Fougeray, un casque de fer fruste, dévoré de rouille, mais sur lequel on retrouve quelques lignes effacées d'un écusson que l'on croit être les armes de Duguesclin. Rien ne prouve l'authenticité de cette version, mais cela fait bien dans les explications du cicérone, qui vous raconte une autre légende, fort triste celle-là, en vous faisant visiter, au centre de la tour, l'appartement qui servait de prison et s'ouvre encore sur d'insondables oubliettes.

Examinez, dit-il, sur la large pierre qui sert d'appui à la fenêtre grillée, les caractères grossièrement tracés par un grand coupable condamné à mourir de faim. Vous y trouvez tout le *Pater noster* paraphrasé de suppliques si touchantes qu'elles auraient attendri la pierre même qui les recevait. Cependant elles ne touchèrent point les exécuteurs farouches de cette cruelle sentence; et l'on rapporte que le soir du quatrième jour, au milieu des angoisses terribles de la faim, le prisonnier qui se frappait comme un fou contre les murs, fit jouer sans s'en douter le ressort invisible des oubliettes et qu'il s'y précipita de désespoir. Le fait est que si toutes les pierres des vieux châteaux pouvaient parler, si chacune d'elles pouvait raconter son histoire, dire ce qu'elle a vu, ce qu'elle a entendu, quelles révélations lugubres, étranges, inattendues ne feraient-elles pas ?

Blain

Le château de Blain, avec ses neufs tours posées en jeu de quilles date de la fin du XIe siècle. Edifié par Alain IV, il fut dans son temps un château redoutable et l'une des principales places fortes de Bretagne ; démantelé et reconstruit, pris et repris, il connut toutes les horreurs de la guerre plus encore que les jouissances de la paix. Le duc de Mercœur l'assiégea vainement en 1589, mais plus heureux en 1591, il s'en rendit maître.

Du reste son histoire se lie intimement à celle des Clisson et des Rohan; forteresses formidables et héros fameux se mêlent dans le souvenir de ces temps chevaleresques que notre époque ne saurait imiter, mais qu'elle admirera toujours. Ces ruines, si imposantes encore, et qui semblaient défier l'œuvre du temps, font réfléchir. La mélancolie s'empare de l'esprit à l'aspect de ces tours lézardées et branlantes, de ces murs croulants. C'est l'image de la mort, et ce n'est pas sans tristesse que l'on assiste à la chûte de ses orgueilleuses forteresses qui rentrent peu à peu dans l'oubli. Ce n'est pas sans tristesse que l'on entend le bruit de leurs pierres qui tombent une à une, comme un dernier écho des siècles évanouis ! Seule la nature qui demeure belle et jeune, justifie encore une fois le proverbes anglais :

« *God makes the country, man makes the town* »
« Dieu fit la campagne, l'homme fait les villes »; aussi éprouve-t-on un véritable enchantement lorsqu'en quittant ces ruines silencieuses et sombres, on parcourt la forêt du Gâvre où la sève fourmille, où les insectes bourdonnent, où les oiseaux gazouillent, où la brise chante dans les feuillages que le soleil lapide de ses flèches d'or.

Cette solitude profonde, troublée seulement par le passage d'un jeune faon ou de quelques chevreuils effarouchés, est cependant l'image de la vie, et l'on y découvre mille beautés. Il est certain que les artistes et les rêveurs savent se ménager des jouissances intimes, près desquelles la foule passe indifférente, la belle nature leur parle un langage ignoré du plus grand nombre, en faisant vibrer dans leurs âmes les plus douces et les plus délicates émotions. La magnifique forêt du Gâvre, d'une contenance totale de 4,480 hectares, est sans contredit l'une des plus vastes de Bretagne. Elle est percée de dix routes qui viennent aboutir à un rond point central, près d'un pavillon, rendez-vous de chasse. Chacune de ces routes a son nom, c'est sur la plus longue et la plus remarquable de toutes, celle de l'Epine-des-Haies, que se voit, à moins d'un kilomètre du rond-point l'arbre si connu sous le nom de Chêne-au-Duc, mutilé par la foudre et par les années, âgé, dit-on, de douze siècles, « il semble, comme un vétéran couvert de blessures, mettre son orgueil à mourir debout. »

Puisse ce simple guide rendre service aux personnes désireuses de visiter notre pays. Une ville qui compte plus de mille ans d'existence, qui garde précieusement ses annales guerrières et religieuses, une ville dont les environs fourmillent de souvenirs et de vieilles demeures, quelques unes très importantes et dont le passé est entré dans l'histoire, cette ville, dis-je, est bien digne, par l'enchaînement de tant d'évènements divers à travers les âges, d'attirer l'attention.

L'hiver venu, quand la nature sommeille, que le vent souffle et que la pluie tombe, le lecteur, au coin d'un bon feu, prenant en mains ce modeste ouvrage, pourra connaître notre chère cité et ses environs ; et le touriste, revivre ses souvenirs ensoleillés (1).

---

(1) Depuis que l'impression de ce livre est commencée, Redon a subi quelques changements : on a construit une école primaire supérieure de garçons, sur l'emplacement même de l'ancien hôpital ; on surélève les halles pour y installer une salle des fêtes ; on songe à l'organisation d'une salle de gymnastique et enfin, à la place de la mairie qu'on vient de démolir, on bâtit une nouvelle mairie — pardon, que dis-je ? un Hôtel-de-Ville qui, d'après ses plans, serait digne d'une capitale.

FIN

TABLE DES MATIÈRES

Préface 5

PREMIÈRE PARTIE

CHAPITRE I

Fondation du Monastère et de la Ville — Les Moines à travers les âges, leurs travaux, leur science, les services qu'ils ont rendus à la civilisation et à l'humanité — Le duc Alain Fergent — la duchesse sa femme, Ermengarde d'Anjou. 7

CHAPITRE II

L'industrie et le commerce à Redon au Moyen-Age — Droits et impôts dûs aux moines à cette époque — Appréciation au XIIe siècle du géographe arabe Edrisi sur Redon — Compte des dépenses de la communauté de ville en 1784 — La grande histoire de Bretagne, des Bénédictins 17

CHAPITRE III

Les Religieux et le duc de Bretagne, Pierre Mauclerc — Restauration de l'Abbaye — Montfort devant Redon — Projet d'établissement d'un Hôtel des Monnaies — Etats de Bretagne convoqués à Redon par le duc François 1er pour y instruire le procès de son infortuné frère Gilles de Bretagne — Voyage de Louis XI à l'Abbaye de St-Sauveur — Visites à Redon de grands personnages : la duchesse Anne, la duchesse Françoise d'Amboise, Jacques II d'Angleterre, le duc de Chaulnes — Démolition des fortifications — Agrandissement de la ville et embellissement . . 25

Chapitre IV

Richelieu — Différence entre l'abbé régulier et l'abbé commendataire — Importance de l'abbaye de Redon — La ville de Richelieu — Nomenclature des biens, possédés par l'Abbaye au XVII° siècle . 35

Chapitre V

La ville de Redon à la fin du XVIII° siècle 43

Chapitre VI

Les pèlerinages — Incendies de l'Abbaye — La Révolution à Redon, ses victimes, ses décrets, ses fêtes — Les Chauffeurs — Épisode de la petite Chouanerie. 48

DEUXIÈME PARTIE

Chapitre I

L'Église — La Tour — Les Places — Le Tribunal — La Sous-Préfecture — L'Hôtel de ville. 63

Chapitre II

Les rues de Redon 76

Chapitre III

Le Quai — Le Port — Le Canal — Le Bassin à flot . 96

Chapitre IV

L'Hôpital 100

Chapitre V

Le Collège St-Sauveur — Ses cloîtres, ses chapelles, sa terrasse, son musée, ses souterrains 104

Chapitre VI

Les Ursulines et la Retraite 114

Chapitre VII

Autres établissements 122

Chapitre VIII

La gare — Industries diverses à Redon 126

TROISIÈME PARTIE

Chapitre I

Habitations autour de Redon : Le Mail — La Rive — La Barre — St-Samson — Le Châtelet — Le Mont-Hymette — St-Maur — Le Bois-Brun — Le Pèlerin — Les Pavages — La Houssaye — Bel-Air . . . 131

Chapitre II

Les quinze terres nobles de Redon : 137
Bocudon 137
Brillangaut 138
Lanruas 139
Le Rozay 140
Les Chapelays 143
Le fief de Cotard 144
La Diacraye 145
Beaulieu 148
Le Peslé 149
Fleurimont 151
Le Cleu 153
Bahurel 154
Le Parc-Anger 158
Beaumont 162
Le château de Byard 170

QUATRIÈME PARTIE
Habitations autour de Redon

CHAPITRE I

Département d'Ille-et-Vilaine

La Roche-du-Theil	183
Bains	187
La Rouardaye	187
Le Plessix	189
La Giraudaye	189
Les Chambots	191
La Ferrière	191
L'Ile aux Pies	193
Les monuments mégalithiques et leurs légendes	193
St-Just	199
La Boulaye	202
Le Brossay (en Renac)	203
La Haye du Déron	204
Port-de-Roche	205
Bézy	213

CHAPITRE II

Département de la Loire-Inférieure

St-Nicolas — Tabago — Quinsignac — Cavardin — Fégréac — La Touche-St-Joseph — Le Dreneuc — St-Gildas et Carheil	214
La Touche St-Joseph	222
Le château du Dreneuc	224
La forêt de St-Gildas	231
Le château de Carheil	238

CHAPITRE III

Département du Morbihan

La légende de sept bourgs de Bretagne : St-Perreux, le jeu de la Soule — Le château de Boro, Launay, la Graë — La légende du Plessix — St-Jean-la-Poterie — La Bousselaye — Rieux — Le bourg d'Allaire — Le Vaudeguip — Châteaux de Trégouët, Lehellec, Le Létier, Le Brossay St-Gravé — La Grationnaye — Bodélio — La Ville-Janvier — Sourdéac — La Forêt-Neuve — La Gacilly — La Ville-Orion. 235

La légende des sept bourgs de Bretagne. 235
St-Perreux 239
Boro et Launay 242
La Graë 244
La légende du Plessix 247
St-Jean-la-Poterie 251
La Bousselaye 253
Rieux 257
Trégouët 264
Lehellec 265
Le Létier 266
Le Brossay St-Gravé 267
La Grationnaye 268
Bodélio 269
La Ville Janvier 271
La Forêt-Neuve 272
Sourdéac 273
La Ville-Orion 275

CINQUIÈME PARTIE

La Roche-Bernard. — Châteaux et habitations sur les bords de la Vilaine. — La Bretèche. — Rochefort-en-Terre (Morbihan). — Fougeray (Ille-et-Vilaine). — Blain (Loire-Inférieure) 277

La Bretèche 288
Rochefort-en-Terre 291
Fougeray 300
Blain 304

ERRATUM

Page 86, 11ᵉ ligne — lisez *arcatures* et non *arcadures*.
— 86, 11ᵉ ligne — lisez *aux* et non *au*.
— 89, 29ᵉ ligne — lisez *nommée* et non *nommé*.
— 91, 41ᵉ ligne — lisez *soule* et non *soul*.
— 92, 12ᵉ ligne — lisez *planté* et non *plantée*.
— 93, 17ᵉ ligne — lisez *paltocs* et non *pallocs*.
— 94, 28ᵉ ligne — lisez *des Guymarho* et non *de Guymarho*.
— 135, 22ᵉ ligne — lisez *Carentoir* et non *Carentoire*.
— 186, 7ᵉ ligne — lisez *Héro*, nom propre.

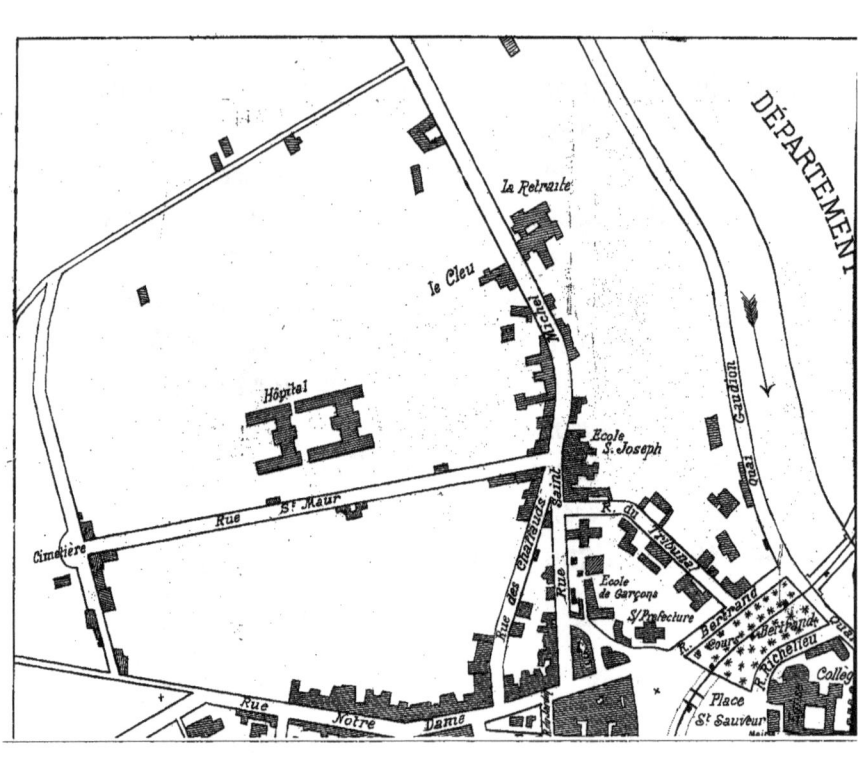

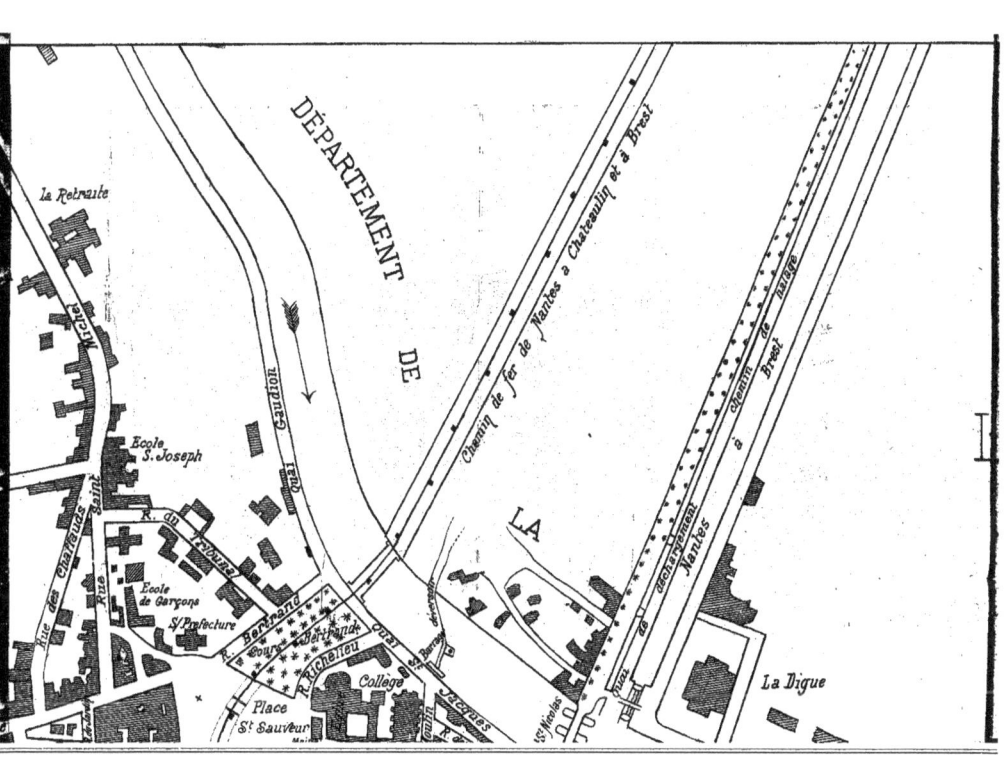

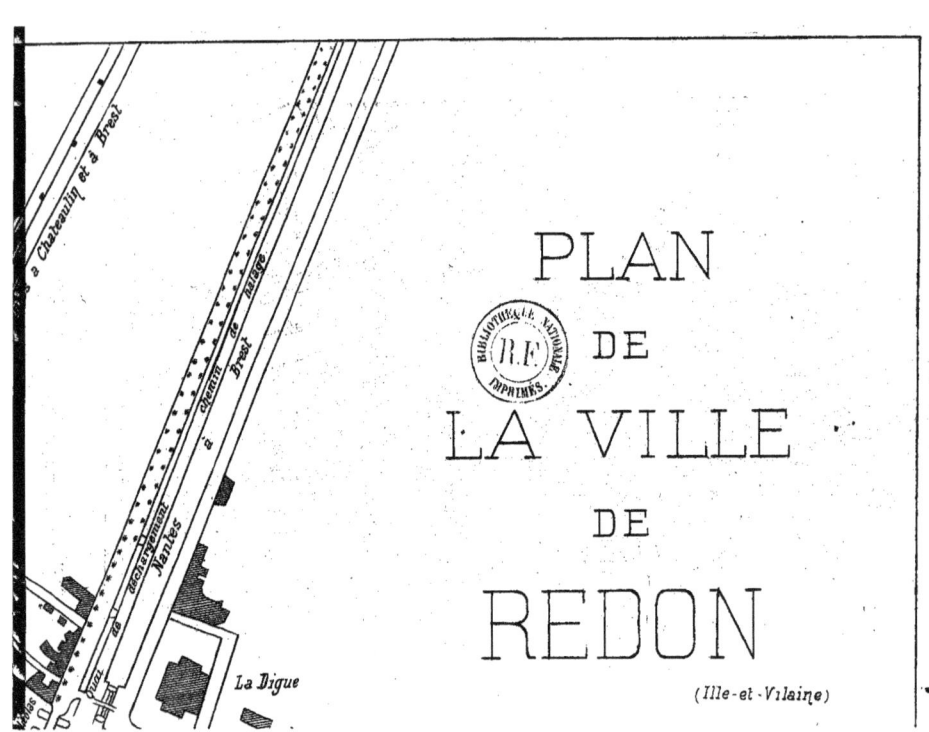

PLAN
DE
LA VILLE
DE
REDON
(Ille-et-Vilaine)

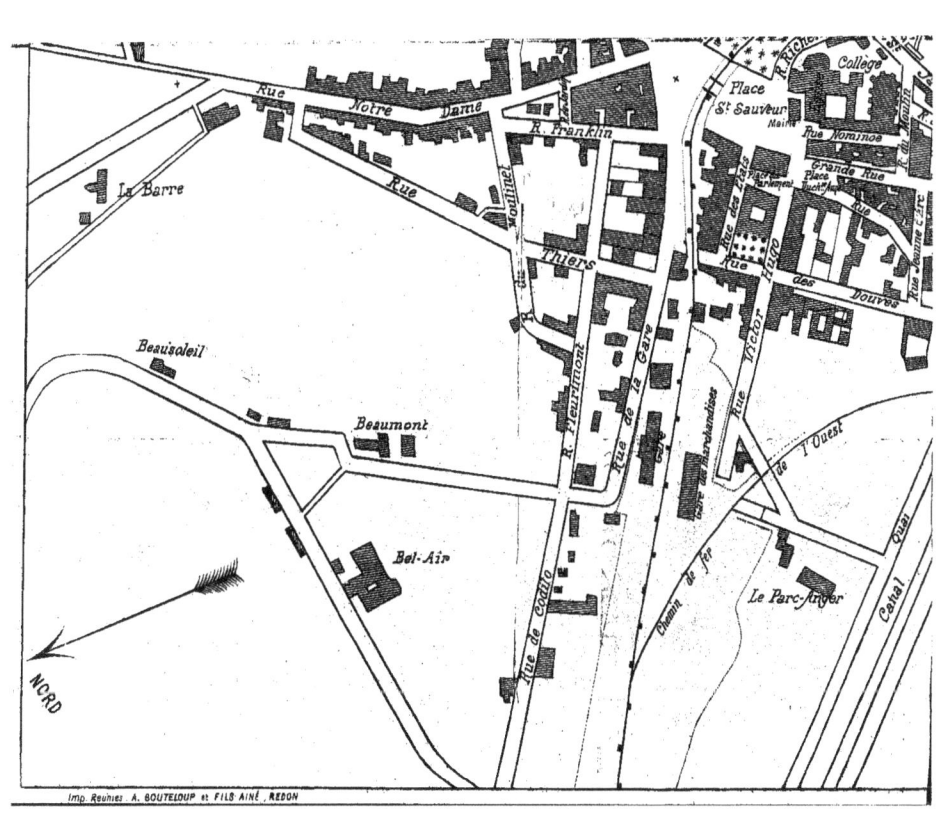

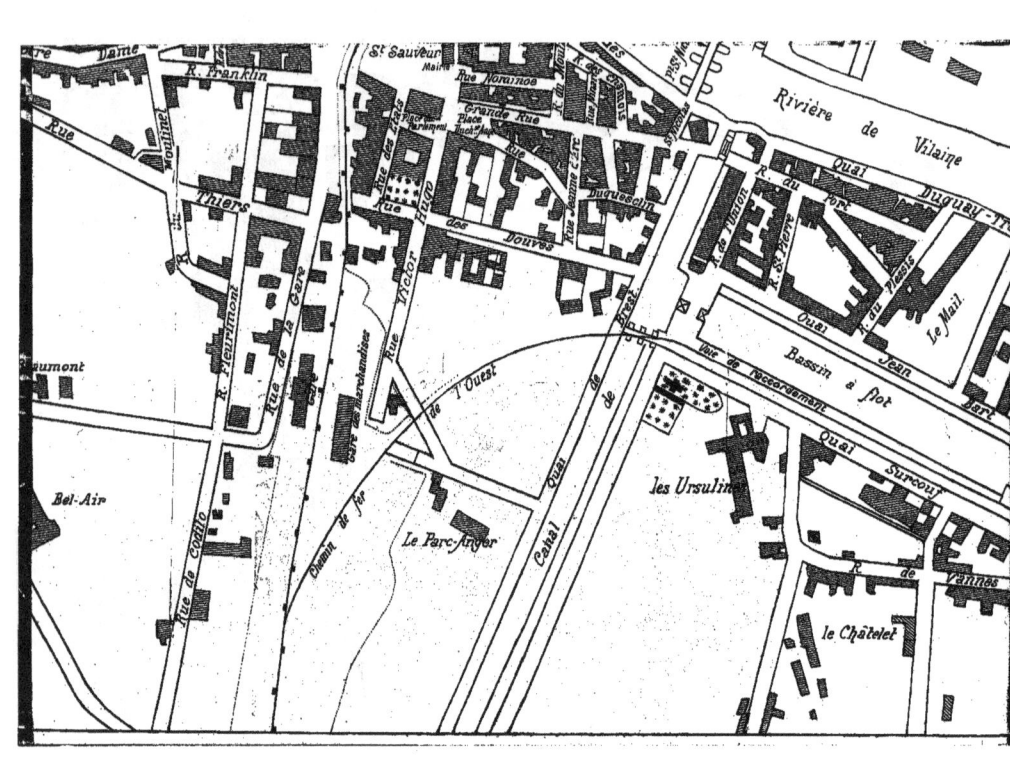

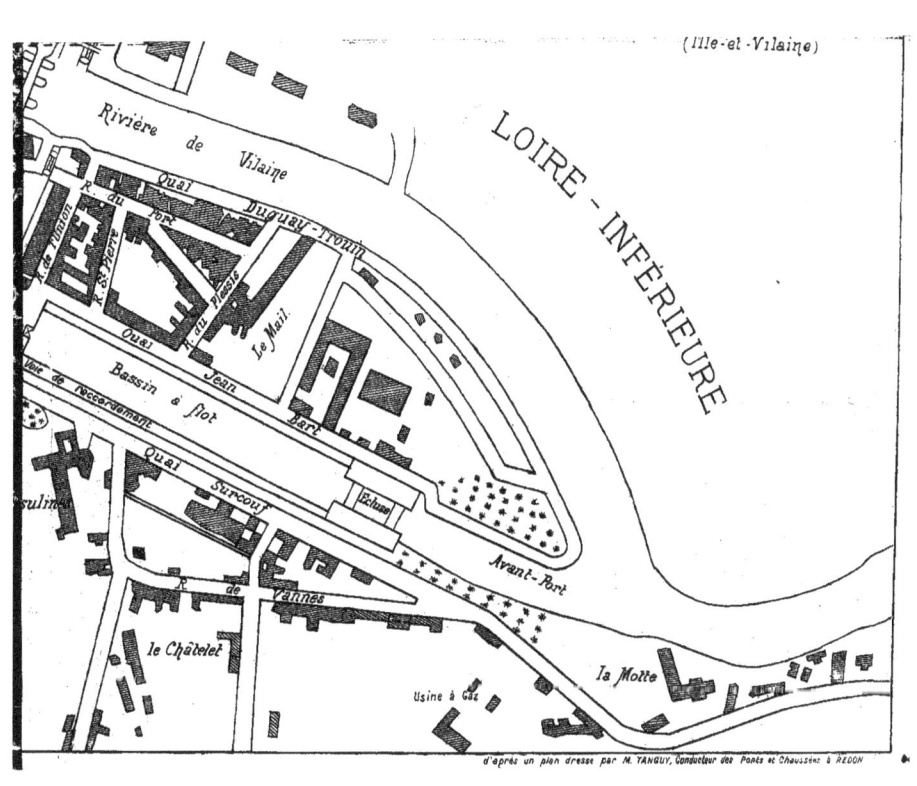

www.ingramcontent.com/pod-product-compliance
Lightning Source LLC
Chambersburg PA
CBHW071316150426
43191CB00007B/647